일본어 사역문 연구

권 승 림

박문사

이 저서는 2014년 정부(교육부)의 재원으로 한국연구재단의 지원을 받아 수행
된 연구임 (NRF-2014S1A6A4026178)
This work was supported by the Ministry of Education of the Republic of Korea
and thd National Research Foundation of Korea (NRF-2014S1A6A4026178)

머리말

어떤 언어에 있어서도 사역문의 형식이 존재한다. 한국어 및 일본어와 같은 유형의 언어의 경우, 사역문을 만들기 위해서는 동사의 파생이 동반된다. 술어에 여러 가지 형식이 부가되어 문법적 의미를 만들어가는 것이다. 구문의 형태를 놓고 보면, 사역문은 특수한 문형식이라고 할 수 있다. 일본어의 경우에는 사역문과 유사한 내포문 형식으로 간접수동문이 있는데, 다른 언어에서는 사역문과 간접수동문의 문형식상의 유사성은 찾아보기 어렵다. 동사의 파생을 동반하면서 기저문에는 없던 존재가 나타나 주어의 자리를 차지하는 것이다. 이것은 자동사와 타동사의 대응에 있어서의 동작주의 가감과는 다른 차원이라고 하겠다.

사역문의 상위 문법범주는 보이스(voice, 態)이다. 보이스에는 자동사와 타동사의 대응, 능동문과 수동문의 대응, 기저동사와 사역문의 대응, 자발문, 가능문, 수수문(やりもらい文)이 속한다. 이 책에서는 사역이 사역문이라는 보이스의 하위 카테고리의 일부로서 존재함과 동시에, 보이스의 다른 카테고리와 밀접한 관계를 가지면서 상호작용하는 카테고리로 파악한다. 사역문의 내연 즉 전형을 자리매김함과 동시에, 근

접 카테고리와의 관련성 속에서 사역문의 외연을 확장시키는 것이다.

본서는 보이스 체계 속에서의 사역문에 관하여 기술하는 것으로, 사역문의 통어현상에 국한되는 기술이거나, 사역문의 의미·용법의 분류에 한정되는 내용을 다루고 있지 않다. 이 책은 다음과 같이 구성되어 있다.

- 서론부
- 제1부 / 사역성에 관여하는 의미개념
  - 제1장 : 타동성
  - 제2장 : 사역성
  - 제3장 : 재귀성
  - 제4장 : 자발성
- 제2부 / 사역문
  - 제5장 : 사역문의 특징
  - 제6장 : 사역문의 의미·용법
  - 제7장 : 기본동사의 의미특징과 사역문
- 제3부 / 보이스 체계에 있어서의 사역
  - 제8장 : 자·타동사 사역문
  - 제9장 : 재귀동사 사역문
  - 제10장 : 인식·감정동사 사역문
  - 제11장 : 자발동사 사역문
  - 제12장 : 사역을 둘러 싼 보이스 체계
  - 제13장 : 사역문의 아스펙트적 의미
- 결론부

본서는 먼저 사역과 관련된 개념에 대하여 기술하고, 다음으로 사역문의 특징에 관하여 살펴보고, 마지막으로 보이스와의 관련성 안에서 사역문을 분석하고 기술하는 3단계적 구성으로 되어 있다. 각 부의 구성 상 필요하다고 판단되는 내용에 관해서는 중첩되는 부분이 있음을 밝혀둔다.

1부 [사역성에 관여하는 의미개념]에서는 사역문과 관련된 의미개념을 살펴보았다. 사역성과 타동성은 인접하고 있는 의미개념으로 연속성을 보인다. 재귀성은 사역문의 문의 파생에 관련된 개념으로 타동성과 대립적인 관계에 있는 의미개념이다. 자발성은 사역성과 대립하는 의미개념이다. 지금까지는 자동성의 일부로만 다루어져 왔으나, 이 책에서는 자동성과 자발성의 차이를 명확히 하여 자발동사의 의미카테고리를 정립시킴으로써, 자발사역문의 의미·용법의 고유성을 인정하였다. 다음과 같은 의미개념 사이의 관계도를 제시할 수 있다.

《자발성》--〈자동성〉--〈재귀성〉--〈타동성〉--《사역성》

2부 [사역문]에서는 일본어 사역문의 특징을 기술하고, 사역문의 의미·용법의 분류에 관하여 기술하였다. 이 의미·용법은 선행연구에서는 제시되지 않았던, 재귀동사로부터 파생된 직접사역문과 유도사역문에 관하여 기술하였다. 또한, 자발동사로부터 파생되는 사역문을 원인사역문과는 분리하여 자발사역문의 의미·용법을 새롭게 세웠다. 기저동사의 의미와 사역문과의 관계에 관한 기술을 통하여, 인식·감정동사의 사역문의 특징에 관해서도 살펴보았다.

3부 [사역과 보이스 체계]에서는 우선, 동사와 사역문의 관계에 초점을 맞춰, 기저동사로부터 파생되는 사역문의 특징에 관하여 자세히 기술하였다. 다음으로 일본어의 보이스 체계라는 시야를 유지하면서, 사역과 관련된 제 현상을 분석, 기술하였다. 또한, 동사문 레벨을 넘어서 보조동사에 의한 수수표현이 나타내는 사역성에 관하여 살펴보았다.

사역문을 만드는 방법, 다른 말로 표현하면, 사역화의 경로는 동사문 레벨을 넘어서는 것이다. 이 책에서는 보조동사에 의한 표현뿐만 아니라, 상태술어문을 동사화하는 방법으로서의 사역화의 기능도 인정하였다. 상태동사문, 형용사문, 명사문의 사역화에 관해서 기술하였고, 이 과정에서 한국어의 다양한 사역형과의 비교분석이 이루어졌다.

마지막으로, 사역문의 아스펙트적 의미에 관하여 기술하였다. 동사의 아스펙트적 의미의 파악은 동사와 동사문의 본질을 파악할 수 있는 좋은 방법이다. 사역문의 하위 타입의 아스펙트적 의미를 분석함으로써, 각 사역문 타입의 본질적 특징을 다시 한 번 확인할 수 있다. 또한, 아스펙트적 의미의 분석을 통해서 사역문의 타입 간의 차이점에 관해서도 재확인할 수 있는 것이다. 보이스 체계 안에서의 사역문의 다양한 양상을 파악하고 기술하였으며, 아스펙트적 의미 분석을 통하여 전체 기술에 대한 객관성을 명확히 하고자 하는 것이다.

이 책의 내용 중에는 필자의 선행되는 연구 결과가 포함되어 있다. 논문으로 발표되는 내용은 좁은 범위의 깊이 있는 내용이 다루어지기 마련이라, 단편적일 수 있다는 단점이 있다. 그러나, 보이스 연구라는 중심축이 일관되어 왔고, 관련성이 있는 연구 주제를 다루어 온 결과,

사역문을 주제로 쓰게 된 이 책에서 각각의 주제들은 상호 관련성을 가지면서 독특한 카테고리로 존재하고 있음을 밝힐 수 있었다.

| 목 차 |

| 목 차 |

| 목 차 |

| 목 차 |

| 목 차 |

| 목 차 |

서론부

일본어 사역문의 연구는 문의 연구라는 입장에서는 사토(佐藤, 1986, 1990)와 하야츠(早津, 1991)의 연구가 대표적이며, 보이스 범주로서의 기능적(機能的)·기술적(記述的) 연구가 많은 연구자에 의해서 이루어져 왔다. 필자는 선행되는 연구에서 일본어와 한국어의 사역문을 대상으로 하여 동사의 의미특징인 재귀성의 관점에서 사역문을 재조명하여 분석하고, 재귀성과 사역문 파생의 밀접한 관계를 명확히 밝힌 바 있다.

사역문은 기본 동사의 의미적 특징에 따라 다른 타입의 사역문이 파생되며, 기저문에는 존재하지 않는 관여자가 사역주로서 주어의 역할을 하게 된다. 이로써 사역주와 기저문의 주어와의 다양한 역동적 관계가 형성되어, 사역문의 다양한 의미·용법을 파생시키는 원인으로 작용하게 된다. 이러한 의미에서 사역문은 그 언어에 있어서의 보이스(voice, 態) 현상의 총합체적인 존재라고 할 수 있다.

사역은 동사의 관점에서는 파생 문법카테고리이다. 사역문은 일부 자동사를 제외하고 거의 모든 동사에서 파생된다. 사역문을 파생시키는 기저동사의 문제를 분석함으로써, 선행연구의 시야의 협소성을 파악하게 된다. 일본어의 동사 체계 중, 대응하는 타동사 짝을 갖는 자동사 즉, 본서에서의 자발동사의 경우, 사역형의 파생이 자유롭지 않다는 견해가 지배적이다. 그러나, 후술하는 바와 같이, 자발성을 띠는 자동사가 타동사와 대립적 관계에 있으며, 대응하는 타동사가 나타내는 사태와는 다른 의미의 사역사태를 나타내는 사역문을 파생시킬 수 있다. 자동사와 타동사가 개념적으로 서로 대립하면서 존재하듯이, 자발동사와 사역문이 더 넓은 스펙트럼을 갖고 서로 대립하면서 존재하는 것이다.

또한, 사역은 기본적으로 동사문을 기저문으로 하여 파생되는데, 동사문의 범주를 넘어서 상태술어 즉, 형용사문과 명사문을 동사문으로 만드는 기능도 갖고 있다. 상태성을 운동성으로 변화시키는 기능이 인정되는 것이다. 사역주는 전형적 사역문에서는 동작주로 하여금 원하는 사태를 달성시키는 존재로, 인간이면서 인간을 움직이게 만드는 전지적 존재이다. 기능을 갖고 있는 사물이 사역문의 주어가 되면, 사물에 동작주성이 부가되어 마치 인간처럼 사태를 제어하고 있는 것처럼 표현된다. 심지어, 운동성을 띠지 않는 상태술어문이 사역화되면, 사역주는 상태적 사태를 일으키고 달성시킨 존재로서 자리매김된다. 이와 같은 관점에서 사역문을 바라보면, 어떠한 사태가 야기되고 달성되는 근원적이고 원인적 존재가 사역주임을 알 수 있다. 그 근원적·원인적 사역행위의 종류가 다양한 것이다. 예컨대, 사역주는 언어에 의한 지시자, 사태의 유도자, 사태의 방관자, 무언의 지시자, 직접행위를 동반하는 사태 제어자, 기능을 보유한 제어자 등, 다양한 역할을 수행하는 존재라고 할 수 있는 것이다.

1 연구 목적

일본어의 사역문 연구가 본 연구의 주된 주제이지만, 사역문의 심도 있는 연구는 일본어 보이스 시스템의 체계 안에서 파악되어야 한다. 사역문은 타동사문과의 연속적 관계를 갖고 있는데, 그 유사성과 차이점을 규명할 필요가 있다. 사역문의 기저문이 되는 문의 유형은 다양하다. 종래의 연구에서는 자발동사로부터 사역문이 파생되지 않는다고 보았으나, 자발동사로부터도 사역문의 파생이 가능한 경우가 있다. 이와 같이 보면 대부분의 문의 유형과 사역문은 관련성을 갖고 있다고 할 수 있다.[1] 즉, 사역문의 여러 현상은 각 보이스 카테고리와 밀접하게 관련된 현상인 것이다.

이 책에서는 일본어의 보이스 시스템 연구를 기반으로 하는 사역문의 연구를 진행하고자 한다. 이 연구의 기반에는 필자가 연구해 온 이론과 분석의 내용이 용해되어 묻어날 것이다. 특히 재귀성에 관한 연구는 일본어학에서 본격적으로 다루어지지 않았던 부분으로, 재귀성의 인정과 재귀성에 근거한 보이스 현상의 분석이라는 새로운 방법론을 제시한 바 있다.

이 책에서 다루는 내용 각 곳에서 한국어와의 대조언어학적 비교분석이 이루어질 것이며, 이는 일본어를 객관적으로 분석할 수 있는 새로운 관점이 될 뿐만 아니라, 한일대조연구의 기반을 마련하는 결과가

---

1 자발성과 자발동사에 관해서는 4장에서, 자발과 사역의 관해서는 11장에서 기술할 것이다.

될 것이다. 이것은 사역문의 한일대조에 한정하지 않고, 보이스 체계 전체를 대조분석하는 연구의 기초를 마련하게 될 것으로 기대한다. 일본어학 분야에 있어서의 대조연구의 중심은 영어와의 대조가 기조를 이루어 왔다. 그러나 유형론적으로 다른 언어에 속하는 두 언어의 대조연구도 의의를 가지겠으나, 상당 부분 유사성을 갖는 한국어와 일본어 대상의 대조연구로 얻어지는 결과도 유의미할 것이며, 그 결과는 한국어학과 일본어학이라는 개별언어의 연구에 환원될 수 있을 것이다.

2 선행연구

2.1 사역에 관한 선행연구

2.1.1 일본어의 사역문

일본어의 사역이라는 개념은 서양 문법에서 유래한 것이라고 후지이(藤井, 1971)에 의해서 지적된 바 있으나, 지금은 문법적으로 다양한 용법으로 사용되고 있다. 사역에 관한 연구도, 야마다(山田, 1908)를 필두로 다양한 관점에서 진행되어 왔다. 이하, 야마다(山田,1908), 마츠시타(松下, 1930), 도키에다(時枝, 1950)의 입장에 관히어 기술하고, 근래의 연구 중 주목할 만한 연구를 몇 가지 기술해 두기로 한다.

야마다(1908)는 「す」와 「しむ」의 모두를 사역을 나타내는 복어미(複語尾)로 보고, 「す」는 주로 관여작용(于与作用)으로 사용되고, 「しむ」는 사역작용(使令作用)으로 사용된다고 하였다. 두 용법의 차이는 동사의 성질에 의존하고 있다고 기술하고 있으며, 동사의 성질에 따라서는 한 가지 용법만을 갖는 경우가 있다고 하였다. 마츠시타(1930)는 사동(使動)이라는 용어를 사용하고 있으며, 조사의 차이에 따라 의미가 달라진다고 하였다. 즉, 사태에 중점을 둘 경우에는 「ニ」격을 쓰고, 사람에 중점을 둘 경우에는 「ヲ」를 쓴다고 하였다. 이 조사 「ニ」와 「ヲ」의 사용상의 차이에 관해서는 지금까지도 논점이 되고 있다. 도키에다(1950)는 상기 두 논의자와는 입장을 달리하고 있는데, 사역을 이중 타동이라 보고, 자동사에 「す」, 「(さ)せる」를 붙여도 사역이 되지는 않는다고 기술하고 있다.

(가) 아오키(青木, 1977)
아오키(青木, 1977)은 사역의 정의와 의미용법에 관해서 다음과 같이 기술하고 있다.

> 使役とは、ある者が他者に対して、他者自らの意志において或いは主体性を持ってその動作を行うようにしむけること(この場合の他者とは有情物に限らない。非情物の持つ動作実現能力・本性は、有情物の意志・主体性と同様にみなし得る。)
>
> 사역이란 어떤 자가 타자에 대하여 타자 스스로의 의지에 의해서 혹은 주체성을 갖고 그 동작을 행하도록 유도하는 것(타자란 유정물에 한정되지 않는다. 비정물이 갖는 동작실현능력・본성은 유정물의 의지・주체성과 동일하다고 간주할 수 있다).[2]

---

2 한국어 역은 필자.

또한 유대자동사(有対自動詞), 무대자동사(無対自動詞), 무대타동사 (無対他動詞)를 나누고, 이들 동사로부터 만들어지는 사역문의 의미특 징에 관해서 고찰하고 있다.[3] 우선 유대자동사(有対自動詞)의 사역은 다음 세 가시 의미특징을 나타낼 수 있다고 히였다.

  (a) 강제적 의미
  (b) 허가 조성
  (c) 파생적 용법(방임의 의미)

무대자동사의 경우에는 기저동사인 원자동사(原自動詞)가 의지적 성격이 농후한 경우에는 일반적으로 사역이 되고, 그렇지 않은 경우에 는 타동사가 된다고 하였다. 또한 무대타동사의 경우에는「食わせる (먹이다), 聞かせる(들려주다)」등은 사역이 되지 못하고 타동사가 된 다고 보고 있다. 즉, 원타동사의 의미에 관련되어 있다는 것이다. 주목 할 점은 자·타동사의 체계 안에서 사역표현의 모습을 밝히고자 하였다 는 점이다. 더 나아가 원동사=기저가 되는 동사의 본질에 의해서 사역 의 의미가 변화한다는 관점도 흥미롭다. 그러나, 분석의 단위가 하나 의 문이 아니고 절 또는 하나의 동사이므로, 사역자, 피사역자(동작주) 가 갖는 의미소성(意味素性)과 관련된 의미의 다양성이 고려되지 않고 있다.

---

3 유대자·타동사에 관한 것은 하야츠(早津恵美子, 1989)에 의함.

(나) 사토(佐藤, 1986, 1990)

사역문에 관한 최근 연구성과로 들 수 있는 것이 사토(佐藤, 1986, 1990)이다. 사토는 사역구조 문의 문법적 의미와 각각의 의미 실현 조건에 관하여 기술하고 그 파생 관계를 밝히고자 하였다. 다음과 같은 조건을 들고 있다.

(ㄱ) 주어, 보어가 되는 명사의 카테고리적 의미(인명사에 한정)
(ㄴ) 기저 동사의 의지=무의지성
(ㄷ) 긍정과 부정
(ㄹ) 동작 원천의 소재
(ㅁ) 이해의 수수
(ㅂ) 사역주체의 사역행위 의도의 유무

의지동작의 사역은 기본 용법으로는 지령(使令)＝지시해서 상대에게 동작을 시킨다는 의미이며, 사역주체의 사역행위도 의도적이라고 한다. 대조적으로 무의지동작(인간의 생리적, 심리적, 사회적 상태변화)의 사역에서는 사역주체는 단순한 지시자가 아니라 행위자, 성질·상태의 주체로서의 행동이 요구된다고 하고 있다. 또한 그 사역행위는 사역주의 의도 유무와 관계없이 사역주체의 실직적이면서 구체적인 동작, 성질, 상태가 상대에 작용하여, 상대에 있어서의 새로운 변화를 일으키는 것이라 하였다. 대략적 의미는 위에 기술한 바와 같으나, 각 경우에 있어서 전술한 조건이 추가되어, 하위적 의미·용법을 파생한다고 하였다. 상세한 내용 기술은 피하고자 하나, 파생적 의미에 관해서

소개해 두기로 하자. 의지동작의 사역의 의미로는, 동작의 원천의 소재에 따라서 그 원천이 사역주체에 있는 경우는 지령(使令)의 의미가 되고, 동작의 원천이 동작주체에 있는 경우는 허가, 방임, 금지의 의미가 된다. 또한 긍정·부정의 형태에 따라 의미가 더 파생된다고 하고 있으나, 여기에서는 생략하기로 한다. 무의지동작의 사역의 의미로는, 변화의 유발(変化の引き起こし), 방치, 비방치, 비유발 등 의미가 파생되어 간다고 보았다. 이들 조건에 동사 자체가 갖는 의미소성도 부가되어, 상세하게 기술하고 있다. 그러나 과다한 기준 설정으로 인하여 극히 세밀한 의미기술이 이루어 지고 있기 때문에 문법현상을 총체적으로 파악하기 어렵다는 어려움이 있다고 생각된다.

(다) 닛타(仁田, 1992)

사역은 동사가 갖는 어휘·문법 카테고리의 하나라고 하였으며, 다음과 같이 정의하고 있다.

> 使役とは、ある主体(X)が他の主体(Y)に働きかけや作用を及ぼし、そのことが基因となって、他の主体(Y)が動きや変化を引き起こす、というものである。
>
> 사역이란 주체(X)가 다른 주체(Y)에게 사역행위나 작용을 미쳐서 그것이 기인이 되어 다른 주체(Y)가 움직임이나 변화를 일으키는 것, 이라고 하였다.[4]

---

4 한국어 역은 필자에 의한 것임.

위의 정의를 기준으로 하면서, 형태적·의미적 관점에서 사역의 하위 타입을 다음과 같이 분류하고 있다.

(ㄱ) 형태적 관점에서의 하위류화
    (ㄱ-1) 단순동사에 의한 것
    (ㄱ-2) 「〜(サ)セル」와 같은 접사를 취하는 것
    (ㄱ-3) 「〜テモラウ」와 같은 보조동사를 취하는 것
(ㄴ) 의미적 관점에서의 하위류화
    (ㄴ-1) 간접적 사역행위
    (ㄴ-2) 직접적 사역행위
    (ㄴ-3) 비사역행위

형태적 분류 중에서 사역의 중심이 되는 것은 「(サ)セル[5]」에 의한 것이라 하고, 소위 어휘적 사역이라고도 불리는 단순동사에 의한 것과 단순동사+「シテモラウ」 형식도 의미적으로 사역과 같다고 보고, 사역의 한 형식으로 인정하고 있다. 다음과 같이 각각의 예를 들고 있다.

(1) 子供が窓ガラスを<u>割った</u>。　　아이가 창문을 깼다.
(2) 父は子供を使いに<u>行かせた</u>。　　아버지가 아이를 심부름 보냈다.
(3) 女房に原稿を<u>清書してもらって</u>いる。
    부인에게 원고를 정서해 받았다(부인이 원고를 정서해 주었다).

---

5 이하 「サセル」로 표기함.

의미적 분류는 사역주의 피사역자에 대한 사역행위의 성질에 따라 세 유형으로 나누고 있다.

　(4) 母は、言いつけて、子供たちに窓ガラスを<u>洗わせ</u>た。

　　　어머니는 타일러서 아이들에게 창문을 닦게 했다.

　(5) 母はときどきおどけた<u>所作</u>をして父を<u>笑わせ</u>た。

　　　어머니는 가끔 천진한 행동을 해서 아버지를 웃게 했다.

　(6) 彼は戦争で息子を三人も<u>死なせ</u>た。

　　　그는 전쟁에서 아들을 세 명이나 죽게 했다.

간접적 사역행위는 주로 언어행위에 의한 것이며, 직접적 사역행위는 동작주를 그러한 행위에 도달하게끔 하기 위하여 사역주가 직접 행위를 하는 것을 가리킨다. 비사역행위의 경우, 사역주는 사태 성립에 관여하고 있지 않다. 하려고 한다면 혹은 하려고 노력한다면 사태성립을 저지할 수 있었음에도 불구하고 이를 행하지 않았기 때문에 사태를 성립시키고 말았다는 의미를 나타내는 것이 비사역행위의 사역이라고 하였다.

2.1.2 한국어의 사역문

(가) 최현배(1978)

한국어에 있어서 사역의 본질적 의미는 최현배(1978)에 의하면, "주체(X)가 다른 주체(Y)에게 사역행위를 행하여, X의 의지에 의해 Y가 무엇인가를 행하는 것"을 말한다. 일본어의 「サセル」에 대응하는 사역

형식은 두 가지이다. 하나는 일본어와 마찬가지로 사역접미사에 의한 타입이고, 다른 하나는 보조동사에 의한 타입이다. 보조동사에 의한 타입에는 두 종류가 인정된다. 그러나 어떠한 동사가 각각의 타입을 파생시키는 지에 관한 고찰은 보이지 않는다.

(나) M. Shibatani(1973)

Shibatani(1973)에서는 한국어의 사역에 관하여 「i」타입 사역을 어휘적 사역(lexical causative)이라 하고, 「ge hada(게 하다)」타입을 우언적 사역(迂言的, periphrastic causative)이라 하였다. 전자와 후자 사이에는 구조상의 차이가 있다고 보고, 시간·장소 부사구를 부가하면, 후자는 의미가 중의적인 반면 전자는 그렇지 않다고 하였다. 그 이유는 전자 즉, 어휘적 사역의 경우는 단순구조가 언어학적으로 단일 단위로 나타나는 반면, 후자 즉, 우언적 사역의 경우는 내포구조(埋め込み構造)가 되기 때문이라고 분석하고 있다.

2.1.3 대조연구

(가) 오고시(生越, 1979)

사역에 관한 일·한 대조연구로 오고시(生越, 1979)를 들 수 있다. 동사의 재귀적 특징과 사역과의 관계에 관하여 기술하고 있는데, 예를 들면, 「着る(입다)」와 같이 행위자(し手)와 행위의 수여자(受け手)가 항상 동일 인물인 동사를 재귀성 동사로 보고, 「着せる(입히다)」와 같이 행위자와 행위의 수여자가 항시 다른 인물인 동사를 비재귀성 동사로 보았다. 또한 「はめる(끼다)」와 같이 재귀성에 관해서 초월적이고 무관한 동사를 무재귀성 동사라 하였다. 이와 관련하여 한국어도 평행적 관계에 있다고 보고 있다. 「i」타입 사역을 파생하는 접사 「i」는 재귀성 동사를 비재귀화 하는 기능을 하고 있다고 한다. 즉, 「i」타입은 사역이라기 보다는 비재귀성을 나타낸다고 보고 있는 것이다. 반면 「ha[6]」는 사역을 나타낸다고 보았다. 그러나 「meog-da」라는 동사는 무재귀성 동사로 보고, 「i」, 「ha」 모두를 사역을 나타낸다고 보고 있다. 그러나 이 부류의 동사의 「i」형이 비재귀화를 나타내지 않고 사역을 나타내는지에 관하여 충분히 기술되어 있지 않다. 「食べる(먹다)」를 재귀동사로 인정한다면 다른 설명이 필요 없어질 것이다. 또한 재귀성 동사로부터 만들어진 「i」형 타동사와 원래 비재귀성 타동사와의 의미 차이에 관한 언급도 보이지 않는다. 일본어를 예로 들자면, 「着せる(입히다), 浴びせる(끼얹다)」와 같은 비재귀화 동사와 「殴る(때리다), 畳む(접다)」와 같은 동사와의 의미 차이에 관한 설명이 어려울 것이다.

(나) 요(楊凱栄, 1989)

이 논문은 일본어와 중국어를 대상으로 하는 대조연구인데, 일본어에 한정하더라도 사역을 보이스 체계 안에서 파악하고자 한다는 점에서 흥미로운 고찰이 이루어지고 있다. 요(楊凱栄, 1989)에서는 사역은 사역행위자 측(X)의 사역행위를 받는 측(Y)의 동작·작용·상태변화라는 두 사태로 구성되어 있다고 하였다. 또한 X의 사역행위의 강약과 Y의 주체성의 강약이라는 측면에서 타동사, 사역, 수동을 연속적으로

---

6 「ge hada」형을 의미한다.

파악하고 있다. 명사구(사역자와 피사역자)의 명사의 의미소성에 의한 사역문의 의미의 확장에 관하여 기술하고 있으며, 피사역자=동작주가 취하는 격 「ニ」격과 「ヲ」격의 차이에 의한 의미 차이에 관해서도 기술하고 있다. 그러나 격의 문제를 바라 볼 때 주의할 점은 격의 문제에 그치지 않고 동사의 종류에 의한 차이도 고려되어야 한다는 점이다. 일본어의 사역문으로 「サセル」형식을 인정하면서도 의미적 면을 고려하여 「シテモラウ」, 「シテイタダク」, 「ヨウニイウ」와 같은 형식에 관해서도 고찰하여 사역의 의미 확장에 관하여 기술하고 있다.

제1부

사역성에 관여하는
의미개념

○
○ ○
○

제1장

타동성

타동성과 사역성은 의미적으로 연속되어 있으며, 일부에 있어서는
형태적 유사성을 띠는 카테고리이다. 타동사이면서 사역성을 띠는 동
사도 있으며, 사역형식을 취하고 있으나 타동사의 대행을 하는 등, 두
카테고리 사이에는 의미적·형태적 연속성이 인정된다.

이 장에서는 형태적·의미적 관점에서 타동성의 문제를 검토해 보고
자 한다. 특히, 타동사 카테고리에 속하면서 전형적인 타동사로 인정
되어 온 일부 동사가 사역의 의미를 내포하고 있음을 기술하고, 타동
과 사역의 경계 부분에 초점을 맞추어 타동성에 관하여 재고해 보고자
한다. 야콥센(ヤコブセン, 1989)에서는 가장 전형적 타동문으로 다음의
문을 예시로 들고 있다.[1]

---

1 야콥센(ヤコブセン, 1989)에서는 타동 사태의 의미요소에 관하여 다음 항목을 들고
있다.
(18) (a) 관여하는 사물(인물)이 두 개 있다. 즉, 동작주(agent)와 대상물(object)이다.
  (b) 동작주에 의도성이 있다.

(1) 赤ん坊が花瓶を壊した。(p216, (17))

아기가 꽃병을 깼다.

야콥센(ヤコブセン, 1989)에서는 의도성과 변화를 타동 사태의 중핵적인 의미요소로 보고 있다. 그러나, (1)의 문맥에서의 「こわす(깨다)」에 의도성이 있는 것일까? 이 사태는 의도적 사태로 볼 수는 없으며 제어(control)에 실패한 미스컨트롤(miss control)된 사태를 나타내고 있다. 물론 「こわす(깨다)」라는 동사의 의미에는 의도적 행위를 나타내는 경우도 있겠으나 (1)의 경우는 그렇지 않다.

또한, 야콥센(ヤコブセン, 1989)에서의 의도적 행위라는 것은 '행위자에 의한 의도와 현실 세계에 있어서의 변화라는 두 개의 요소로 이루어진 것이다' 라는 Searle(1983)의 견해를 인용하면서 변화가 타동 사태의 핵심적 의미요소로 취급되고 있다. 그러나 현실세계와 언어의 세계와의 사이에 존재하는 차이를 고려할 필요가 있을 것이다.

(2) ドアを開けたが、開かなかった。

문을 열었는데 열리지 않았다.

「開ける(열다)」는 의도성과 변화의 의미를 내포하는 전형적인 타동사인데, 예문 (2)에서 보듯이, 항상 변화가 함의되는 것은 아니다. 물론 예문 (3)의 「こわす(깨다)」와 (4)의 「なおす(고치다)」와 같은 타동사의

(c) 대상물은 변화를 입는다.
(d) 변화는 현실시간 안에서 일어난다. (번역은 필자)

경우는 변화를 내포하는 동사이므로 비문이 되는 것이겠다.

    (3)*窓を壊したが、壊れなかった。   창을 깨뜨렸는데 깨지지 않았다.
    (4)*病気を治したが、治らなかった。 병을 고쳤지만 낫지 않았다.

  이상의 기술을 포함하는 종래의 연구에 있어서의 모순점을 지적하고, 타동성에 관하여 인접하는 동사와 문법카테고리와의 관련성을 염두에 두면서 고찰해 나가고자 한다.

1 선행연구와 전제

  타동사 및 타동성에 관한 연구는 일본어학, 영어학과 같은 개별언어학에서는 물론, 일반언어학적 연구와 유형론적 입장에서도 많은 연구가 이루어져 왔다. 본서는 일본어를 연구대상으로 하고 있으나, 다른 언어에 있어서의 언어현상 또한 적극적으로 참고하면서 기술해 나갈 것이다.

1.1 선행연구

  Hopper & Tompson(1980)에서는 10 종류의 의미소성을 기준으로 하여, 그 함의도에 따라 타동성의 고저(高低)를 측정하여 제시하고 있다.[2] 의미소성 중 하나인 대상(対象, accusative)의 수영성(受影性, affectedness)을 살펴보면, 대상 전체가 동작의 영향을 받으면 타동성이

높고, 수영되지 않으면 타동성이 낮다고 보고 있다. 일본어학에서도 대상의 결과까지 함의하는 「こわす(깨다), つぶす(무너뜨리다)」와 같은 동사를 변화동사라 하고 높은 타동성을 나타낸다고 보고 있다. 즉, 타동성에 관하여 언급할 때, 대상이 입는 변화까지를 함의하는 동사가 타동성이 높다고 보는 것이 일반적이라 하겠다.

한편, Klaiman(1991)에서는 제어(制御, control)라는 개념을 도입하여, 제어의 종류에 따라 타동성의 높고 낮음이 정해진다고 기술하고 있다. 예를 들면, 동작주가 통상적인 힘에 의하여 제어가 가능할 때 타동성이 높은 것이며, 통상적인 경우보다 그 이상의 힘을 내야하는 상황 즉, 있는 힘을 다하여 무엇인가를 행하는 경우는, 전자보다 타동성이 낮다고 분석한다. 통상적인 힘을 갖고 대상을 완전히 제어하는 사태가 타동성이 높은 사태라고 보고 있는 것이다. 다음 예문을 비교하면서 일본어의 타동성에 관하여 생각해 보자.

(5) 次郎が<u>ボールを打った</u>。　　지로가 공을 쳤다.
(6) 次郎が<u>ボールを移した</u>。　　지로가 공을 옮겼다.

(5), (6)의 동사는 모두 타동사이며, (5)의 「打つ(치다)」는 결과성을 함의하지 않는 타동사이고, (6)의 「移す(옮기다)」는 결과성을 함의하는 변화동사이다. 다음과 같은 현상을 근거로, (6)과 같은 변화동사는 변화를 함의하지 않는 타동사보다 전형적인 타동사로 취급한다.

---

2 Hopper & Tompson(1980)에서 타동성을 재는 기준으로 제시되어 있는 의미소성에는 참여자의 수, 운동성, 의지성, 대상의 수영성, 대상의 개별성 등이 있다.(p.252)

(7) *ボールが次郎によって打たれた。

　　공이 지로에 의해서 쳐졌다.

(8)　次郎がボールを打ったが、ボールは打たれなかった。

　　지로가 공을 쳤는데 공은 쳐지지 않았다.

　　(7)은 (5)를 직접수동문 형태로 만든 것이나, 문이 성립되지 않는다. 「投げる(던지다)」라는 동사가 대상의 결과를 함의하지 않는 것이 그 원인이라고 분석된다. (8)도 대상에 남는 변화가 동사의 의미에 내포되어 있는지를 판단하는 테스트이다. (8)은 「次郎がバッティングのポーズをとっています。打ちました。あ、空振りですね。(지로가 배팅포즈를 취하고 있습니다. 쳤습니다. 아, 헛쳤네요.)」와 같이 해석되어, 「打つ(치다)」라는 동사의 의미에는 대상의 결과가 함의되지 않음을 알 수 있다. (6)의 「移す(옮기다)」도 살펴보자.

　　(9)　ボールが次郎によって移された。

　　公이 지로에 의해서 옮겨졌다.

(10) *次郎がボールを移したが、ボールは移らなかった。

　　지로가 공을 옮겼는데 공은 옮겨지지 않았다.

　　(9)의 직접수동문이 성립되는 이유는 「移す(옮기다)」가 나타내는 의미가 대상인 「ボール(공)」의 변화의 측면까지를 함의하는 변화동사이기 때문이다. (10)과 같이 대상의 변화의 측면을 부정하는 문이 뒤에 오면 비문법적인 문이 된다.

이상을 정리하면, 「打つ(치다)」는 결과를 함의하지 않는 타동사이고 「移す(옮기다)」는 결과를 함의하는 변화동사이며, 변화동사인 「移す (옮기다)」가 타동성이 높은 전형적 타동사로 보는 것이 종래의 관점이다.

그러나, 제어(制御, control)라는 관점에서 두 동사를 살펴보면, 「ボールを打つ(공을 치다)」라는 행위와 「ボールを移す(공을 옮기다)」라는 행위가 다른 종류의 행위라고는 보여지지 않는다. 결과함의와 타동성의 고저 사이에 필연적 관계가 존재하는 것인지에 관해서는 논의의 여지가 있다고 하겠다.

1.2 결과성에 관하여

타동사이면서 결과를 함의하지 않는 동작동사인 「たたく(두드리다)」와 변화타동사인 「つぶす(부수다)」를 제어라는 관점에서 비교해 보자.[3]

(10) 彼が<u>ドアをたたいた</u>。

그가 문을 두드렸다.

(11) <u>ドアを何度たたいても</u>彼女は出てこなかった。

문을 몇 번이나 두드려도 그녀는 나오지 않았다.

それでも彼は<u>ドアをたたくのを</u>止めようとしなかった。

그래도 그는 문을 두드리는 것을 멈추려하지 않았다.

---

3 구도(工藤, 1995)의 아스펙트적 의미에 따른 분류에 따라, 운동동사는 동작동사와 변화동사로 나눈다. 보다 세부적 동사분류는 여기에서는 생략한다.

(12) ドアが何度もたたかれるのを聞きながら、彼女はたたかれるままにし
　　　ておいた。

　　　문이 몇 번이나 두드려지는 것을 들으면서 그녀는 두드려지는
　　　대로 내버려 두었다.

　(10)의 「たたく(두드리다)」는 결과를 함의하지 않는 타동사로 일반적
으로 직접수동문이 만들어지지 않는다고 보는데, 대상의 결과를 함의
하지 않는 것이 그 원인으로 분석된다. 그러나 (11), (12)라는 연속되
는 문에서는 (12)와 같이 직접수동문이 허용된다. 직접수동문의 성립
에는 결과성만이 관여하고 있는 것이 아니라는 사실을 입증해 주는 것
이다.

　　(13) 花子が肉をたたいたが、柔らかくならなかった。
　　　　　하나코가 고기를 두드렸지만 부드러워지지 않았다.
　　(14) 花子が肉をたたいて、柔らかくした。
　　　　　하나코가 고기를 두드려서 부드럽게 만들었다.
　　(15) 花子がくるみの実をつぶしたが、こなにならなかった。
　　　　　하나코가 호두알을 부쉈지만 가루가 되지 않았다.
　　(16) 花子がくるみの実をつぶして、粉にした。
　　　　　하나코가 호두알을 부숴서 가루로 만들었다.

　(13), (14)의 「肉をたたく(고기를 두드리다)」는 결과를 함의하지 않는
동작동사이고, (15), (16)의 「つぶす(부수다)」는 결과를 함의하는 변화
동사이다. 대상의 결과 함의의 관점에서 벗어나 동작주의 사태에 대한

제어 측면에 초점을 두고 생각해 보자. 「ドアをたたく(문을 두드리다)」라는 사태에는 동작주의 행위에 동작주 이외의 어떠한 관여도 없다. 대조적으로 「肉をたたく(고기를 두드리다)」의 경우는, 도구가 필요하며 「調理用のハンマで(조리용 망치로)」라는 어구가 추가되어도 괜찮다. 같은 동사라도 도구를 필요로 하는 경우와 그렇지 않은 경우가 있는데, 「くるみをつぶす(호두를 깨다)」의 경우는 도구를 필요로 하는 행위이다. 도구를 필요로 하는 행위는 동작주의 신체만으로 성립되는 행위와 비교하면 복잡성이 높아진다고 할 수 있다. 무엇인가 도구를 잘 사용하여 행위를 실행하는 것은 그렇지 않은 경우보다 제어하기 어려운 사태일 것이다. 도구가 다루기 어려운 것이라면, 그것을 충분히 제어하기 위해서는 통상의 힘 이상의 힘이 요구될 것이다.

이상과 같이 동작주가 행위의 실행에 어떻게 관여하는가라는 관점에서 타동성을 재 고찰할 필요가 있으며, 또한 '충분히 제어된다'라는 표현의 참 의미를 살펴보고 이러한 관점에서 타동성에 관하여 재고할 필요가 있을 것이다.

❷ 타동성에 관하여

종래에는 변화타동사가 가장 전형적인 타동사이며 타동성이 높다고 인정되어 왔다. 이러한 관점은 직접수동을 만드는 타동사 대부분이 변화타동사이며, 다른 타동사와는 다른 고유한 문법적 특징을 갖는다는 점에서 검증되기도 한다. 동작주가 행한 행위의 영향이 명확히 확인 가능한 형태로 남아 있다는 점이 다른 존재에 대한 강한 영향력을 미치는 것이라고 의미적으로는 해석할 수 있을지 모르겠다. 그러나 과연 객체변화의 측면까지 함의한다는 점과 타동성이 높다는 것이 직접적이고 필연적인 관계인가, 이 점에 관해서는 숙고의 여지가 남아 있다.

2.1 타동사의 형태적 분류와 의미특징

여기에서는 이상과 같은 의문점을 바탕에 두면서, 일본어 타동사의 형태적·의미적·통어적 특징을 증거로 삼아 타동성에 관한 새로운 관점을 제시하겠다. 타동성을 나타내는 형태소 별로 타동사를 다음과 같이 분류할 수 있다.

형태소	의미특징	동 사
- φ -	단순한 움직임	1) 開く, 解く, 折る, 割る, 焼く (열다, 풀다, 접다, 깨다, 굽다)
	단순한 움직임, 매개물 요구	2) 挟む, くるむ, つかむ, つなぐ, 絡む (끼우다, 싸다, 잡다, 잇다, 얽매다)
-e-	단순한 움직임	1) 開ける, 傷める, 屈める, 向ける, 沈める (열다, 상처 내다, 굽히다, 향하게 하다, 가라앉히다)
	대상의 내면적 성질에 의존	2) 暖める, 曲げる, 下げる, 縮める, 薄める (데우다, 굽히다, 내리다, 쪼그라뜨리다, 묽게 하다)
-se-	동작주가 사태를 충분히 제어	1) (사물에) 被せる, 載せる, 寄せる (씌우다, 싣다, 가까이 당기다) 2) (사람에게) 被せる, あびせる, (사람을) 乗せる (씌우다, 뒤집어씌우다, 태우다)
-s-	동작주가 사태를 충분히 제어	1) 転がす, 移す, 回す, 直す, 渡す, 消す (굴리다, 옮기다, 돌리다, 고치다, 건네주다, 지우다)
	우발적 사태	2) 壊す, 溢す, 倒す, 崩す, 汚す, 流す, 隠す (부수다, 엎다, 넘어뜨리다, 무너뜨리다, 더럽히다, 흘려보내다, 감추다)
-as-	대상의 내면적 성질이나 기능에 의존	1) 減らす, 凍らす, 鳴らす, 照らす, 飛ばす (줄이다, 얼리다, 울리다, 비추다, 날리다)
	대상의 내면적 성질에 의존	2) 冷ます, 枯らす, 切らす, 焦がす, 燃やす (식히다, 말리다, 소진하다, 그을리게 하다, 태우다)

---

4 權(1999, p.8)의 [표]를 수정하여 제시한 것이다.

일본어의 타동사 형태소는 [ɸ, e, se, s, as]의 5종류가 있다. 같은 형태소를 갖는 타입이라도 대응하는 자동사 형태소가 다른 경우가 있어, 의미적 특징을 달리하는 하위 타입으로 나뉜다. 여기에서는 대응하는 자동사 형태소의 차이에는 관심을 두지 않기로 한다.

동작주에 의한 제어라는 관점에서 각 형태소 타입 간의 차이를 살펴보자. [ɸ]의 1)타입 「折る(접다), 割る(깨다)」등은 동작주의 통상적 힘으로 수행 가능한 사태를 나타낸다. 2)타입 「挟む(끼우다), つなぐ(잇다)」등은 동작주의 통상적 힘으로 제어 가능한 사태이나, 동작주 이외에 매개가 되는 물체가 개입되어야 동작이 성립된다. 이러한 의미에 있어서는 1)타입보다 복잡한 움직임이라고 할 수 있는데, 제어라는 관점에서 보면 큰 차이는 없다고 하겠다. [e]의 1)타입 「開ける(열다), 沈める(가라앉히다)」등도 동작주의 통상적 힘에 의해 충분히 제어될 수 있는 사태를 나타낸다. 대조적으로, 2)타입의 「曲げる(굽히다), 縮める(쪼그라뜨리다)」등은 동작주의 통상적 힘으로 성립되는 사태이기는 하나, 동작이 성립되기 위해서는 대상의 내면적 성질에 의존하지 않으면 안 된다. 즉, 사태를 제어하기 위해서는 대상의 내면적 힘을 빌려야 하므로 동작주 단독의 힘으로는 성립되기 어려운 사태를 나타낸다고 할 수 있다.

[se]의 1)타입 「(사물에)載せる(싣다), かぶせる(씌우다)」등은 동작주의 행위 그 자체는 단순하고 통상적 힘으로 충분히 제어 가능하나, 행위가 성립되기 위해서는 동작주와 대상 이외에 여격보어(与格補語, dative case)가 필요하다. 행위의 모습이 다소 복잡해진다고도 할 수 있겠다. 2)타입 「(사람을)乗せる(태우다), (사람에게)かぶせる(씌우다)」

등은 인간에 대한 행위를 나타내므로, 직접사역문으로 이행한다.[5] 인간에게 무엇인가를 씌우는 행위는 행위사태는 간단하지만 행위를 받는 인간에게 암묵의 허가를 받지 않으면 성립되기 어려운 사태이다.

이상에서 다룬 타입과 이하에서 나루는 타입은 제어라는 관점에서 차이가 인정된다. 우선, [s]의 1)타입「転がす(굴리다), 回す(돌리다)」등은 동작주가 통상적 힘을 구사하여 사태를 제어하지만, 완전히 수행하기 위해서는 대상의 외면적 성질에 의존하거나, 행위사태가 복잡하거나 한다.「開ける(열다), 折る(접다)」등의 타입이 보다 단순한 움직임을 나타내고 있다는 점과는 대조적이라고 할 수 있겠다. 2)타입「こわす(부수다), 倒す(넘어뜨리다)」등은 보통 어떠한 사고(accident)에 의해서 일어나는 사태이다. 즉, 동작주의 제어 불능에 의한 경우도 포함되어 있는 것이다. 물론 의도적인 행위인 경우도 있으나, 그 경우에도「開ける(열다), 折る(접다)」와 같은 행위 보다는 동작주에게 통상적 힘 이상의 힘이 요구되는 것이다. [as]의 1)타입「凍らす(얼리다), 飛ばす(날리다)」등은 동작주의 행위가 상당히 간접적이고, 의미적으로도 사역에 근접하고 있다.「紙飛行機を飛ばす(종이비행기를 날리다)」와 같이「飛ばす(날리다)」는 동작주의 직접적 행위와 대상의 내재되어 있는 기능에 의하여 사태가 성립되고 있다. 그러나,「アイスクリームを凍らす(아이스크림을 얼리다)」에 있어서의「凍らす(얼리다)」는 냉장고에 넣는 것과 같은 간접적 행위를 함으로써 대상이 어는 상태가 되도록 유

---

5 직접사역문은 사역주의 사역행위가 직접적인 경우의 사역문을 말한다. 제 3장, 5장, 6장 등에서 기술하고 있다.

도적 행위를 하여 사태를 성립시키고 있는 것이다. 2)타입 「冷ます(식히다), 枯らす(마르게 하다)」등도 1)타입과 거의 유사한 의미를 나타내어, 동작주의 직접적인 행위는 일어나지 않고 어떠한 원인의 제공을 통하여 사태를 유발시킨다는 사역의 의미를 나타내게 된다.

이상, 타동사를 형태소 별로 분류하고 각 타입의 의미특징을 간략하게 분석했다. 5가지 타입은 크게 [ɟ]·[e]·[se] 타입과 [s]·[as] 타입으로 나눌 수 있을 것이다. 전자는 동작주의 통상적 힘만으로 성립되는 사태를 나타내고, 후자는 동작주의 힘 이외에 대상의 도움이 없으면 성립되기 어려운 사태를 나타내고 있다. 대상에 의존한다는 것은 사역이 피사역자에 의존하여 사태가 성립되도록 유도하는 것과 유사점을 갖는다. 마지막의 [as] 타입이 나타내는 사태의 의미는 거의 사역 사태에 근접하고 있다. 형태상으로도 사역의 형태소인 [ase] 와 유사하여 형태와 의미의 밀접한 관계를 엿볼 수 있다는 점에서 흥미로운 사실이라고 하겠다.

이상의 분석을 통해서 타동성에 관한 선행 연구를 보완할 필요가 있겠다. 타동사의 형태소 「s」와 자동사의 형태소 「r」이 대응하고, 「s」타입 동사가 가장 전형적인 타동사이며, 「r」타입 동사는 가장 전형적인 자동사로 인정된다. 즉, 「s」형의 1)타입의 동사 「転がす(굴리다), 移す(옮기다), 回す(돌리다), 直す(고치다)」와, 2)타입 동사 「壊す(부수다), こぼす(쏟다), 倒す(쓰러뜨리다), 崩す(무너뜨리다), 汚す(더럽히다), 流す(흘려보내다), 隠す(감추다)」가 가장 전형적인 타동사가 되는 것이다. 「転がす(굴리다)」타입은 동작주의 행위가 대상에 미치고, 대상의 내면적 성질에 의존하면서 성립되는 사태를 나타낸다.

제어라는 관점에서 보면, 「s」타입이 「ƒ」・「e」타입 타동사 보다 대상에 대하여 충분한 제어가 이루어지고 있다고는 볼 수 없다. 또한, 「壊す(부수다)」타입 동사는 동작주가 제어에 실패하거나 동작주에게 통상적 힘 이상의 힘이 요구되는 즉, 제어가 원활히 일어나지 못하여 일어나는 사태를 나타내기도 한다.

> (17) 太郎はおもちゃを壊して泣いてしまった。
>
> 타로는 장난감이 부숴 져서 울어버렸다.
>
> (18) 太郎がお腹を壊した。
>
> 타로가 배탈이 났다.
>
> (19) 太郎が古い家を壊して新しくした。
>
> 타로가 낡은 집을 부수고 새로 지었다.

이상과 같이, (17), (18)의 「壊す(부수다)」는 동작주의 충분한 제어가 결여되어 있는 경우이며, (19)의 경우는 「破壊する(파괴하다)」의 의미로 동작주에게 통상 이상의 힘이 필요하게 된다.[6] 타동성이 높다고 인정되는 동사 중에는 동작주의 충분한 제어가 결여되어 있거나, 통상이상의 제어가 필요하거나 하는 경우가 포함되어 있다. 또한 동작주의 행위와 수행된 사태 사이에 직접적인 관련성 보다는 간접성의 요소가 포함되어 사역의 의미를 띠게 되는 경우도 있다.

---

6 「こわす(부수다)」의 사전적 의미는 1)破壊する(파괴하다), だめにする(못쓰게 만들다), 2)機能を損なう(기능을 잃다), 장애를 일으키다, 3)高額の貨幣を少額の貨幣にする(고액 화폐를 소액 화폐로 바꾸다)이다. (고지엔(広辞苑))

타동성이 강하다는 것과 사역성이 증가하는 것은 다른 차원의 요소라고 생각되는데, 종래의 타동성 연구에서는 이 점이 명백히 구별되지 않았다고 생각된다. 타동성이라는 개념과 사역성이라는 개념의 차이에 대한 명확한 이해를 기반에 두고 타동사와 타동성 연구가 이루어져야 할 것이다.[7]

2.2 타동성의 정의

동작주의 행위의 모습이라는 점에 주목하여 각 타동사가 나타내는 사태에서의 동작주의 행위의 다양한 모습을 비교해 보자.

(20) 花子が窓を開けた。　　　　하나코가 창을 열었다.

(21) 花子がボールを転がした。　하나코가 공을 굴렸다.

(22) 花子が木を倒した。　　　　하나코가 나무를 쓰러뜨렸다.

(23) 花子がうっかりして置物を倒してしまった。

　　하나코가 실수로 장식품을 쓰러뜨려버렸다.

(20)의 「開ける(열다)」와 같은 행위에 요구되는 동작주의 움직임은 단순조작이다. 대개의 경우, 도구도 필요하지 않으며, 통상적인 힘의 상태로 수행 가능할 것이다. (21)의 「転がす(굴리다)」와 같은 행위에 요구되는 동작주의 움직임은 단순동작이나, 「ボール(공)」이 갖고 있는

---

7 사역성의 가장 기본적 의미특징은 「使役主の働きかけの間接性(사역주의 사역행위의 간접성)」이고, 타동성의 「動作主の行為の直接性(동작주의 행위의 직접성)」과 대립되는 개념이다.

속성에 의존하고 있다. 이러한 점에서는 사역주가 피사역자에게 어떠한 행위를 함으로써 어떠한 일을 수행하게 한다는 사역성을 다소나마 띠고 있다고 할 수 있다. (22)의 「倒す(쓰러뜨리다)」는 동작주가 하나코가 아니라 타로라 해도 사태가 수행되기 위해서는 통상적 힘 이상의 힘이 요구되거나, 무엇인가 장비가 필요하게 될 것이다. 게다가, (23)의 「倒す(쓰러뜨리다)」의 경우는 컨트롤에 실패한 결과로 일어난 사태인 것이다.

타동사문이 나타내는 동작주의 움직임의 차이에 관하여 분석한 바, 전형적 타동성의 정의에 대한 재 검토와 재 정립의 필요성이 대두된다. (21)과 같이 대상의 속성에 의존하거나, (22), (23)과 같이 통상적 힘 이상의 힘이 요구되거나, 혹은 제어에 실패하는 경우는, (20)과 같이 동작주가 쉽게 통상적 상태에서 수행 가능한 사태보다 비 전형적인 타동사태로 보아야 할 것이다.

타동성은 대상에 대한 행위에 더하여 대상의 변화까지 함의할 때 타동성이 높다고 보는 것이 일반적인 견해이다. 그러나 결과성은 과연 타동성을 성립시키는 의미요소가 되는 것일까?

    (24) a. 花子がスイカを割った。真っ二つに割れた。[∮]
　　　　　하나코가 수박을 쪼갰다. 딱 두 쪽으로 갈라졌다.
　　　　b.*花子がスイカを割った。割れなかった。
　　　　　하나코가 수박을 잘랐다. 갈라지지 않았다.
    (25) a. 花子が魚を焼いた。おいしそうに焼けた。[∮]
　　　　　하나코가 생선을 구웠다. 맛있게 구워졌다.

b. 花子が魚を<u>焼いた</u>。まん中までは<u>焼けていなかった</u>。

하나코가 생선을 구웠다. 속까지는 구워지지 않았다.

(26) a. 花子がドアノブを<u>回した</u>。開いていたのかぐるりと<u>回った</u>。[s]

하나코가 문 손잡이를 돌렸다. 열려 있었는지 휙하고 돌아갔다.

b. 花子がドアノブを<u>回した</u>。中でカギがかかっているのかなかなか
<u>回らない</u>。

하나코가 문 손잡이를 돌렸다. 안에서 잠겨있는지 잘 돌아가
지 않았다.

(27) a. 花子が紙飛行機を<u>飛ばした</u>。遠くまで<u>飛んでいった</u>。[as]

하나코가 종이비행기를 날렸다. 멀리까지 날아갔다.

b. 花子が紙飛行機を<u>飛ばした</u>。なぜか<u>飛んでくれなかった</u>。

하나코가 종이비행기를 날렸다. 왠지 날아주지 않았다.

위의 예문에서 보듯이, 각 타동사의 유형 「割る(깨다), 焼く(굽다), 回
す(돌리다), 飛ばす(날리다)」는 타동성이 높은 동사이며 일반적으로 변
화 타동사로 분류되는 것이다. 그러나 같은 동사라 해도, 결과성에 관
해서 일괄적으로 같다고는 볼 수 없다는 점이 상기 테스트에서 밝혀졌
다. (24) 이외에는 결과함의를 부정하는 의미의 후속문이 와도 비문이
되지 않는다. 같은 동사가 나타내는 동일한 사태라도 대상이 입는 결
과에 관해서 항상적 특징을 보이지는 않는다는 사실이 검증된 것이다.
특히, 전형적 타동사로 알려진 [s] 타입 동사 「回す(돌리다)」의 경우에
도, (26)에서 보듯이, 절대적인 결과성을 함의하는 것은 아니다. 물론,
행위가 강력하면 대상에도 변화가 잔존할 가능성은 클 것이라는 현상
세계에 있어서의 관점에서 본다면, 결과를 함의하는 타동사일수록 타

동성이 높은 사태를 나타낸다고 할 수 있을지도 모르겠다. 그러나, 역시 현상세계와 언어의 세계 사이에는 괴리가 있음을 인정하지 않을 수 없으며, 타동사 그 자체에 결과성이 내포되어 있다고는 보기 어려운 것이 아닐까 생각된다.

2.3 타동성의 프로토타입

타동사문과 사역문은 동작주의 능동적 행위를 나타낸다는 의미에서 유사한 문이라고 할 수 있다. 또한 타동사문과 사역문이 연속성 혹은 근접성을 갖는 증거로 「見せる(보이다)」, 「浴びせる(끼얹다)」와 같은 동사가 존재한다. 지금까지 이러한 동사는 사역=타동 동사 또는 복합 타동사라는 명칭으로 불렸는데, 이러한 명칭은 타동과 사역의 연속성에 대한 뒷받침인 반면, 이러한 종류의 동사에 대한 명확한 분석이 이루어지지 않았음을 나타내는 용어라고 할 수 있다.

타동사의 형태소에는 몇 가지의 유형이 있고, 또 타동사가 나타내는 의미를 분석해보면 몇 가지의 유형이 인정된다. 본서에서는 타동사의 형태소를 추출하여 그 형태와 의미의 상관관계를 분석하고자 한다. 타동사 중에서는 사역의 의미를 나타내는 경우가 있는데, 이들 동사의 형태소는 사역동사의 형태소와 유사한 형태의 것이 있다. 타동사에서 사역으로 이어지는 사역의 단계적 의미, 즉, 의미적인 연속성과 형태적인 연속성을 분석하는 것이 목적이라고 할 수 있다.

타동성이란 일반적으로 동작주의 의지적인 동작에 의해 실현되는 힘이 대상에 미치는 것을 말하고, 그 전형적인 경우로는 대상에 동작에 의한 변화가 일어나게 되는 성질을 말한다. 일반적으로 타동사문이라고 여겨지는 다음의 예문을 살펴보자.

> (28) 太郎が窓を<u>壊した</u>。　　타로가 창문을 부쉈다.
> (29) 太郎が窓を<u>たたいた</u>。　타로가 창문을 두드렸다.

(28)은 동작주의 주체행위와 객체변화를 함의하는 경우로, 타동성이 높은 동사라고 여겨지는 것이다. (29)는 주체의 행위가 있고 그 행위가 대상에 영향을 미치기는 하나, 그 결과로 인해 일어나는 변화까지는 함의하지 않는 경우이다. 이처럼 타동사 카테고리 속에는 서로 다른 의미 타입이 공존하고 있음을 알 수 있다. 타동성은 다음과 같은 의미소성에 의해 규정된다.

■ 타동성의 의미소성
(a) 동작주(agent)는 제어하는 자이다.
(b) 시각적인 힘의 이동이 있다.
(c) 동작주로부터 대상으로 향하는 원심적인 운동이 이루어진다.
    (agent ⇒ object)
(d) 수영(受影, affected)되는 존재는 대상(accusative)이다.

(a)는 동작주가 자기 자신의 의지에 의해 사태(event)를 제어할 수 있음을 의미한다. (b)는 동작주로부터 발생한 힘이 구체적으로 어떠한 형태로 대상에 영향을 미침으로써 사태가 종결한다는 의미이다. (c)는

동작주로부터 나온 운동의 방향이 대상을 향해 일방적으로 행해진다는 것을 의미한다. (d)는 동작주의 동작에 따른 변화결과가 대상에 속한다는 의미이다.[8]

다음에 예시하듯이, 지금까지 타동사로 분류되어 온 것들에는 다양한 타입이 포함되어 있음을 알 수 있다.

> (30) 花子がベールを押した。　하나코가 벨을 눌렀다.
> (31) 花子が箱をつぶした。　하나코가 상자를 찌그러뜨렸다.

(30)은 동작주에서 대상으로 향하는 행위만이 함의되어 있고, (31)은 동작주의 행위와 대상의 변화의 측면이 함의된 타동성이 높은 동사로 전형적인 타동사로 볼 수 있다. 그렇다면 다음과 같은 예는 타동사 중 어떤 위치에 있는지 살펴보자.

> (32) 花子が昼食の鐘を鳴らした。　하나코가 점심식사 벨을 울렸다.

---

8 타동성과 대조적인 개념인 재귀성의 의미 특징을 살펴보면 다음과 같다.
　(a) 동작주　　　　　　　　제어하는 자
　(b) 힘의 이동　　　　　　2단계 (agent → object, object → agent)
　(c) 운동의 방향　　　　　구심적 (agent ⊃ object)
　(d) 수영(受影)의 위치　　동작주 (agent)
　(a)는 타동성과 마찬가지로, 동작주가 해당 사태를 자기 자신의 의지와 능력에 의해 제어할 수 있음을 의미한다. (b)는 동작주에서 대상으로 향하는 1단계적인 힘의 이동과 대상을 포함한 동작주 자기 자신에게 돌아오는 2단계적인 힘의 이동이 이루어짐으로써 비로소 동작이 종결하게 된다는 의미이다. 그 결과, (d)에서 알 수 있는 것처럼 동작에 의해 초래된 영향은 동작주에게 속하는 것이 된다. 재귀성에 관해서는 제3장 참조.

「つぶす(찌그러뜨리다)」라는 행위에 의해 초래된 변화는 동작주의 동작과 직접적인 관련이 있다. 그러나, (32)의 「鳴らす(울리다)」에 포함된 동작과 변화 사이의 관계는 간접적인 것이라고 할 수 있다. 종이 울리기 위해서 필요한 동작은 종에 매달린 끈을 잡아당기는 동작이거나 어떠한 막대와 같은 것으로 종을 치는 동작일 것이다. 그러나, 그것만으로는 종이 울리는 사태를 완벽하게 일으킬 수 없는데, 이는 종이 대상이면서도 내부적인 기능으로써 소리가 울린다고 하는 기능을 갖고 있어야 비로소 가능해지는 사태이기 때문이다. 즉, 「鐘を鳴らす(종을 울리다)」라는 사태는 동작주의 행위에 의해 일어나게 되고, 대상의 내부적 기능에 의지하여 동작이 종결되는 것이다. 이와 유사한 동사로 「転がす(굴리다)」를 들 수 있는데, 이 경우에도 동작주의 행위가 대상 변화의 계기가 되기는 하나, 대상의 형태의 구조적 특징에 의존하지 않으면 사태는 종결되지 않는다. 사태 성립에 의존 관계가 있다는 점은 사역의 의미와 통하는 것이라고 볼 수 있다.

2.4 사역성과의 형태적 · 의미적 중복

타동사는 형태소 별로 몇 개 그룹으로 나뉘고, 각 각의 그룹은 의미적으로 차별성을 보인다. 타동성이 높은 동사로 알려진 동사 중 일부는 의미적으로 사역성을 띠는 경우가 있다. [r/s] 자타대응 타입에 있어서의 [s] 타입 타동사 「まわす(돌리다), うつす(옮기다), こわす(부수다), たおす(쓰러뜨리다)」류가 가장 전형적 타동사이며, 대응하는 [r] 타입 자동사 「まわる(돌다), うつる(옮겨지다), こわれる(부숴지다), たおれる

(쓰러지다)」류가 자동사의 전형적 의미를 나타낸다고 하는 견해가 있다. 이 견해에 대하여 새로운 검토가 필요할 것이다. 사역성을 띠는 타동사에 대하여 분석해 보자.

> (33) 花子がメロンを<u>割った</u>。[ʃ]
> 하나코가 멜론을 쪼갰다.
> (34) 花子が蓋を<u>開けた</u>。[e]
> 하나코가 뚜껑을 열었다.
> (35) 花子がコートにビニールを<u>被せた</u>。[se]
> 하나코가 코트에 비닐을 씌웠다.
> (36) 花子がドアノブを<u>回した</u>。[s]
> 하나코가 문 손잡이를 돌렸다.
> (37) 花子がベルを<u>鳴らした</u>。[as]
> 하나코가 벨을 울렸다.

상기 예문은 우선 (33), (34), (35)와 (36), (37) 두 그룹으로 나눌 수 있다. 「割る(깨다), 開ける(열다), 被せる(씌우다)」의 동작주는 대상에게 의존하지 않고 타동사태를 수행할 수 있다. 이와는 대조적으로, 「回す (돌리다), 鳴らす(울리다)」의 동작주는 대상의 기능에 의존하지 않으면 타동사태를 성립시키기 어렵다. 이것은 사역문에 있어서의 사역주가 피사역자 즉, 동작주에게 의존하여 사역사태를 성립시키는 것과 유사하다. 이와 같은 관점에서 보면, [s]・[as] 타입 타동사는 사역의 의미를 동시에 갖고 있다고 하겠다. 즉, 어떠한 형태로든 대상에 의존하는 타

동행위는 대상에 대한 의존 없이 성립되는 타동행위보다 타동적이지 않다고 할 수 있을 것이다. 즉, 동작주에 의한 제어가 전형적 타동사만큼 충분히 이루어진다고 볼 수 없다는 것이다.

종래에는 사역성을 포함하는 타동사에 대하여 타동성이 높다고 인정하고 있지만, 사역성을 포함한다는 것과 타동성이 높다는 것은 다른 차원의 문제인 것이다. 대상에 의존하여 성립되는 사태는 동작주의 제어의 관점에서 보아도 충분히 제어되고 있다고는 보기 어렵다. 분명 타동과 사역은 연속적인 개념이기는 하나, 사역에 가깝다는 것이 타동성이 증가되는 것은 아니라는 점에 주목할 필요가 있다.

전형적인 타동사는 동작주가 대상을 충분히 제어하여 성립시키는 사태를 나타낸다고 할 수 있을 것이다. 그러나 그 동사가 사역성을 띤다 하더라도 단순동사의 형태라면 타동사 범주에 들어갈 것이며, 다양한 문법적 기능도 타동사의 특징을 보일 것이다. 이 타동성과 사역성을 구분하는 가장 기본적 의미특징은 주어의 행위의 형태이다. 사역문의 주어 즉, 사역주의 행위가 간접적인데 반해 타동문의 주어 즉, 동작주의 행위는 직접적인 것이다.

이상의 고찰을 근거로 새로운 타동성의 전형을 제시하면 다음과 같다. 프로토 타입적인 관점에서 이하의 의미소성(意味素性)을 모두 포함하면 타동성이 높다고 인정할 수 있다.

■ 타동성의 의미소성

[1] 의지적 행위 : 동작주의 행위가 의지적이다.

[2] 원심적 행위 : 행위는 동작주로부터 대상에 미친다.

[3] 동작의 간결함 : 동작은 단순한 조작이다.

[4] 제어상황 : 통상적 동작주의 상태에서 제어가 행해진다.

[5] 대상에 대한 의존성 : 대상에 의존하지 않는 행위이다.

상기의 의미소성을 모두 갖는 동사는 전형적으로 타동성이 높은 타
동사라고 할 수 있다. 다음 예문을 비교해 보자.

(38) 花子が窓を開けた。　　하나코가 창을 열었다.

(39) 花子がセーターを編んだ。　하나코가 스웨터를 짰다.

(40) 花子がボールを転がした。　하나코가 공을 굴렸다.

(41) 花子がコーヒーをこぼした。　하나코가 커피를 엎질렀다.

(38)의 「開ける(열다)」는 위의 의미소성을 모두 갖고 있어 가장 타동
성이 높은 동사라고 할 수 있다. (39)의 「編む(짜다)」는 [3] 의 「동작의
간결함」에서 (38)보다 복잡하고 여러 가지 동작이 행위에 포함된다.
또한 동작을 수행하기 위해서 에너지가 많이 필요하다는 의미에서도
간결함이 결여되어 있다고 하겠다. (40)의 「転がす(굴리다)」는 [5] 의
「대상에 대한 의존성」 항목에서 동작주의 행위만으로는 완벽한 수행
이 어려워 대상의 성질 즉, 이 경우는 굴러갈 수 있는 모양을 하고 있
다는 성질에 의존하여 타동사태를 성립시키고 있으므로, 타동적 행위
에 사역성이 섞이게 된다. (41)의 「こぼす(엎지르다)」는 동작주의 통상
적 상태가 아닌 제어 실패로 인해 일어나는 사태이므로, [4] 의 「제어
상황」 항목에서 다른 타동사태와는 다른 특징을 갖는다.

타동사가 나타내는 사태가 대상에 어떠한 형태로든 의존한다는 것은 사역성을 띠게 된다는 것이다. 타동사 중 일부는 사역성을 함께 갖고 있는 동사인 것이다. 이 점에 주목하면 타동사태에 있어서의 대상의 성질에도 단계성이 있다고 하겠다.

■ 대상의 단계성

[1] 단순한 대상으로서의 사물

[2] 스스로 움직일 수 있는 에너지가 내재되어 있는 사물

[3] 기능이 내재되어 있는 사물

----

[4] 동작주로서의 피사역자인 유정물

전형적 타동사태의 대상은 [1] 의 경우로, 단순히 동작주의 동작을 수동적으로 받는 존재이다. 「ころがす(굴리다), まわす(돌리다)」와 같은 타동사태의 대상은 [2] 의 경우로, 동작주의 행위가 계기가 되어 움직임으로 이행될 수 있는 동력이 내재되어 있다. 「とばす(날리다)」와 같은 타동사태의 대상인 [3] 의 경우는 움짐임에 대한 동력이 기능으로 구비되어 있는 존재이다. [4] 의 경우는 사역사태에 있어서 사역주의 행위를 받는 존재인 피사역자이며 동시에 동작주이다. 이상, 타동사태에 있어서의 대상이 다양한 의미의 사역성을 띠어감으로써, 사역사태의 행위주로 연속되어 가는 모습을 분석하여 제시할 수 있었다.

3 보이스 체계에 있어서의 타동성

앞 장에서는 사역성을 내포하는 타동사가 전형적 타동성을 나타내는 것이 아니라는 취지의 논의를 전개하였다. 다시 말하면, 사역성이란 누구에게 또는 무엇인가에 의존하여 사태를 수행시키거나 이루어지도록 만드는 것인데, 타동사가 나타내는 사태가 대상에 어떠한 형태로든 의존하고 있다면, 그것은 대상에 의존하지 않고 성립되는 사태보다 더 타동적이라고는 말할 수 없다는 것이다. 동작주가 대상을 완전하게 제어했다고 할 수는 없기 때문이다. 그러나, 사역성을 띠는 타동사라 해도 동작주가 대상에 대해서 주도권을 갖고 제어에 임하고 있다는 점과, 어디까지나 직접적 행위를 행한다는 점에서 타동사 본래의 성질을 유지하고 있는 것이다.

3.1 타동성의 전형성과 자·타동사

좁은 의미의 보이스는 자동사와 타동사의 대립을 가리킨다. 자타대립에 있어서의 타동성의 모습에 관하여 생각해보자. 동일 어근으로부터 파생된 자·타동사는 몇 개의 타입으로 나눌 수 있다. 타동사의 형태적 유형을 타동성의 전형성에 따라 분류하면, 전형적 타동사 그룹과 사역적 타동사 그룹으로 분류할 수 있다. 먼저, 전형적 타동사태를 나타내는 타동사의 자·타 대응 패턴은 다음과 같다.

전형적 타동사			사역적 타동사		
형태	대응형태	동사	형태	대응형태	동사
∅	e	ひらく(열다), とく(풀다), おる(접다), わる(깨다), やく(굽다)	s	r	ころがす(굴리다), うつす(옮기다), まわす(돌리다), わたす(건네다)
∅	ar	はさむ(끼우다), くるむ(싸다), つかむ(잡다), つなぐ(잇다)	s	re	こわす(부수다), こぼす(쏟다), たおす(넘어뜨리다), くずす(무너뜨리다), よごす(더럽히다)
e	∅	あける(열다), いためる(볶다), むける(향하게 하다), しずめる(가라앉히다)	as	∅	へらす(줄이다), こおらす(얼리다), ならす(울리다), とばす(날리다)
e	ar	あたためる(데우다), まげる(굽히다), ちぢめる(쪼그러뜨리다), うすめる(묽게 하다)	as	e	さます(식히다), からす(마르게 하다), きらす(소진하다), こがす(그을리게 하다), もやす(태우다)
se	∅	かぶせる(씌우다), 載せる(싣다), よせる(가까이 오게 하다)			

왼쪽의 전형적 타동사에 있어서의 동작주가 타동사태를 성립시키는 모습은 단순한 동작이거나 몇 개의 동작의 조합인데, 대상에 대한 의존 없이, 그리고 통상 이상의 에너지의 요구 없이 사태가 성립되고 있다. 이와는 대조적으로, 오른쪽 그룹은 사역성이 내포되는 타동사태를 나타낸다. 전형적 타동사와는 달리, 사역적 타동사는 대상의 형태적 특징이나 기능에 의존하면서 동작주가 사태를 성립시키고 있음을 알 수 있다.

3.2 각 카테고리의 관계

보이스 체계 안에서의 타동성에 관하여 생각하면, 그 반대 쪽에 있는 자동성과의 대응 관계 혹은 대립관계로부터 바라볼 필요가 있을 것이다. 야콥센(ヤコブセン, 1989)에서는 타동의 반대 쪽에는 자발(自發)이 있다고 기술하고 있다. 이러한 견해에는 타동사에 내포되어 있는 사역성도 타동성의 일부로 보는 관점이 기저에 있다고 볼 수 있다. 자발 즉, 저절로 일어나는 사태를 일으키는 것은 타동적 사태가 아니라 사역적 사태라는 점을 고려하면, 자발의 반대 편에는 사역이 있다고 보아야 할 것이다.[9] 사역성을 띠는 타동사에 관해서 본서에서는 타동사의 전형에서 다소 거리가 있는 것으로 취급하였다. 이는 타동성을 생각할 때, 대립하는 개념인 자동성과의 관련성만을 보는 것이 아니라, 인접하는 카테고리인 사역성과의 관련성도 고려하기 때문이다. 이러한 관점이야말로 보이스 체계에 있어서의 타동성에 관해서 보다 정합적(整合的)인 분석을 가능케 해 줄 것이다. 이상의 관련 의미개념 사이의 관계를 나타내면 다음과 같다.

의미개념 간의 관계

《자발성》--〈자동성〉----〈타동성〉--《사역성》

---

9 자발과 사역의 관계에 관해서는 제 4장(3, 4절)에서 자세히 기술하고 있다.

또한, 각 동사 카테고리의 관계는 다음과 같이 표시할 수 있다.

각 동사 간의 관계

《자발동사》-- 〈자동사〉 ---- 〈타동사〉 --《사역동사》

각 동사 카테고리의 대응관계는 자동사에 대응하는 동사는 타동사이며, 자발동사에 대응하는 동사는 사역동사가 된다. 상기의 관계로부터 본서의 고찰대상인 타동사 부분을 떼어 나타내면 다음과 같다.

타동사 타입 간의 관계

재귀타동사[10] →
　　　전형적 타동사 → 사역적 타동사
　　　　　　　　→ 사역동사[11] -- ⇒ 사역형

전형적 타동사를 중심으로, 재귀타동사는 자동사로 이어지는 연속선상에 있는 동사 타입으로, 「服を着る(옷을 입다)」와 같은 동사를 가리킨다. 이 타입은 타동성과 자동성의 중간적인 동사 유형이라고 할 수 있다. 한편, 자동성과는 반대편에 사역성이 있고, 그 연속선상에 사역적 타동사 그룹이 위치한다. 사역적 타동사는 타동사이면서 사역성

---

10 재귀타동사란 「ヲ」격 보어를 취하면서 재귀성을 띠는 동사를 말한다. 제 3장에서 기술함.
11 사역동사란 재귀동사로부터 파생되는 것으로, 제 3장(3.3절) 및 제 5장, 제 9장에서 기술하는 단형사역 동사를 가리킨다.

의 의미를 띠는 타입이다. 그 우측에 사역동사 그리고 사역문이 위치하게 되는 것이다. 이상의 내용을 다시 정리하면 다음과 같다.

1) 사역성과의 경계적 의미를 나타내는 타동사의 타동성의 문제를 재고하고, 전형적 타동성에 관하여 분석하였다. 타동성에 관한 종래의 견해의 모순점을 지적하고, 대상의 변화를 함의한다는 것이 타동성이 높은 기본적 잣대가 되지는 않음을 검증하였다.

2) 전형적 타동성이 나타내는 사태란 동작주가 대상에 대하여 직접 동작을 행하고, 동작주의 상태는 통상적 힘의 상태이어야 한다. 보다 단순한 동작이 복잡하게 얽혀있는 동작보다 대상을 완벽하게 제어할 수 있기 때문에, 단순한 조작으로 수행 가능한 사태를 나타내는 타동사가 보다 전형적 타동성을 나타낸다고 할 수 있는 것이다.

3) 동작의 간결함과 동작주의 제어 상태를 중요한 의미요소로 하는 새로운 타동성 기준을 제시하였다. 이러한 견해는 타동성을 분석할 때 자동성과의 관계만이 아니라, 인접하는 의미 카테고리인 사역성도 시야에 넣고 그 관계에 주목한 결과 얻어진 것이다. 보이스의 각 카테고리를 분석하고 정의할 때에도, 보이스 체계의 전체상을 염두에 두는 정합적인 분석이 요구되어지는 것이다.

제2장

사역성

■1■ 전제

사역문에 관한 선행연구는 서론부의 선행연구 부분에서 기술하였
다. 여기에서는 사역성에 관한 선행연구를 짚어 보고, 타동성과의 공
통점과 차이점을 명확히 하면서 사역성이 타동성과 연속적 관계에 있
음을 살펴보기로 하겠다. 타동성과 차별성이 인정되는 사역성을 정의
함으로써 사역성과 대립적 관계에 있는 개념이 자발성이라는 사실도
명확해 질 것이다.

사역문이 타동사문과 구별되는 기준은 주어에 오는 존재에 의한 행
위의 간접성이다. 즉, 술어가 가리키는 사태가 성립되기 위한 사역주
의 행위가 간접적이라는 것이다. 전형적인 사역문의 경우, 사역주의
행위는 피사역자로 하여금 사역사태 성립을 위해 어떠한 행동을 취하
도록 하는 행위이다. 사역사태 성립을 위하여 실질적인 행동을 일으키

는 존재는 피사역자인 것이다. 따라서 피사역자는 동작주가 된다. 사역주가 실질적인 동작을 취하는 경우는 직접적 사역이라는 의미를 나타내어 고유한 사역문의 한 용법으로 취급해야 하는 것이다.

직접적 사역문은 사역주가 실질적 행동을 취한다는 의미에서는 타동성을 띠는 것이므로, 직접사역문의 존재가 사역성과 타동성의 연속성을 증명해준다. 또한 사역성을 띠는 타동사를 살펴봄으로써 사역성이 타동성과 연속적이라는 사실을 밝힐 수 있을 것이다.

1.1 타동사의 사역성

타동사라고 일컬어지는 동사 중에서는 그 의미에 사역성을 띠는 동사가 있다. 예를 들어 「花子がボールを転がす(하나코가 공을 굴렸다)」와 같은 타동사문의 경우, 동작주의 행위와 「ボールが転がる(공이 구르다)」라는 사태 사이에는 어떠한 매개가 있는 것처럼 생각된다. 즉, 동작주는 공을 손에서 놓는다거나 놓여져 있는 공에 어떠한 힘을 가하는 행위를 하는 것뿐이다. 그 행위가 공에 미치게 되어 공이 움직이게 되는데, 이 때 공 자체에 굴러갈 수 있는 속성 내지는 기능이 갖춰져 있어야만 한다. 이처럼 타동사와 사역은 서로 관련되어 있다는 것을 알 수 있는데, 본 장에서는 사역성을 나타내는 타동사와 사역동사, 전형적 사역문으로 연결되어 가는 연속적인 모습을 형태적인 측면에서 분석하기로 하겠다.

사역문을 만드는 사역형은 기본동사에서 사역의 의미를 가지는 형태소가 부가되어 만들어지는데, 일반적으로 「(s)ase」가 사역의 형태소로 일컬어진다. 또한, 「(s)ase」는 간접적 의미와 직접적 의미를 모두 나타낼 수 있다. 그러나 權(1997)에서는 일본어에도 한국어 등에 존재하는 직접사역을 나타내는 형태소 「(s)as」가 있고, 이를 고유한 하나의 카테고리로써 분석하였다. 이하에서는 사역의 형태소로 「(s)as」와 「(s)ase」의 두 개를 인정하고, 분석해 나가고자 한다.

타동사의 형태소는 사역과는 달리 몇 가지 형태가 있다. 이를 Jacobsen, W. M.(1992)에서는 대응하는 자동사와의 대응관계라는 관점에서 보고 몇 가지의 유형으로 분류하고 있다.[1] 이와 같은 유형분류를 통하여, 타동성에서 사역성으로 연속해가는 모습을 형태적인 측면과 의미적인 측면에서 분석해 나갈 수 있다.

Jacobsen, W. M.(1992)에서 자·타동사의 형태소의 대응 관계를 추출하고 있는데, 이중 타동사의 형태소는 「∮, e, s, as, os, se, akas」의 7개를 인정하고 있다. 이를 참고로 타동사의 형태소 「∮, e, s, as, se」를 추출하고 자동사 형태소와의 대응관계를 고려하여 유형을 정하였다. 유형별 특징에 관하여 타동사 형태의 타입과 대응하는 자동사의 형태, 해당 유형의 특징적인 의미를 정리하여 나타내면 다음과 같다.

---

1 Jacobsen, W.M.(1992)의 Appendix(p.258-269)를 참조하기를 바란다.

형태소별 유형		대응 자동사	한국어 동사	특 징
[a] ∮ (叩く つかむ)	a-1	e	열다, 풀다, 흔들다, 꺾다	형태가 무표(unmarked) 단순한 움직임
	a-2	ar	끼다, 싸다, 잡다, 잇다	
[b] e (入れる 温める)	b-1	∮	넣다, 세우다, 붙이다, 띄우다	단순한 움직임
	b-2	ar	올리다, 데우다, 굽히다, 줄이다	복잡한 움직임 도구 등에 의존
[c] s (移す, 壊す)		r re	채우다, 굴리다, 옮기다, 흘리다, 쓰러뜨리다	대상의 내면적 성질에 의존
[d] as (冷ます 鳴らす)	d-1	e	식히다, 말리다, 태우다	대상의 내면적 성질과 도구 등의 매체에 의존
	d-2	∮	줄이다, 얼리다, 울리다, 날리다	대상의 기능에 의존 : 보다 더 의존적, 사역에 접근
[e] se (のせる)	e-1	∮	덮다, 싣다	대상이 사물인 경우 : 타동사
	e-2		씌우다, 태우다	대상이 사람인 경우 : 사역동사

타동사의 형태는 다음의 [a] 부터 [e] 의 다섯 가지 유형이 인정된다. [a] 는 타동사가 형태적으로 무표한 경우로 [a-1] 은 대응하는 자동사가 「e」라는 형태소를, [a-2] 는 자동사가 「ar」라는 형태소를 가진 경우이다. [b-1] 은 「∮」의 자동사를 가지는 「e」의 유형이며, [b-2] 는 「ar」의 자동사를 가지는 「e」의 유형이다. [c] 는 「s」유형이다. [d-1] 은 「e/as」이며, [d-2] 는 「∮/as」, [e]는 「se」유형이다.

[a] 타입은 타동사가 무표한 형태, 즉, 어근에 부가된 형태가 없는 타

입이다. [a-1] 은 대응하는 자동사가 [e] 형의 경우, [a-2] 는 자동사의 형태가 [ar] 의 경우로 양쪽 다 동작주의 단순한 움직임을 나타낸다. 단순한 움직임이란 동작주의 신체의 일부만을 사용하여 동작이 성립되는 움직임을 말한다. 무표한(unmarked) 형태가 단순한 움직임을 나타낸다는 점은 매우 흥미로운 사실이다.

[b] 는 타동사가 [e] 라는 형태를 취하는 타입이다. [b-1] 은 [ɸ] 형의 자동사를 가지는 타입으로, [a] 타입과 같이 단순한 움직임을 나타낸다. [b-2] 는 [ar] 형의 자동사를 가지는 타입으로, 동작을 수행하기 위한 도구 등을 필요로 하는 다소 복잡한 움직임을 나타낸다.

(1) 花子がミルクを温めて、飲ませてくれた。
하나코가 우유를 데워서, 먹게 해 주었다.

우유가 데워지기 위해서는 우유를 불에 올려두거나 전자렌지로 돌리는 동작이 필요하고, 어느 정도 시간의 경과도 필요하다. 또한 열을 가하면 따뜻해진다는 성질이 우유 그 자체에 갖춰져 있어야만 한다. 「ドアをたたく(문을 두드리다)」와 같은 행위에는 이러한 복잡한 과정이 필요하지 않다. 이처럼 무표한 형태의 동사와는 달리, 형태가 부가되면 어떠한 의미적인 부가도 나타나게 되는 현상이 관찰되는데 흥미로운 부분이다.

[c] 는 타동사가 [s] 라는 형태를 취하는 타입이다. 예를 들어, 「転がす(굴리다)」라는 움직임의 결과로 인해 일어나는 「転がる(구르다)」라는 움직임은 동작주의 행위에 촉발되어 시작되기는 하나, 공과 같이 대상

에 구를 수 있는 성질이 갖춰져 있지 않으면 불가능하다. 「壊す(부수다)」라는 동사의 경우에도 대상의 내면에 변화할 수 있는 가능성을 갖고 있어야 한다. 이처럼 [s]형의 타동사는 동작주의 행위와 그 결과 사이에 의존 관계, 특히 대상의 내면적 성질에 대한 의존이 있다고 볼 수 있다.

[d]는 타동사가 [as]라는 형태를 취하는 타입이다. [d-1]은 [e]라는 자동형 타입으로, 「冷やす(식히다), 冷ます(식히다), 燃やす(태우다)」등이 여기에 속한다. 이 그룹의 동사들은 대상의 내면적 성질뿐만 아니라 도구와 같은 매개체에도 의존하지 않으면 성립할 수 없는 동작을 나타낸다.

(2) 花子が落ち葉を集めて燃やした。

하나코가 낙엽을 모아서 태웠다.

(2)의 경우, 동작주의 행위는 성냥과 같은 것을 이용하여 낙엽에 불을 붙이는 것으로, 낙엽이 타는 상태를 촉발하는 역할에서 끝난다. 낙엽이 타기 위해서는 대상 그 자체가 불에 타는 성질을 갖고 있어야 한다. 또한 동작주가 불을 붙이는 행위에는 불을 일으키기 위한 도구가 필요하다. 즉, [d-1] 타입은 대상의 내면적 성질에 의존하고, 또한 도구와 같은 매개체에 의존하여 동작을 성립시킨다고 할 수 있다. [d-2]는 [∮]라는 무표한 자동형에 대응하는 타입인데, 「凍らす(얼리다), 鳴らす(울리다)」등이 이에 속한다. 이 타입은 대상에 갖춰져 있는 기능에 의존하여 동작을 성립시킨다.

(3) 太郎が模型飛行機を飛ばしている。

　　타로가 모형비행기를 날리고 있다.

　여기에서 동작주인 타로의 행위는 대상인 모형비행기를 높이 들어 올려 공중에 놓는 움직임이다. 이 동작에 의해 비행기가 날게 되는 상태가 되지만, 실제로 비행기가 날기 위해서는 날 수 있는 기능이나 속성이 모형비행기 자체에 갖춰져 있어야 한다. 즉, 이 타입의 동작은 대상의 기능에 의존하여 성립되는 것이다.

　[e]는 타동사가 [se]형을 취하는 타입이다. 이 타입의 경우, 대상의 성질이 무생물([-animate])인지 유생물([+animate])인지에 따라 타동사와 사역동사로 나뉜다. 또 두 타입 모두 여격보어를 취하여, 사역문의 격 체제와 유사하다. 다음 예문 중 전자는 타동사, 후자는 사역동사에 해당한다.

(4) 花子が車に荷物を載せた。　　하나코가 차에 짐을 실었다.

(5) 花子が車に子供を乗せた。　　하나코가 차에 아이를 태웠다.

　(5)의 「乗せる(태우다)」는 타동사의 카테고리에서 벗어나 사역동사의 카테고리에 속하게 된다. 당연히 사역행위가 성립되기 위해서는 피사역자인 동작주에게 의존하지 않으면 안 된다.

　또한 각 유형에 대응하는 한국어 예를 통해서도, 상기와 같은 사실이 뒷받침된다는 것을 알 수 있다. 한국어 동사의 형태소 중에서 「이, 히, 리, 기, 우, 구, 추(이하 「이」형)」라는 형태소는 앞에서 살펴본 일본어 타동사의 모든 형태소와 대응하는 것은 아니다. 「이」형은 [b] 타입부터 나타나기 시작하는데, [c] 타입과 [d] 타입의 대부분이 「이」형이 되는 것을 알 수 있다. 또, [e] 타입을 보면 사역성과 한국어의 「이」형과의 관련성이 두드러지는데, 대상의 성질이 [-animate] 인 경우에는 「이」형이 파생되지 않지만, 대상의 성질이 [+animate] 인 경우에는 대응하는 한국어 타동사가 「이」형이 된다. 이는 사역성과 한국어의 「이」형 사이에 관련성이 있음을 나타내는 것이라고 할 수 있다.[2]

1.2 사역성의 프로토타입

사역문은 형식적으로는 단문 형식이나, 그 안에 사역행위의 사태와 피사역동작의 사태라는 두 사태가 포함되어 있다. 따라서, 사역문의 형식에 복잡한 요인이 얽혀 있는 것이다. 즉, 사역성은 단순구조인 다른 동사문과는 달리, 문을 구성하고 있는 문의 요소간의 관계가 복잡하게 얽혀있다고 하겠다. 어떠한 요소들이 사역문의 형성에 관여하고 있는 것인가에 대해서 다음과 같은 요소를 제시하고, 각각의 의미소성(意味素性)에 대해 살펴보고자 한다. 전형적인 사역문의 경우, 다음과 같은 네 가지 의미소성을 전부 만족한다.

■ 사역문을 구성하는 의미소성
[a] 두 개의 사태를 포함한다.

---

2 한국어의 「이」형은 사역뿐만 아니라 수동과도 관련되어 있는 등 관련된 논의가 많으나, 여기에서는 다루지 않기로 한다.

[b] 사역주와 피사역자는 [+animate] 이며 [+agent] 이다.

[c] 사역행위는 간접적이다.

[d] 기저문보다 항이 하나 더 증가한다.

단문은 하나의 사태를 나타내고, 두 개의 사태는 복문 형식으로 나타내는 것이 일반적이다. 그러나, 사역문은 두 개의 사태를 단문형식으로 나타낸다.

(6) 母が太郎を買い物に<u>行かせた</u>。

　　어머니가 타로를 시장에 가도록 했다.

(7) a. 母が太郎に買い物に行くように指示する。

　　　어머니가 타로에게 시장에 가라고 지시했다.

　　b. 太郎が買い物に行く。　　　타로가 시장에 갔다.

사역문 (6)은 (7)의 (a), (b)와 같이 두 개의 문으로 분해할 수 있는데, 이 두 개의 사태를 하나의 문 안에 내포하고 있는 것이다. (8)과 같은 전형적인 사역문이 아닌 원인사역문도 (9)의 (a), (b)와 같이, 두 개의 문으로 분해할 수 있다.

(8) 北風が(私に)古里の冬を<u>思い浮かばせた</u>。

　　북풍이 (내게) 고향의 겨울을 떠올리게 했다.

(9) a. 北風(のある要素)が古里の冬を思い浮かぶように仕向けた。

　　　북풍(의 어떤 요소)가 고향의 겨울을 떠올리도록 만들었다.

b. (私に)古里の冬のことが思い浮かんだ。

(내게) 고향의 겨울이 떠올랐다.

이처럼 단문 형식을 취하면서 의미적으로는 두 개의 사태를 포함하는 복합 사태성은 사역문을 특징짓는 기본적이면서도 중요한 요소가 되며, 이러한 특징이 사역문의 다양한 의미와 용법을 파생시키는 요인이 되기도 하다.

타동사문은 전형적인 경우, 하나의 동작주(agent)와 대상(accusative)인 사물이 타동 동작에 관여한다. 실제로는 대상이 유정물이라 해도, 타동문에 포함되는 대상에 동작주성은 인정되지 않는다.

(10) 太郎が次郎を殴った。　　타로가 지로를 때렸다.

사역문은 전형적인 경우, 행위주인 사역주와 동작주인 피사역자(=실질적인 동작주), 그리고 피사역 동작에 포함되는 대상인 세 개의 존재가 사역행위의 성립에 관여한다. 즉, 하나의 문 안에 두 의지적 존재인 사역주와 피사역자(=동작주)가 공존하는 것이다. 이처럼 사역문을 규정하는 또 다른 요소로, 관여자가 지니고 있는 [+animate] 라는 의미소성이 있다. 사역문은 기본적으로는 사역주가 주어라고 해도 동작 실현의 사태에 있어서 동작주가 [+animate] 의 의미소성을 갖고 있는 한, 사역 사태에 대해 어떠한 의지를 갖고 참가하고 있는 것이라고 할 수 있다.

(11) 太郎が次郎に傘を<u>持ってこさせた</u>。

　　타로가 지로에게 우산을 가져오도록 했다.

　(11)의 사역문의 경우, 피사역자인 「次郎(지로)」는 사역주의 지시를 받아, 스스로의 유생 존재로서의 의지로 「傘を持ってくる(우산을 갖고 오다)」라는 동작을 하게 되는 능동적인 존재이다. 즉, 사역주가 사역문 전체의 주어의 위치에 있기는 하나, 피사역자인 동작주의 도움이 없다면 사역 행위를 성립시킬 수 없다. 피사역자가 유생의 존재라는 것은 「太郎が次郎を殴る(타로가 지로를 때리다)」라는 문에서 「次郎(지로)」가 지니는 [+animate] 성과는 다른 의미에서의, 스스로의 의지에 의해 행동할 수 있는 존재라는 의미의 동작주성(agentivity)이다. 즉, 사역문의 관여자는 유정물이면서 동시에 동작주인 것이다.[3]

　다음 사역문에서는 관여자가 표면상으로는 사물이지만, 자기 자신의 힘 또는 기능으로 움직이는 존재로 인식되고 있는 것이다. 사역문을 만드는 「サセル(saseru)」는 사물인 관여자에게 [+animate] 라는 의미 소성을 부여하는 기능을 갖고 있다고 볼 수 있다.

(12) 太郎が<u>車を走らせた</u>。

　　타로가 차를 달리게 했다.

(13) ジェット推進力が<u>飛行機を飛ばせて</u>いる。

　　제트 추진력이 비행기를 날게 하고 있다.

---

3 사역주는 엄밀하게는 행위주라 할 수 있다.

(12)와 (13)의 피사역자인「車(차)」와「飛行機(비행기)」는 [-animate] 의 의미소성을 갖고 있지만, 「サセル」형 동사의 영향을 받아 [+animate] 적 존재로 문에서 기능하고 있는 것이다. 이와 같은 동작주성의 부여도 사역성의 한 특징이다. 다음 예문도 유사한 예이다.

(14) 母は電気釜でご飯を<u>炊く</u>。
어머니는 전기밥솥으로 밥을 짓는다.
(15) ご飯は炊飯器に<u>炊かせて</u>おいて、こちらを手伝ってちょうだい。
밥은 전기밥솥에 짓게 해두고, 이쪽을 도와줘.

「電気釜(전기밥솥)」은 인식세계에서는 사물로 (14)와 같이 「ご飯を炊く(밥을 짓다)」라는 행위에 필요한 도구이다. 그러나 「電気釜(전기밥솥)」이 기능을 가진 것으로 인식되어 [+animate] 로서 표현된 것이 (15)의 사역문이다. 이러한 사역문에 대한 용인도는 개인차를 보이나, 연소자일수록 용인도가 높아지는 경향이 있다고 할 수 있다. 전자제품을 도구로 사용하여 「ご飯を炊く(밥을 짓다)」라는 타동적 사태로 표현할지, 전기밥솥을 피사역자화하여 「ご飯を炊かせる(밥을 짓게 하다)」라는 사역사태로 표현할 지는 화자에게 위임되어 있는 것이다. 이와 같은 언어사실을 통해서 피사역자는 스스로의 의지 또는 자기 자신의 내부에 존재하는 어떠한 기능을 이용하여 사역 동작을 완성시키는 존재임을 알 수 있었다.
사역성을 특징짓는 또 하나의 중요한 개념이 사역행위의 간접성이다. 사역문의 복합 사태성이라는 부분에서 살펴본 바와 같이, 사역문은 사역주의 사역 행위의 사태와 피사역자(=동작주)의 피사역동작의 사태로 나눌 수 있다. 이 때 사역 행위는 주로 지시와 같은 언어적 수단에 의한 행위이며 실질적인 동작을 행하여 사역 사태를 성립시키는 존재는 피사역자이다. 즉, 사역주의 사역 행위는 직접적인 동작이 아닌, 피사역자로 하여금 사역 사태를 성립시키도록 하는 간접적인 행위인 것이다.

(16) 太郎が花子に荷物を背負わせた。

타로가 하나코에게 짐을 짊어지도록 했다.

(17) a. 太郎が花子に荷物を背負うように指示した。

타로가 하나코에게 짐을 짊어지도록 지시했다.

b. 花子が荷物を背負った。

하나코가 짐을 짊어졌다.

(16)에 포함된 사태를 분석해 보면, (17a)는 사역 행위로 간접적이며 (17b)는 피사역자의 행위로 직접적이다. 이와 같은 사역주 행위의 간접성이야말로 전형적인 사역문의 중요한 요소라고 할 수 있으며, 타동사문 또는 사역동사문과 구별되는 의미 특징이기도 하다.[4]

---

4 사역동사문이란, 「着せる(입히다), 被せる(씌우다), 飲ます(먹이다), 持たす(들리다)」 등과 같은 동사를 가리킨다. 이러한 타입은 사역주의 작용이 직접적일뿐만 아니라 형태적으로도 간접사역과는 구별되기 때문에, 직접사역이라는 카테고리를 형성하는 것이라고 할 수 있다. 자세한 내용은 제 6장 및 제 9장 참조.

(18) 花子がお茶を<u>運んだ</u>。

하나코가 차를 옮겼다.

(19) お母さんが子供に服を<u>着せて</u>いる。

어머니가 아이에게 옷을 입히고 있다.

(20) 花子が赤ちゃんにミルクを<u>飲まして</u>いる。

하나코가 아기에게 우유를 먹이고 있다.

　타동사문인 (18)의 하나코는 직접 동작을 행하는 존재이다. (19)의 어머니는 언어적 수단을 통하여 피사역자에게 지시하는 것이 아닌, 직접적인 동작을 함으로써 사역 사태의 성립에 관여하고 있다. 마찬가지로 (20)의 사역주인 하나코도 아기에게 직접 우유를 먹이는 동작으로 사역 사태의 성립에 관여하고 있다.[5]

　마지막으로 사역문의 프로토타입을 규정하는 요소로 들 수 있는 것은 항(項)의 증가라는 구문적 특징이다. 사역문은 기저문 보다 항이 1항 (項, argument) 증가하는 현상을 보인다.

　이상으로 사역성의 프로토타입을 규정하는 요소를 추출하고 분석, 예시하였다. 가장 전형적인 사역문은 위의 네 가지 특징을 모두 갖추고 있다고 할 수 있다. 즉, 하나의 문에 두 개의 사태가 포함되어 있고, 사역주와 피사역자가 [+agent] 이며 동시에 [+animate] 라는 의미소성을 가지며, 사역주는 간접적인 행위로 사역 사태에 관여한다. 구문적으로

---

5 물론 이 두 사역문의 경우, 피사역자도 어떠한 형태로 [+animate] 의 존재로서 사역 사태에 관여하고 있다. 이 타입은 사역성을 띠는 타동사와 전형적 사역문의 중간에 위치하는, 두 카테고리를 연결하는 것이라고 할 수 있다.

는 기저문보다 항이 하나 더 증가한다는 특징을 모두 갖추고 있는 경우, 가장 전형적인 사역문이 되는 것이다.

2 사역성에 관하여

2.1 타동과 사역의 연속성

2.1.1 형태적 연속성

타동성에 관한 기존의 연구에서는 주로 타동성의 고저, 자발과의 대응적 관계 및 연속성, 그리고 결과 함의 여부 등에 관하여 논의되어 왔다. 또한 Jacobsen, W. M.(1992)은 자동형과의 대응 관계라는 관점에서 유형별 분석을 시도한 연구이다. 그러나 사역이라는 문법 카테고리와의 관계, 또는 사역성이라는 개념과의 연관성에서 타동사를 분석한 것은 필자의 연구 이외에 거의 찾아볼 수 없다. 타동사는 형태적·의미적으로 몇 가지 유형으로 분류할 수 있다. 특히 파생형이 아닌 단순형이면서도 사역의 의미를 띠는 타동사가 다수 있음을 알 수 있다. 여기에서는 형태적인 측면에서 타동사가 사역으로 연속해가는 모습을 제시하고 분석해 보겠다.

사역과 비교하기 위해서는 사역을 만드는 형태소에 대해 언급하지 않을 수 없다. 사역문을 만드는 과정은 다음과 같다. 우선 문의 주어 위치에 오게 되는 사역주는 기저문에는 존재하지 않는 인물이며, 기저문의 주어 자리에 있던 참여자에게는 여격이 부여되어 피사역자라는 의미역할이 부여된다. 형태적으로는 동사의 어미가 변화하여 「(s)ase」
가 부가되는데, 이 「(s)ase」형이 사역의 형태소로 인정된다. 본서에서
는 「(s)ase」형과 함께, 직접사역문 또는 short-form causative라 일컬어
지는 사역문의 형태소 「sas」형도 사역을 만드는 형태소로 인정하고,
이 두 가지 형태를 사역형태소로 본다.

앞 절의 표 [타동사의 형태적·유형별 특징]에서도 알 수 있듯이, 타
동사의 형태소에는 [∮, e, s, as, se]가 있다. 이 중에서 의미적으로 사
역성을 띠는 것, 즉, 사태의 성립에 의존 관계가 요구되는 것은 [s, as,
se]이다. [s]는 대상의 내면적인 성질에 의존하여 동작이 성립되고, [as]
는 대상의 내면적 성질과 도구에 의존하거나 혹은 대상의 기능에 의존
하여 동작이 성립된다. [se]는 대상이 [+animate]일 경우에는 사역동사
의 카테고리로 이동한다. 이와는 대조적으로, [∮, e]형인 타동사일 경
우에는 사역의 의미를 지니지 않는다. 또한 사역의 의미를 띠는 타동
사도 [s, as, se]에서 오른쪽으로 갈수록 사역의 의미가 강해진다. 즉,
형태가 사역의 형태 즉, 사역동사는 [se/sas], 전형적 사역은 [(s)ase]에
가까워질수록 사역의 의미가 강해진다고 볼 수 있다. 이상을 정리하면
다음과 같다.

타동사/사역동사/전형적 사역형의 형태적 연속성

타동사		사역동사	사역형
[-s-u] → [-as-u/-se-ru]	⇒	[-(s)as-u/-se-ru]	→ [-(s)ase-ru]
壊す → 転がす/被せる	⇒	飲ます/浴びせる	→ 運ばせる

타동사의 형태소 「s」는 사역형 「as」의 형태 일부를 포함하고 있고, 타동사의 「as, se」형은 사역동사의 형태소와 거의 일치한다. 단 이러한 타동사 타입은 사역동사와는 달리 규칙적 파생이 일어나지 않는다. 사역동사의 「(s)as, se」형은 기본동사에서 규칙적으로 파생되며, 사역형의 「(s)ase」도 기본동사에서 규칙적으로 파생된다. 위 그림으로 세 카테고리의 형태적 연속성을 알 수 있다.

2.1.2 의미적 연속성

앞에서 살펴본 바와 같이, 타동사이면서 사역의 의미를 띠는 타동사는 동작주가 동작을 수행할 때 동작주의 힘만으로는 완벽하게 동작을 수행할 수 없으며, 어떠한 형태로든 대상의 성질, 기능 등에 의존하지 않을 수 없다. 여기에서는 행위자의 행위의 성질과 사태 성립의 관계라는 관점에서 타동사문과 사역문을 분석하고, 의존적 사태 성립이라는 의미 속에서 타동사의 일부 즉, 사역의 형태에 가까운 형태인 [s, as]를 취하는 타입의 타동사문이 사역문에 연속되어 가는 모습을 제시하겠다. 또한 동작주의 동작 실현의 가능성이라는 관점에서, 타동사문과 사역문을 유형별로 분석하여 타동사문에서 사역문으로 연속해가는 모습을 제시하겠다.

1) 행위의 성질과 행위, 그리고 사태 성립의 관계

행위주란 타동사문에서는 동작주를, 사역문에서는 사역주를 말한다. 행위의 성질에서는 동작주와 사역주의 행위가 직접적인가 간접적인가에 대한 문제를 다룬다. 행위와 사태 성립의 관계란 타동사문의 경우에는 동작주의 대상에 대한 관계를 말하며, 사역문의 경우에는 사역주의 피사역자에 대한 관계를 말한다. 여기에서는 주로 의존 관계에 초점을 맞춰 논의를 진행한다. 우선 전체적으로 정리해서 나타내면 다음과 같다.

- 행위의 성질과 행위와 사태의 의존 관계
[1] 행위주의 행위의 성질 : 직접적으로 동작을 행하는 경우에서 간접적으로 작용하는 경우까지 연속적이다.
[2] 행위와 사태 성립과의 관계 : 직접적으로 변화를 일으키면서도 대상과 의존관계인 경우도 있으며, 대상 또는 피사역자의 성질에 의존하여 변화하는 경우도 있다.

행위의 성질	행위와 사태 성립과의 관계	형태유형	동사 예
[동작주]			
직접적 ------- 비의존적		[A] 「ϕ」	叩く
직접적 ------- 비의존적 /도구 의존적		[B] 「e」	開ける 温める
직접적 ------- 대상 의존적(성질)		[C] 「s」	転がす
직접적 ------- 대상 의존적(기능)		[D] 「as/se」	飛ばす
[사역주]			
직접적--------------의존적		[E] 「(s)as/se」	飲ます
간접적--------------의존적		[F] 「(s)ase」	運ばせる

상기의 형태 유형 중에서 「se」타입의 경우, 대상이 [-animate] 일 경우에는 타동사로 [D]에 속하고, 대상이 [+animate] 일 경우에는 사역동사로 [E] 에 속하게 된다. 유형별로 예를 제시하면 다음과 같다.

(21) [A] 太郎がドアを<u>叩いた</u>。　　　타로가 문을 두드렸다.

　　　　太郎がネギの皮を<u>むいた</u>。　타로가 양파 껍질을 벗겼다.

(22) [B] 太郎がドアを<u>開けた</u>。　　　타로가 문을 열었다.

　　　　太郎がミルクを<u>温めた</u>。　　타로가 우유를 데웠다.

(23) [C] 太郎がドアを<u>壊した</u>。　　　타로가 문을 부쉈다.

　　　　太郎がボールを<u>転がして</u>いる。　타로가 공을 굴리고 있다.

(24) [D] 太郎が鐘を<u>鳴らした</u>。

　　　　타로가 종을 울렸다.

　　　　太郎が凧を<u>飛ばして遊</u>んでいる。

　　　　타로가 연을 날리며 놀고 있다.

(25) [E] 花子が子供に服を<u>着せた</u>。

　　　　하나코가 아이에게 옷을 입혔다.

　　　　花子が赤ちゃんにミルクを<u>飲ました</u>。

　　　　하나코가 아기에게 우유를 먹였다.

(26) [F] 花子が子供にクスリを<u>飲ませた</u>。

　　　　하나코가 아이에게 약을 먹게 했다.

　　　　花子が太郎にタンスを<u>運ばせた</u>。

　　　　하나코가 타로에게 상자를 옮기게 했다.

[A] 타입은 직접적 행위와 비의존관계를 나타내고, [B] 타입은 직접적 행위를 나타내는데, 비의존관계를 나타내는 경우와 도구 의존적 관계를 나타내는 경우로 나뉜다. [C] 타입은 직접적 행위와 대상 의존적 즉, 내면적 성질에 의존하는 관계를 나타내고, [D] 타입은 직접적 행위와 대상 의존적 즉, 대상의 기능에 의존하는 관계를 나타낸다. 사역동사 문 [E] 타입은 직접적 행위와 의존적 즉, 동작주로서의 피사역자에게 의존하는 관계를 나타낸다. 전형적 사역인 [F] 타입은 간접적 행위와 의존적 즉, 동작주로서의 피사역자에게 의존하는 관계를 나타낸다. 각각의 유형 스키마를 나타내면 다음과 같다.

타동사와 사역의 유형별 스키마

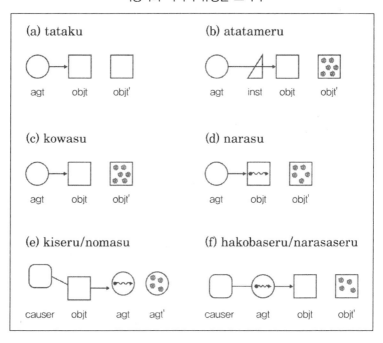

① 행위주의 행위의 성질

타동사문의 경우 동작주가 직접적인 행위를 행하지만, 전형적인 사역문의 경우 사역주는 직접 동작을 행하지 않고 피사역자로 하여금 동작을 행하도록 하기 때문에 간접적인 행위를 나타내는데, 주로 언어적 지시와 같은 행동에 의존한다. [A] 타입부터 [D] 타입까지는 타동사로, 동작주가 직접 동작을 행하는 행위자이다. 사역문인 [E] 타입의 경우, 사역주는 직접 동작에 따른 행위를 하지 않고, 피사역자에게 간접적으로 지시를 내리는 존재이다. [E] 타입은 타동사문과 사역문의 연속성을 증명하는 매우 중요한 유형이라고 할 수 있는데, 그 이유는 사역주의 행위의 성질이 타동사문의 행위의 성질과 사역문의 행위의 성질을 모두 갖고 있다고 할 수 있기 때문이다.

(27) 花子が赤ちゃんにミルクを飲ました。

　　　하나코가 아기에게 우유를 먹였다.

(27)의 사역주 「花子(하나코)」는 직접적인 행동을 한다는 측면에서는 타동사문의 동작주와 동일한 성질을 지니고, 피사역자의 기능에 의존하지 않고서는 동작을 수행할 수 없다는 측면에서는 사역문의 사역주와 동일한 성질을 지닌다.

② 행위와 사태 성립의 관계

전형적인 타동사 즉, 사역의 의미를 갖고 있지 않은 타동사의 경우, 동작주의 행위가 사태 성립에 필요한 모든 조건이며 다른 조건은 필요하지 않다. 이에 반해 사역의 의미를 띠는 타동사의 경우, 대상의 내면적 성질 또는 기능에 의존하여 사태를 성립시키고 있다. 이는 사역문의 사역주가 피사역자의 기능에 의존하여 사태를 성립시키는 것과 유사한 점이라고 할 수 있다.

우선 타동사문을 보면, [A] 타입 「太郎がドアを叩いた(타로가 문을 두드렸다)」와 [B] 타입 「太郎がドアを開けた(타로가 문을 열었다)」에서는 타로에 의해 촉발된 행위는 다른 요인에 전혀 의존하지 않고 사태를 성립시킬 수 있다. [B] 의 다른 유형인 「太郎がミルクを温めた(타로가 우유를 데웠다)」에서는 사태 수행에 어떠한 도구가 필요하기는 하나 대상인 「ミルク(우유)」에는 의존하고 있지 않다고 할 수 있다. 반면, [C] 타입인 「太郎がボールを転がしている(타로가 공을 굴리고 있다)」에서의 타로는 대상인 공의 성질 즉, 공이 갖고 있는 외형적 성질 혹은 구를 수 있는 구조에 의존하여 사태를 수행하고 있다. [D] 타입의 「太郎が鐘を鳴らした(타로가 종을 울렸다)」가 되면, 대상의 내면적 성질이 아닌 기능에 의존하게 된다. 내면적 성질은 정적인 것이며, 기능이라는 것은 [+animate] 가 갖는 특징이므로 동적인 것이라 할 수 있다는 의미에서 사역문에서의 의존 관계와 매우 비슷하다고 하겠다.

[E] 타입과 [F] 타입은 사역문의 카테고리에 들어간다. [E] 타입은 예문 「花子が子供に服を着せた(하나코가 아이에게 옷을 입혔다)」에서도 알 수 있듯이 전형적 사역문의 항 구조를 이루고 있으며, 사역주인 하나코는 피사역자인 [+animate] 로서의 기능에 의존하지 않고 사역 사태를 수행할 수 없다. 단, 사역주가 직접 동작을 행한다고 하는 점과 피사역자가 전형적 사역문과 같이 전적으로 자신의 의지에 의해 행동할 수

없다는 점에서 [F] 타입의 사역문과는 확연히 구분된다. [F] 타입의 행위주인 사역주는 동작주가 아니라 비동작적 행위[6]에 의해 피사역자를 움직이게 하는 존재이며, 피사역자의 동작 수행 여부는 동작주인 피사역자에게 전적으로 맡겨져 있다. 즉, 이 타입은 행위주의 행위와 피사역자의 사태 수행 사이에 명백한 의존 관계가 존재한다고 할 수 있다.

2) 동작 실현의 의미

타동사문과 사역문은 행위주의 능동적 행위에 의해 사태가 일어나게 된다는 점에서는 공통적이지만, 행위주에 의해 일어나게 된 동작이 실제로 실현되는가 그렇지 않은가에 대해서는 차이점을 보인다.

타동사문의 경우, 동작이 대상의 성질에 의존하여 성립되는 것이든 아니든, 타동사태는 항상 성립된다. 대상의 내면적 성질이나 기능에 의존하여 동작을 실현하는 경우에도, 동작주는 대상을 완벽하게 제어할 수 있는 절대적인 존재인 것이다. 이것은 타동사문에 포함되는 대상은 스스로의 의지로 사태에 참가하고 있는 것이 아니기 때문이다.

이와는 반대로 사역문의 경우, 동작주의 동작이 실현될지 그렇지 않을지에 대한 여부는 사역문의 타입에 따라 달라진다. 행위주가 직접 동작을 행한다는 점에서 타동사문과 공통적인 사역동사문은 타동사문과 마찬가지로 행위주인 사역주의 동작이 실현되는데, 단 피사역자에 의존하여 동작이 실현되게 된다. 간접사역문의 경우, 행위주인 사역주

---

6 여기에서의 비동작적 행위란, 사역사태의 성립을 위하여 직접적 동작을 행하지 않는다는 의미로 쓰이고 있다.

는 사태를 성립시키기 위해 동작주인 피사역자에게 지시하는 존재이
다. 따라서 동작주가 실제로 동작을 행할지 행하지 않을지는 동작주에
게 귀속되는 문제로, 사역주의 행위가 사역사태의 성립까지 제어할 수
는 없는 것이다. 이것은 사역문이 반드시 결과를 함의한다고 하는, 즉,
피사역자의 동작이 실현된다고 보는 기존의 의견에 수정을 가하는 것
이다.

    (28) a. 花子がゼリーを冷蔵庫で固めた。

             *でも、一時間では固まらなかった。

             하나코가 냉장고에서 젤리를 굳혔다.

             *그러나 한 시간이 지나도 굳지 않았다.

        b. 花子がゼリーを冷蔵庫で固まらせた。

             でも、一時間では固まらなかった。

             하나코가 냉장고에서 젤리를 굳어지게 했다.

             그러나, 한 시간이 지나도 굳지 않았다.

        c. 花子がゼリーを冷蔵庫で固めようとした。

             でも、一時間では固まらなかった。

             하나코가 젤리를 냉장고에서 굳히려고 했다.

             그러나, 한 시간이 지나도 굳지 않았다.

    타동사 (a)의 경우, 동작주의 행위에 의해 사태가 성립하기 때문에
사태가 성립하지 않았음을 의미하는 후속문은 적절하지 않다. 대조적
으로 사역문 (b)의 경우에는 사태가 성립하지 않았음을 의미하는 후속
문을 허용하는데, 이는 사역주의 행위가 사태의 완결까지는 함의하지

않음을 의미한다.

> (29) a. 花子が子供にスプーンでクスリを<u>飲ました</u>。
>
> *でも、子供は飲もうとしなかった。
>
> 하나코가 스푼으로 아이에게 약을 먹였다.
>
> *그러나 아이는 먹으려고 하지않았다.
>
> b. 花子が子供に一人でクスリを<u>飲ませた</u>。
>
> でも、子供は飲もうとしなかった。
>
> 하나코가 아이에게 혼자서 약을 먹게 했다.
>
> 그러나 아이는 먹으려고 하지 않았다.

사역동사문 (a)는 타동사문과 마찬가지로, 사역주의 행위가 사태 성립까지 함의하므로 사태가 성립되지 않았음을 의미하는 후속문을 허용하지 않지만, 사역문 (b)는 이를 허용한다. 다음 예문에서도 마찬가지이다.

> (30) a. 花子が子供にコートを<u>着せた</u>。
>
> *でも、子供はコートを着なかった。
>
> 하나코가 아이에게 코트를 입혔다.
>
> *그러나, 아이는 코트를 입지 않았다.
>
> b. 花子が子供にコートを<u>着させた</u>。
>
> でも、子供はコートを着なかった。
>
> 하나코가 아이에게 코트를 입도록 했다.
>
> 그러나, 아이는 코트를 입지 않았다.

사역동사문의 사역주는 직접 행위를 한다는 점에서 타동사문과 공통적이며, 사역주의 행위가 사태의 완결을 함의한다. 그러나 전형적 사역문의 사역주는 피사역자에게 행동을 하도록 작용하는 존재일 뿐이다. 사태 실현을 위한 동작을 하는 것은 피사역자이기 때문에, 사역주의 행위가 사태 완결까지 함의한다고 볼 수 없다.

이상, 타동사의 형태소를 추출하여 각각의 유형별 특징을 분석하였다. 또한 타동사의 일부가 형태적으로 사역에 연속해가는 모습을 파악하였고, 행위와 사태 성립 사이에 의존 관계가 존재하는가 존재하지 않는가라는 관점에서, 타동사문과 사역문이 의미적 연속성을 갖는다는 점을 밝혔다.

제3장

재귀성

1 선행연구와 전제

1.1 전통적인 관점

소위 목적어를 취하는 동사를 타동사라 하는 경우가 있다. 그 목적어가 동작의 대상이 되는 경우, 그 역할을 대상격 또는 대격(accusative)이라 한다. 그러나, 한국어나 일본어의 경우, 목적어를 취하면서도 그 목적어가 당해 동작을 성립시키는데 있어서 대상으로서의 역할을 하지 못하는 경우가 있다.

근래에 타동성(transitivity)에 관한 논의가 활발히 진행되어왔고, 타동성이 태(態, voice)의 분석에 있어서도 유용한 개념으로 인정되어 왔다. 구체적으로 필자는 직접수동문의 성립과 동사가 갖는 재귀성 사이에 밀접한 상관관계가 있다는 분석을 제시한 바 있다.

(1) a.　太郎が窓ガラスを壊した。　　타로가 **창문을 깼다**.

　　b.　窓ガラスが太郎に壊された。　창문이 타로에게 깨졌다.

(2) a.　太郎がドアを叩いた。　　　타로가 문을 두드렸다.

　　b. *ドアが太郎に叩かれた。　　* 문이 타로에게 두드려졌다.

(3) a.　太郎がリンゴを食べた。　　타로가 사과를 먹었다.

　　b. *リンゴが太郎に食べられた。　* 사과가 타로에게 먹혔다.

　(1a)와 (2a)는 통상적으로 타동성을 나타내는 동사로 분류되고 있음에도 불구하고, (1b)는 직접수동문이 성립하는데 반해, (2b)의 경우는 직접수동문이 성립되지 않는다. 또한, (3a)의 「食べる(먹다)」라는 동사도 일반적으로 대상을 취하는 타동사로 분류되고 있으나, (3b)와 같이 직접수동문이 만들어지지 않는다. 이와 같은 상반되는 현상을 초래하는 원인은 무엇이며, (1)과 (3)의 경우는 또 어떠한 원인에 의한 결과인지 심층적 분석이 요구된다. 위의 현상은 타동성의 고저라는 기준으로는 설명될 수 없는 부분이 있음을 나타내고 있다고 할 수 있다. 예문 (4)는 재귀동사문의 경우이다.

(4) a.　太郎がスーツを着ている。　　타로가 양복을 입고 있다.

　　b. *スーツが太郎に着られている。 *양복이 타로에게 입어져 있다.

　재귀동사는 동작주의 동작과 동작의 대상인 동작주 자신의 변화를 나타낸다. 따라서, 재귀동사문에 있어서의 대격보어는 타동사문의 대상과는 달리 동작의 대상이 아니므로, 대격보어를 주어로 내세우는 직

접수동문은 성립되지 않는다. (3)의 경우도 직접수동문이 성립되지 않는 원인을 동사「食べる(먹다)」의 저타동성에서 찾기 보다는, 재귀성에서 찾을 수 있다.「着る(입다)」가 함의하는 동작에서와 같이,「食べる(먹다)」가 함의하는 동작도 동작주의 동작과 그 동작의 대상인 동작주 자신의 변화를 함의한다고 분석할 수 있다. 대격보어인「リンゴ(사과)」는 동작의 대상으로 나타내어져 있지만, 대상의 변화의 측면이 부각되지 않는다고 분석된다. 따라서,「食べる(먹다)」라는 술어에 있어서 두드러짐이 없는 대격보어를 주어로 하는 직접수동문은 성립되지 않는 것이다. 이상, 타동성에 관하여 종래의 견해가 갖는 한계성을 지적하고, 재귀성을 도입함으로써 보다 체계적인 태(voice)의 분석이 가능함을 제시하였다.

이 장에서는 일차적으로 재귀성(reflexivity)에 관한 체계적 분석을 토대로 종래의 재귀동사의 범위를 확장하고, 재귀동사를 하위 분류하겠다. 다음 단계로, 각 그룹에 속하는 동사그룹의 특징을 분석하고, 재귀동사와 타동사의 의미 스키마(schema)를 제시하여 비교하겠다.

1.2 타동성과 재귀성

구체적인 동사의 분류 및 분석에 들어가기 전에 타동성(transitivity)과 재귀성(reflexivity)에 관하여 분석하고, 타동성과 재귀성은 상호 대립적인 개념임을 제시하고자 한다. 타동성과 재귀성은 각각 다음과 같은 의미소성을 함의한다.

	타동성(transitivity)	재귀성(reflexivity)
힘의 이동	1단계	2단계
힘의 이동방향	agent ⇒ acc (遠心的)	agent ⇒ acc (遠心的) acc ⇒ agent (求心的)
affectedness의 소재	대상(acc)	동작주(agent)

타동성은 사태를 스스로 제어(control)할 수 있는 동작주를 함의한
다. 또한 동작주로부터 기인하는 힘의 이동은 동작주에서 대상으로 뻗
어나감으로써 종결되므로 1단계적이며, 운동의 방향은 원심적 운동이
다. 따라서, 운동의 결과는 대상에 귀속되므로 영향을 받는 것은 대상
이다. 재귀성의 경우는, 사태를 스스로 제어할 수 있는 동작주를 함의
한다는 점에서는 타동성과 공통점을 갖는다. 그러나 동작주로부터 기
인하는 힘의 이동은 동작주에서 대격보어에 도달함으로써 종결되지
않고, 다시 동작주로 되돌아옴으로써 종결된다. 이 점에서 힘의 이동
이 2단계에 걸쳐 이루어지고, 운동의 방향는 동작주에게 되돌아오는
구심적인 운동이다. 따라서 운동의 결과는 대격보어에 남지 않고 동작
주 자신에 종속되므로, 수영되는(affected) 존재는 동작주 자신이다.

여기에서 말하는 수영성(受影性, affectedness)이란, 종래의 결과성과
는 다른 개념이다. 종래의 변화동사란, 동작주의 동작과 동작의 결과
나타나는 대상의 변화를 함의하는 동사를 말하며, 「燃やす(태우다), 倒
す(넘어뜨리다)」와 같은 동사를 가리킨다. 이것은 타동사에 한정된 개
념으로, 결과타동사와 결과를 함의하지 않는 타동사로 분류하기도 한
다. 그러나, 수영성은 타동사에 한정되는 개념이 아니며, 동작이 행해

짐으로써 그 동작의 영향을 받는다는 보다 일반적이고 넓은 개념이다.

동작의 결과 동작주와 대상 중 어느 쪽이 동작의 영향을 받는가라는 점에서 타동사와 재귀동사는 대립적이다. 타동사는 동작이 동작주로부터 대상에 미침으로써 동작이 종결되므로, 동작의 영향은 대상이 받는다. 반대로, 재귀동사의 경우는 동작이 동작주로부터 발생하여 동작주 자신에 돌아옴으로써 그 동작이 종결된다. 이 때에 대격보어는 대상의 역할을 하지 않으며, 단지 당해 동작의 성립에 필요한 성분에 불과하다. 따라서 동작의 종결로 인한 영향은 대격보어가 아닌 동작주가 받게 되는 것이다.

재귀성을 규정할 때, 소유성은 동사의 본래의 성질에 의해서가 아닌 대격보어의 성질과 동작 종료시 발생하는 관계라는 점에서 방향성보다 주변적인 의미소성이라 하겠다. 재귀적인 의미의 실현에는 이들 두 개의 의미소성이 상호 관련되어 있다. 이러한 재귀성의 의미특징을 스키마(schema)로 나타내면 다음과 같다.

재귀성과 타동성의 스키마(schema)

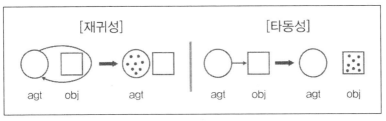

타동성은 동작주의 동작이 대상에 도달하여 대상이 수영되는 사태를 나타내는데, 재귀성은 표층상의 대상을 함의하는 경우라도 동사의

의미로서는 대격보어에 대하여 언급하지 않고 주체에 대하여 언급하는 사태를 나타내는 것이다.

2 재귀성에 관하여

2.1 재귀동사의 통어적 특징

재귀동사의 특징 중 핵심이라고 할 수 있는 것이 운동의 방향이 동작주로 다시 돌아오는 재귀적 운동이라는 성질이다. 타동사와 대립되는 성질도 바로 이 운동의 방향이며, 수영성의 소재 등 다른 특징들도 구심적 운동의 결과라 할 수 있다. 재귀동사의 이와 같은 의미적 특징이 여러 통어현상에 있어서 타동사와는 다른 현상을 초래하는 원인인 것이다. 먼저 동사의 의미소성인 결과성과 수영성에 있어서의 재귀동사의 특징을 살펴보겠다. 다음으로 직접수동문이 성립하지 않는 현상과 재귀동사와의 관계를 분석하겠다. 마지막으로, 동일어근의 무생주어 자동사를 짝으로 갖는 타동사인 유대타동사(有対他動詞)와 짝을 갖지 않는 타동사인 무대타동사(無対他動詞)에 관한 선행연구를 살펴보고, 재귀동사와 무대타동사와의 관계를 살펴봄으로써, 재귀동사의 통어적 특징에 관한 분석을 마무리 하고자 한다.

2.1.1 결과성
다음과 같은 타동사가 결과를 함의하는 타동사로 인정되고 있다.

(5) 太郎が椅子を壊した。　　　타로가 의자를 부쉈다.

즉, 결과타동사란 동작으로 인해 발생한 대상의 변화를 함의하는 동사를 말한다. 다음 타동사는 결과를 함의하지 않는다.

(6) 太郎がドアをたたいた。　　타로가 문을 두드렸다.

(6)과 같이 대상에 대한 동작이 행해지지만, 대상에는 어떠한 변화도 일어나지 않으며, 현상세계에서 변화가 일어난다고 해도 동사의 의미 범주에는 함의되지 않는다는 것이다.

그런데 재귀동사의 경우는 결과를 반드시 함의한다는 견해가 지배적이다.

(7) 太郎がせびろを着た。　　타로가 정장을 입었다.

착의의 의미를 갖는 「着る(입다)」라는 전형적인 재귀동사의 경우를 확대 해석하여 재귀동사는 모두 결과동사라고 보는 것이 종래의 견해이다. 그러나 다음의 재귀동사가 결과를 함의한다고는 보기 어렵다.

(8) 太郎がシャワーを浴びている。타로가 샤워를 하고 있다.
(9) 太郎が手をふった。　　　타로가 손을 흔들었다.

(8)은 선행연구에서 재귀동사로 인정되고 있으나 결과를 함의하지

않으며, (9)는 재귀용법[1]으로 인정되지만 결과를 함의하지 않는다.

선행연구에서 재귀동사가 반드시 결과를 함의한다고 분석되어 온 것은 의류의 착탈을 나타내는 극히 한정된 동사만이 재귀동사로 인정되어 왔기 때문이다. 그러나 타동사에 결과를 함의하는 것과 결과를 함의하지 않는 것이 있듯이, 재귀동사의 경우에도 결과성 함의 여부는 개별동사가 갖는 어휘의 개별적 의미의 문제이며, 재귀성과 결과성과의 필연적인 인과관계는 없다. 또한 다음 예문과 같이 재귀동사의 결과는 타동사의 경우와는 달리 동작주에 귀속되는 결과이다.

(10) 太郎がぼうしを<u>被っている</u>。　타로가 모자를 쓰고 있다.

결과성이란 다음 절의 수영성과 비교하면 좁은 규정이라고 할 수 있다. 즉, 동작의 결과 발생되는 변화의 흔적이 대상에 잔존하고 그것을 동사의 의미로서 함의하는가 하는 문제이다. 반면, 수영성은 동작주의 행위에 의해 발생되는 영향이라는 넓고 느슨한 규정이다.

2.1.2 수영성

수영성(受影性, affectedness)이란 동작주의 행위에 의해 영향을 받는 것을 의미하며, 그로 인한 결과의 잔존여부에는 관심을 두지 않는 개념이다. 재귀동사의 수영성의 특징을 보다 명확히 제시하기 위하여 타동사의 경우와 비교하여 논하겠다. 타동사의 경우, 동작주의 행위로

---

1 재귀용법이란, 신체명사를 대격보어로 취하여, 타동성을 나타내지 못하고 재귀성을 나타내는 문을 가리킨다. 자세한 것은 權(2006)에서 기술하고 있다.

인한 어떠한 변화도 행위의 대상인 객체에 남는다.

> (11) 太郎がかべを<u>壊した</u>。　　타로가 벽을 부쉈다.
> (12) 太郎がドアを<u>たたいた</u>。　타로가 문을 두드렸다.

즉, 타동사는 동작주인 주체의 행위와 행위의 대상인 객체의 수영을 함의한다. 재귀동사의 경우는, 다음 예문에서와 같이 동작주의 행위로 인한 변화가 행위의 목적지인 주체에 잔존하게 된다.

> (13) 太郎がせびろを<u>着た</u>。　　타로가 정장을 입었다.
> (14) 太郎が<u>腰をおろした</u>。　　타로가 앉았다.

즉, 재귀동사는 동작주인 주체의 행위와 행위의 목적지인 주체의 수영을 함의하며, 동작에 포함되는 객체의 변화에는 관심이 없는 동사이다. 대상의 변화에 관심이 없는 재귀동사의 특징은 다른 통어현상 즉, 직접수동문의 성립여부에서도 타동사와는 다른 현상을 보인다.

2.1.3 직접수동문의 성립여부

형식상 2개의 논항을 취하는 타동사는 그 대상을 주어로 하는 직접수동화가 가능하다. 그러나, 2항(項) 동사이면서 타동사로 분류되는 동사 중에는 수동화가 불가능한 경우가 있다. 이러한 현상에 관한 논의는 다양하지만, 종래의 설명으로는 납득할 수 없는 부분이 있다. 다음 절에서 종래의 논의를 검토한 후 부족한 점을 지적하고, 새로운 관점으로서 재귀성을 도입한 분석을 제시하고자 한다.

1) 종래의 견해

타동사문의 수동문 불성립의 원인이 저타동성이라는 종래의 견해가
있다. 다음 예문을 살펴보자.

    (15) a. 太郎がかべを<u>壊した</u>。   타로가 벽을 부쉈다.
        b. かべが太郎に<u>壊された</u>。 벽이 타로에 의해서 부숴졌다.
    (16) a. 太郎が本を<u>読む</u>。   타로가 책을 읽는다.
        b.*本が太郎に<u>読まれる</u>。 책이 타로에게 읽힌다.

(15)의 「こわす(부수다)」는 타동성이 높기 때문에 (b)의 직접수동문
이 파생되고, (16)의 「読む(읽다)」는 타동성이 낮기 때문에 (b)의 직접
수동문은 비문이 된다는 것이다.[2] 그러나, 다음 예문 「たたく(두드리다)」
는 「読む(읽다)」와 비교하면 상대적으로 타동성이 높지만 직접수동문
이 파생되지 않는다. 이 경우에는 「たたく(두드리다)」가 결과를 함의하
지 않기 때문이라고 설명되고 있다.

    (17) a. 太郎がドアを<u>たたいた</u>。   타로가 문을 두드렸다.
        b.*ドアが太郎に<u>たたかれた</u>。 문이 타로에게 두드려졌다.

---

2 「この本は多くの日本人に読まれている(이 책은 많은 일본인에게 읽혀지고 있다)」와
   같은 수동문은 성립되나, 대상이 개별 동작에 포함되지 않아 대상으로서의 개별성
   이 높아지므로, 그 대상을 주어로 내세울 수 있다는 것이 수동화 가능의 이유일
   것이다.

종래의 논의의 요점은 전형적인 타입의 타동사만이 직접수동문을 만들 수 있다는 견해로 정리할 수 있을 것이다. 이러한 견해 그 자체로 서는 모순되지 않는다고 본다. 그러나, 저타동성이라는 애매한 정의에 의하여 수동문 불성립의 원인을 규정하고자 한다는 점에서는 논의의 여지가 남아 있다고 하겠다.

재귀문의 수동문 불성립에 관한 설명으로서, 닛타(仁田, 1982)에서 는 타자에 대한 행위성(働き掛け性)의 결여를 들고 있다. 재귀동사의 경우는 이 설명으로 결말을 지을 수 있지만, 재귀동사로 인정되지 않 고 타동사로 분류되는 「読む(읽다), 見る(보다), 聞く(듣다), 食べる(먹 다) 등」도 수동문을 만들지 않는다는 점에 관해서는 언급되어 있지 않 다. 종래의 견해대로 저타동성을 나타내기 때문이라는 전제하의 논리 일 것이라고 추정해 볼 수 있다.

그러나, 저타동성에 대해서도 여기에서 짚고 넘어가야 할 부분이 있 다. 특히, 「食べる(먹다)」라는 동사는 현재 타동사로 분류되고 있고, 전 형적인 타동사라는 규정 즉, 타동성이 강하다는 기준으로 볼 때, 종래 의 기준대로라면 다음과 같은 이유에서 타동성이 강한 동사로 분류되 어야 할 것이다. 즉, 「食べる(먹다)」에 함의되는 동작주의 행위는 의도 적이고, 대상에 대한 에너지의 전달이 명확하고, 동작으로 인한 대상의 변화도 또한 명확하다. 이와 같은 성질을 갖는 동사는 종래의 견해가 타당하다면 타동성이 강하고, 따라서 직접수동문이 성립되어야 한다. 그러나, 다음과 같이 직접수동문은 비문이 된다.

(18) a. 太郎がケーキを<u>食べた</u>。　　타로가 케이크를 먹었다.

　　 b.*ケーキーが太郎に<u>食べられた</u>。　케이크가 타로에게 먹혔다.

즉, 종래의 견해로서는「食べる(먹다)」의 이러한 통어현상에 대해서 적절한 설명을 부여할 수 없으므로,「食べる(먹다)」가 이대로 타동사로 분류되어야 할 것인가, 아니면 다른 동사 카테고리로 분류되어야 할 것인가에 관하여 재론의 여지가 있는 것이다.

2) 재귀동사의 직접수동문

재귀동사문은 직접수동문을 만들 수 없다.

(19) a. 太郎がせびろを<u>着て</u>いる。　　타로가 정장을 입고 있다.

　　 b.*せびろが太郎に<u>着られて</u>いる。

(20) a. 太郎がめがねを<u>かけて</u>いる。　　타로가 안경을 쓰고 있다.

　　 b.*めがねが太郎に<u>かけられて</u>いる。

본서에서는「食べる(먹다)」도 상기의 재귀동사들과 같은 이유에서 직접수동문이 성립되지 않는다고 분석한다.

(21) a. 太郎がすいかを<u>食べた</u>。　　타로가 수박을 먹었다.

　　 b.*すいかが太郎に<u>食べられた</u>。

수동문은 동작의 영향을 받은 존재인 대상을 주격으로 세우는 문형

식이다. 따라서, 동작으로 인한 수영성의 소재와 수동문 파생여부와의
사이에 밀접한 관계가 시사된다.

3) 수영성과 수동문 성립과의 관계

타동성의 고저와 결과함의 여부라는 복수의 요인을 들어 체계적이
지 못하고, 단편적인 분석을 해온 종래의 견해의 한계를 극복하기 위
하여, 본서에서는 다음과 같이 단계적인 분석을 제시한다. 수동문은
다음의 조건을 만족하는 경우에 파생된다.

(a) 객체의 수영을 함의하는 동사에서 직접수동문이 파생된다.
　　⇒ 이 단계에서 타동사로 한정되어, 재귀동사는 제외된다.
(b) 결과를 함의하는 동사로부터 직접수동문이 파생된다.
　　⇒ 결과타동사로 한정된다.

먼저, 타동사를 대상으로 구체적으로 살펴보자.

(22) a. 太郎がかべを壊した。　　타로가 벽을 부쉈다.
　　　 b. かべが太郎に壊された。　벽이 타로에 의해서 부숴 졌다.

(22)의「こわす(부수다)」의 경우, 수영의 소재는 대상이고, 대상이 결
과까지 함의한다. 따라서, (b)의 직접수동문이 성립된다. (b)의 직접수
동문의 적합 판단에 있어서 논란이 제기 될 수도 있으나, 다음과 같이
문맥을 부여하면 논란의 여지가 없어질 것이다.

(23) 昨日完成したばかりのかべが太郎に壊わされた。

어제 막 완성된 벽이 타로에게 부숴졌다.

결과를 함의하지 않는다고 분석되는 「たたく(두드리다)」를 살펴보자.

(24) a. 太郎がドアをたたいた。

b.*ドアが太郎にたたかれた。

대상인 「ドア(문)」는 동작에 의하여 수영되지만 대상의 결과를 함의하지 않기 때문에, (b)의 직접수동문은 성립되지 않는다. 재귀동사를 대상으로 구체적으로 살펴보자.

(25) a. 太郎がせびろを着ている。　　타로가 정장을 입고 있다.

b.*せびろが太郎に着られている。

(26) a. 太郎がめがねをかけている。　　타로가 안경을 쓰고 있다.

b.*めがねが太郎にかけられている。

재귀동사문의 대격보어는 동작에 의해 수영되지 않기 때문에, 동사가 함의하는 의미상 대상에 초점이 놓여 있지 않다. 무대의 스포트라이트를 받지 못하는 존재가 주역이 될 수 없듯이, 재귀동사의 대격보어가 주어의 자격을 부여받지 못함은 당연하다고 할 수 있다. 따라서, (25b), (26b)와 같이 직접수동문은 성립되지 않는다.

재귀동사의 경우, 객체의 수영을 함의하는 동사로부터 직접수동문

이 파생된다는 1단계 조건에 저촉되므로, 결과함의 여부에 관계없이
모든 재귀동사가 직접수동문을 만들 수 없다.

(27) a. 太郎がミルクを<u>飲ん</u>でいる。　타로가 우유를 마시고 있다.

　　b.*ミルクが太郎に<u>飲まれて</u>いる。

　재귀용법의 경우에도, 다음과 같이 주체의 수영만을 함의하므로 직
접수동문이 파생되지 않는다.

(28) a. 太郎が手を<u>振って</u>いる。　타로가 손을 흔들고 있다.

　　b.*手が太郎に<u>振られて</u>いる。

2.1.4 재귀동사의 「シテイル」형의 의미

　동사의 「シテイル」[3]형의 의미에 있어서도 재귀동사는 전형적인 타동
사와는 다른 특징을 보인다. 타동사와 비교 분석함으로써 재귀동사의
「シテイル」형의 의미적 특징을 살펴보고, 그러한 의미적 특징을 띄는
근본적인 원인을 분석해 보자. 타동사의 경우, 일반적으로 움직임을
나타낼 때는 동작의 지속을 나타낸다.

(29) 太郎がやきものを<u>割って</u>いる。　타로가 도자기를 깨고 있다.

(30) 太郎がカバンを<u>運んで</u>いる。　타로가 가방을 옮기고 있다.

---

3 「シテイル(siteiru)」형은 일본어의 아스펙트 형식으로, 한국어의 「고 있다/아 있다」
　형에 상응한다.

(31) 太郎が玄関をたたいている。　　　타로가 현관을 두드리고 있다.

　타동사 중 결과함의 여부와는 상관없이 동작을 나타내는 동사의 「シテイル」형은 동작의 지속을 나타낸다.

　재귀동사의 경우는, 결과를 함의하는 경우와 함의하지 않는 경우에 따라 「シテイル」형의 의미에서 다른 양상을 보인다. 우선, 결과를 함의하지 않는 재귀동사의 「シテイル」형은 동작의 지속을 나타낸다.

(32) 太郎がジュースを飲んでいる。　　　타로가 주스를 마시고 있다.

(33) 太郎がシャワーを浴びている。　　　타로가 샤워를 하고 있다.

　그러나, 결과를 함의하는 재귀동사의 「シテイル」형은 두 가지 의미를 나타낼 수 있다.

(34) a. 太郎がげんかんでくつをはいている。

　　　타로가 현관에서 신발을 신고 있다.

　　b. 太郎が新しいくつをはいている。

　　　타로가 새 신발을 신고 있다.

(35) a. 花子が部屋でふりそでを着ている。

　　　하나코가 방에서 후리소데를 입고 있다.

　　b. 花子が新しいふりそでを着ている。

　　　하나코가 새 후리소데를 입고 있다.

위 문장들의 (a)는 동작의 지속을 나타내고, (b)는 변화결과의 지속을 나타낸다. (34)의 「太郎(타로)」와 (35)의 「花子(하나코)」는 동작을 행하는 행위자임과 동시에 행위로 인한 변화를 입는 변화의 당사자이기도 하며, 그 변화결과를 각각의 동사가 의미로서 함의하고 있다. 즉, 동작주가 갖는 이중적인 성격으로 인하여 「シテイル」형의 의미가 동작의 지속과 주체의 변화결과의 지속이라는 두 가지로 나타날 수 있는 것이다. 재귀동사의 의미적 특징이 「シテイル」형의 의미로 표출된 것으로, 타동사와의 차이점을 명확히 보여 주는 중요한 언어현상이라고 하겠다.

그러나, 결과를 함의하는 모든 재귀동사가 두 가지 의미를 나타내지는 않는다. 다음과 같이, 결과를 함의하는 경우라도 동작이 시간적인 폭을 갖지 않는 경우에는 동작의 지속의 의미는 나타내지 않고, 변화결과의 지속만을 나타낸다.

(36) 太郎がカバンを<u>背負っている</u>。　　타로가 가방을 메고 있다.
(37) 太郎が木の枝を<u>つかんでいる</u>。　　타로가 나뭇가지를 잡고 있다.

동작이 시간적인 폭을 갖지 않는 동사인 경우, 동작주의 동작의 측면이 부각되기 어렵다. 따라서, 「シテイル」형의 의미로서 동작의 지속을 나타내기 어렵다. 이러한 현상은 재귀동사에 한정되는 것이 아니며, 타동사의 경우에도 동작의 폭을 갖지 않거나, 동작성이 희박한 경우는 「シテイル」형의 의미로서 동작의 지속을 나타내기 어려운 것이다.

3 보이스 체계에 있어서의 재귀성

3.1 무대 타동사와 유대 타동사

일본어의 타동사 중에는 동일 어근으로부터 파생된 무생주어 자동사를 갖는 것과 갖지 않는 것이 있다. 하야츠(早津, 1989)에서는 짝을 갖는 타동사를 유대(有対) 타동사, 짝을 갖지 않는 타동사를 무대(無対) 타동사라 하였다. 이 논문에서는 짝을 갖지 않는 타동사는 행위 과정의 양태에 주목하는 동사이고, 짝을 갖는 타동사는 행위 결과의 상태에 주목하는 동사라는 분석을 제시하였다. 이와 같은 경향은 일본어라는 개별언어의 경향으로써 인정되는 것이라고 할 수 있다. 그러나, 재귀동사가 동작주의 행위와 결과의 상태에 주목하는 동사로 파악되면서도 짝을 갖지 않는 이유에 대한 설명이 보완되어야 한다.

또한, 일본어에 있어서 짝을 갖지 않는 타동사가 한국어에서는 짝을 갖는 경우가 있다. 동작주와 대상을 포함하는 사태는 잠재적으로는 동작의 측면과 동작에 의한 결과의 측면을 함의하는 것이고, 그 결과 측면의 함의 여부는 개별 동사의 의미의 범위의 문제이다. 또한, 언어 간에는 유사한 동작이라 해도 대상의 결과까지 함의하는 동사로 나타나는 경우와 그렇지 않은 경우가 있다. 일본어의 무대타동사가 한국어에서도 짝을 갖지 않는다고는 단정할 수 없다. 다음 동사들은 일본어의 경우는 짝을 갖지 않지만, 한국어는 짝을 갖는다.

무대타동사		유대타동사	
일본어-무대	한국어-유대	일본어-유대	한국어-유대
干す-∮	널다-널리다	壊わす-壊われる	부수다-부서지다
支える-∮	괴다-괴이다	割る-割れる	깨다-깨지다
押す-∮	누르다-눌리다	抜く-抜ける	뽑다-뽑히다
積む-∮	쌓다-샇이다	折る-折れる	꺾다-꺾이다

하야츠(早津, 1989)의 고찰은 타동사에만 초점이 맞추어져 있으나 자발 자동사 즉, 무생주어 자동사 외에 유생주어의 자동사에 관한 언급이 없다. 동사체계 전체를 두루 살핀 고찰이라면 이 점도 고려되어야 할 것이다. 유생주어의 자동사 즉, 재귀동사도 대응하는 타동사를 갖지 않는다. 표층의 동사체제로서 대상을 요구하는가 그렇지 않은가 하는 점, 즉, 표층상의 자·타동사와는 관계없이 주체에 대해서만 언급한다는 동사의 성질이 대응하는 자동사를 갖지 않는 근본적 원인이라고 말할 수 있다. 본서의 입장과 같이, 주체에 대한 언급이라는 재귀성의 성질을 고려한다면 순수하게 짝을 갖지 않는 동사라 할 수 있는 것은 재귀성을 띠는 동사이다.[4]

재귀타동사		재귀자동사	
着る-∮	입다-∮	∮-座る	∮-앉다
被る-∮	쓰다-∮	∮-立つ	∮-서다
浴びる-∮	뒤집어쓰다-∮	∮-歩く	∮-걷다
背負う-∮	메다-∮	∮-泣く	∮-울다
握ぎる-∮	쥐다-∮	∮-笑う	∮-웃다

---

4 재귀동사를 형태상으로 「ヲ」격보어의 유무에 따라 편의상 재귀타동사와 재귀자동사로 나눈다. 자세한 내용은 제9장에서 기술한다.

재귀동사는 문 형식상 대상을 취하는 경우라도 동작 종료 후의 대상은 동작주에게 어떠한 형태로든 종속되어 개체로서의 가치가 인정되지 않는다. 따라서, 그러한 대상을 주어로 하는 자동사가 존재할 수 없는 것이다. 즉, 재귀동사가 짝을 갖지 않는 것은 동작에 의한 변화의 측면이 동작주에 귀속된다는 의미적 특징이 형태적 측면에 반영된 결과가 볼 수 있다.

타동성이라는 개념을 도입한 통어분석은 명쾌한 해답을 제공해 주는 부분과 그렇지 않은 부분이 있다. 본서에서는 타동성의 고저라는 개념의 애매함을 지적하고, 특히 저타동성으로 처리되는 많은 동사들 중에서 재귀성을 갖는 동사를 가려내어 재귀동사의 범주를 확대하였다. 재귀동사의 의미적 특징을 분석하여 그 정의를 재정립하고 범주를 확대함으로써, 타동성으로는 설명할 수 없었던 통어현상을 설명할 수 있게 되었다. 특히, 직접수동문의 성립여부와 동사의 재귀성과의 상관관계를 밝힐 수 있었다.

3.2 직접사역문-새로운 사역 카테고리의 정립

3.2.1 직접사역과 간접사역

일본어의 사역 형태소는 「(s)ase)」라는 형태만이 인정되어 왔다. 그러나, 「サセル」로 나타내어지는 사역문은 직접사역과 간접사역이라는 두 가지 사역문의 의미을 나타낸다.

(38) 花子が子供にミルクを<u>飲ませた</u>。

하나코가 아이에게 우유를 먹였다.

(39) a. 花子が<u>子供に</u>(<u>命じて</u>)ミルクを<u>飲ませた</u>。

하나코가 아이에게 (지시하여) 우유를 먹게 했다.

b. 花子が子供に(<u>哺乳瓶で</u>)ミルクを<u>飲ませた</u>。

하나코가 아이에게 (젖병으로) 우유를 먹였다.

(38)은 문맥에 따라서 (39a)와 같이 사역주인 「花子(하나코)」가 명령을 함으로써 피사역자의 동작주로서의 성질에 의지하여 동작주에게 사역사태를 달성하게 하는 간접사역으로 해석되는 경우와, (39b)와 같이 사역주가 피사역자에게 직접적인 동작을 함으로써 사역사태를 달성시키는 경우의 두 가지 의미의 사역문의 생성이 가능하다. 또한, (39b)의 직접적인 동작을 동반하는 사역문(이하, 직접사역문)의 경우, (40)과 같은 사역형의 생성도 가능하다.

(40) 花子が子供にミルクを<u>飲ました</u>。

하나코가 아이에게 우유를 먹였다.

특히, 구어에서는 빈번히 발화되는 형태이다. 이 형태는 간접적인 지시에 의한 사역문(이하, 간접사역문)의 경우에는 생성되지 않는다. 그러나, 모든 동사의 「サセル」형이 직접·간접사역의 두 의미를 나타내는 것은 아니다. 다음에 예시하는 동사의 경우는 간접사역문 밖에 생산하지 못하며, 따라서, (40)과 같은 형태의 사역형도 파생되지 않는다.

(41) 太郎が運転手にカバンを<u>運ばせた</u>。

타로가 운전수에게 가방을 옮기게 했다.

　이 사역문은 사역주인 「太郎(타로)」가 피사역자인 「運転手(운전수)」
에게 지시를 함으로써 의도하고자 하는 바인 「カバンが運ばれる(가방
이 운반된다)」라는 사태를 달성하고자 하는 간접사역문으로 해석할 수
밖에 없다. 즉, 사역주가 직접적인 동작으로 사역사태에 관여하는 직
접사역문을 만들 수 없다. (40)과 (41)의 차이가 발생하는 원인 분석을
위해서 사역문의 전형적인 의미를 파악해 볼 필요가 있을 것 같다. 타
동문은 동작주 스스로의 의지에 의한 동작을 나타낸다고 할 수 있다.
이에 대하여, 사역문은 사역주가 피사역자를 움직이게 하여 사태를 달
성시킨다고 볼 수 있다. 즉, 사역문의 전형적인 의미는 문장의 주어인
사역주의 사역사태에 대한 간접적 참여를 나타낸다고 하겠다. 그렇다
면, (39b)와 (40)이 나타내는 직접사역문은 전형적인 사역문이라고 할
수 없다. 또한 직접동작을 행한다는 것은 타동사적 성질이므로 타동사
문에 가까운 사역문이라고 할 수 있겠다. 이 직접사역문은 타동사문
전반에서 파생되는 것이 아니다. 물론 직접사역문을 만드는 동사는 더
불어 간접사역문도 만들 수 있다. 직접사역문을 만드는 동사의 성질에
주목할 필요가 있겠다.

(42) a. 花子が子供に浴衣を<u>着させた</u>。

하나코가 아이에게 유카타를 입게 했다.

b. 花子が子供に浴衣を着せた。

하나코가 아이에게 유카타를 입혔다.

(42a)는 간접사역, (42b)는 직접사역을 나타내고 있다. 이들 사역문의 기본동사인 「着る(입다)」는 소위 재귀동사로 일컬어 지고 있다. 재귀동사인 「履く(신다)」도 다음과 같이 직접사역문과 간접사역문을 만들 수 있다.

(43) a. 花子が子供に(命じて)靴を履かせた。

하나코가 아이에게 (지시하여) 구두를 신게 했다.

b. 花子が子供に靴を履かせてあげた。

하나코가 아이에게 구두를 신겨주었다.

c. 花子が子供に靴を履かしてあげた。

하나코가 아이에게 구두를 신겨주었다.

(43a)는 간접사역을, (43b)는 직접사역을 나타내며, 직접사역의 의미일 경우에는 (43c)와 같은 사역형도 만들어진다. 이러한 관찰로부터 직접사역문을 만들 수 있는 동사는 재귀성을 지닌 동사라고 추정할 수 있겠다. (42)(43)의 기본동사는 전형적인 재귀동사로 일컬어지는 동사이다. 이외에 어떠한 동사들로부터 직접사역형이 생산되는지, 다음의 실제 용례에서 살펴보기로 하자.

(44) そして落ちついてきたらまた汗を拭いて，寝巻きを着せて、寝かし
つけたの。（ノル(下)，p.246)

그리고 안정되자 땀을 닦고, 잠옷을 입혀서, 재웠어.

(45) ぼくは睡眠薬を飲まされ、海に沈められることになっていたが、……
(赤(上)，p182)

나는 수면제를 먹고, 바다에 가라앉혀지게 되어 있었으나..

(46) その子のつくり話を半年間ほど聞されて、一度も疑わなかったのよ。
(ノル，225)

그 아이가 만들어낸 이야기를 반년 정도 듣고서도, 한 번도 의심
하지 않았거든.

(44)의 전형적 재귀동사 이외에, (45), (46)과 같은 동사로부터도 직접사역형의 생성이 관찰된다. 또한, 다음 예문과 같이 자동사로 분류되는 동사로부터도 직접사역형이 파생되는 것을 관찰할 수 있다.

(47) こうなると、子供をどこに遊ばしていいのかね。
(92/11/2，朝日テレビ)

이런 지경이 되면, 아이를 어디에서 놀리면 되는 걸까.

(48) 彼がね，狂ってね、僕の顔を世界中に知らすって。
(93/8/20，テレビ)

그 사람이 말야, 화가 나서 내 얼굴을 전세계에 알리겠대.

그렇다면, 재귀성을 가진 동사로부터 직접사역문이 만들어 지며, 또 직접사역형이 파생될 것이라는 본서의 가정은 잘 못 되어진 것인가?

이 문제의 해결과 당초의 문제의식인 재귀성과 직접사역의 관계를 명확히 하기 위해서 동사가 갖는 재귀성에 관한 재고가 요구되어 진다.

3.2.2 동사의 재귀성과 직접사역 파생의 상관 관계

앞에서 제기한 바와 같이, 본서는 일본어의 직접사역의 파생은 기본 동사가 갖고 있는 재귀성이라는 성질에 기인한 것이라는 문제의식에서 출발하였다. 이 절에서는 이상의 검토를 바탕으로 직접사역의 의미가 재귀성을 띄는 동사에서 규칙적으로 파생되며, 의미적인 파생뿐만 아니라 직접사역의 의미를 나타내게 되는 경우에는 「セル・サス」라는 형태의 파생이 가능하게 됨을 검증하겠다.

먼저, 직접사역을 거론하기 전에 사역문에 관한 일반적인 사항을 확인해 두고자 한다. 사역형 「サセル」의 파생은 거의 모든 동사로부터 가능하고, 이 사역형이 나타내는 전형적인 사태는 간접사역의 의미이다. 간접사역이란 사역주가 피사역자(동작주)에게 지시와 같은 간접적 행위를 함으로써, 사역주가 목적하는 바를 달성시킨다는 의미이다. 이미 기술한 바와 같이, 사역의 전형적인 의미인 간접사역을 파생하는 동시에 직접사역도 파생시키는 동사가 있다.

전절의 재귀동사는 「サセル」형으로 간접사역과 직접사역이라는 두 가지 의미의 사역문을 파생시킨다. 그 중에서 직접사역의 의미를 나타낼 경우에는, 다음과 같이 「サセル」이외에 「セル・サス」형 직접사역형을 파생시킬 수가 있다.

(49) 着せる(입히다), 被せる(씌우다), 浴びせる(끼얹다), 脱がす(벗기다)

이들은 전형적인 재귀동사로부터 파생된 것이다. 그러나, 이외에도 본서의 재귀성의 기준에 의해 재귀동사로 인정되는 동사로부터 파생된 (50)과 같은 「サセル」형은 간접사역의 의미와 동시에 직접사역의 의미를 나타낼 수 있다.

(50) 背負わせる(지게하다/지우다), 抱かせる(안게하다/안기다), 持た せる(들게하다/들리다), にぎらせる(쥐게하다), 食べさせる(먹게하 다/먹이다), 飲ませる(마시게 하다)

또한, 직접사역의 의미를 나타낼 경우에는 「サセル」형과 동시에 (51)와 같은 직접사역형도 파생된다.

(51) 背負わす(지우다), 抱かす(안기다), 持たす(들리다), にぎらす(쥐 어주다), 食さす(먹이다), 飲ます(먹이다)

재귀성을 띄는 동사의 「サセル」형이 간접사역과 직접사역의 의미를 나타낼 수 있다는 점과, 직접사역의 의미를 나타낼 경우, 직접사역형 또는 사역동사가 파생됨을 검증하겠다. 다음의 세 문장을 비교해 보자.

(52) a. お母さんが子供に(指示して)ミルクを<u>飲ませた</u>。

엄마가 아이에게 (지시해서) 우유를 먹게 했다.

b. お母さんが子供に(ほにゅうびんで)ミルクを<u>飲ませた</u>。

엄마가 아이게게 (우유병으로) 우유를 먹였다.

c. お母さんが子供にミルクを<u>飲ました</u>。

엄마가 아이에게 우유를 먹였다.

「サセル」형은 (52a)와 같은 문맥에서는 간접사역의 의미를 나타내고, (52b)와 같은 문맥에서는 직접사역의 의미를 나타낸다. 직접사역의 의미를 나타내는 경우에 한하여 (52c)와 같은 사역형태가 파생된다. 즉, 재귀동사로부터 파생되는 「サセル」형은 간접사역문과 직접사역문의 의미를 가질 수 있으며, 그 중 직접사역의 의미를 나타내는 경우에 「セル・サス」형의 파생이 가능하다.

그러면, 재귀성을 나타내지 않는 동사 특히 타동성을 나타내는 동사는 어떠한 사역문의 의미를 나타낼 수 있고, 또 어떠한 사역형이 파생되는지를 살펴보고, 재귀동사와의 차이점을 명확히 하겠다. 그 다음으로, 직접사역의 의미와 직접사역형(=사역동사)가 왜 재귀동사에 한하여 파생되는 지 그 원인을 살펴보기로 하자. 먼저, 타동성을 나타내는 동사의 경우에는 어떤 사역문이 생성되고, 또 어떤 사역형이 파생되는지, 재귀동사와 비교하면서 검토해 보자.

(53) 太郎がボールを<u>投げた</u>。

타로가 공을 던졌다.

(54) 先生が太郎にボールを投げさせた。

선생님이 타로에게 공을 던지게 했다.

타동사문 (53)의 동작의 흐름은 다음과 같이 나타낼 수 있다.

(55) [太郎(타로)] ⇒ [ボール(공)]「동작의 종결」

동작주의 의지에 의해서 발단된 동작이 대상으로 이행됨으로써 사태가 마무리된다. 전형적인 타동성을 나타내는 구문이라고 말할 수 있다. (53)의 타동사문은 (54)의 사역문을 파생시키며, 의미적으로는 간접사역의 의미밖에 나타낼 수 없다.

여기에서 재귀동사가 직접사역과 간접사역을 나타낼 수 있는데 반하여, 타동사는 간접사역만을 나타내는데 그 원인을 분석해 보고자 한다. 재귀동사는 동작이 대상에 도달한 후 다시 동작주로 돌아옴으로써 사태의 종결을 보는 구심적 운동을 나타내는 동사이다. 이는 재귀동사가 진정한 의미의 대상 즉, 타자에 대한 행위성[5]을 갖지 못한다는 것을 의미한다. 그러나, 재귀동사가 나타내는 사태를 타자에 대하여 행하게 될 가능성은 존재한다. 이 경우에 문법체계에 준비되어진 시스템이 「着せる(입히다)」와 같은 동사 류의 존재이다. 즉, 재귀동사에 준비되어 있지 않은 타자에 대한 동작의 수행성을 나타내는 것이 직접사역인 것이다. 따라서, 재귀동사에서 파생된 직접사역 즉, 사역동사도 고유한

---

5 타자에 대한 행위성은 「他者に対する働きかけ性」를 번역하여 사용하는 것이다.

의미특징을 공유하는 동사의 카테고리로 인정할 수 있을 것이다.

그러나, 사역동사 「着せる(입히다), 見せる(보이다)」와 같은 동사 류에 대하여 이전에는 「타동–사역동사」라 하여 이 동사 류의 이중적인 성질을 설명하고자 했다. 그러나, 이 동사 류의 생산적인 측면을 보지 못하였으며, 그로 인하여 특수 동사로 취급되어져 온 것이다. 그러나, 본서에서는 이중적인 성격은 인정하면서 특수한 동사가 아니라는 것을 검증하고, 생산적인 파생시스템을 갖고 있음을 검증하겠다. 또한, 이들이 왜 이중적인 성격을 띠게 되는가에 대해서도 분석하고자 한다. 이러한 검증을 통하여 직접사역의 생산성이 증명되고, 재귀동사와 직접사역의 관련성도 증명될 것이다.

3.3 직접사역과 간접사역의 특징

앞 장에서 규칙적인 파생을 검증한 바 있는 사역동사가 나타내는 사태인 직접사역이 어떠한 특유의 의미카테고리를 갖고 있으며, 주변 카테고리인 타동사 및 간접사역과 어떠한 차이점과 공통점을 갖고 있는지 살펴보자.

3.3.1 직접사역과 간접사역의 의미적 특징

직접사역문과 주변 카테고리와의 의미적 차이를 알아보기 위해서, 사역주의 행위(はたらきかけ)의 성질과 피사역자의 동작의 성질에 대해서 분석하기로 하겠다.

1) 사역주의 행위의 성질

이 절에서는 사역사태를 유발시키는 사역문의 문의 주인인 사역주가 행하는 행위의 성질이라는 면에서, 직접사역문의 사역주가 어떠한 고유한 특징을 소유하고 있는지 검토하겠다. 우선, 직접사역문의 근접 카테고리의 하나인 타동사문과 비교해 보자.

(56) 花子が次郎を殴った。　　하나코가 지로를 때렸다.
(57) 花子が次郎に手紙を送った。하나코가 지로에게 편지를 보냈다.
(58) 花子が次郎に服を着せた。　하나코가 지로에게 옷을 입혔다.

(56)은 동작주와 대상을 포함하는 2항 동사이고, (57)은 동작의 도달점인 여격보어도 포함하는 3항 동사이다. 전자에 있어서의 문의 주인은 동작주인 「花子(하나코)」이고, 이는 동작주체로서의 동작주라는 단일 성질만을 소유한다. 사태의 성립에 있어서 동작의 도달점을 필요로 한다는 점에서는 직접사역문과 유사한 후자의 경우에도, 주어는 동작주체로서의 동작주라는 단일 성질만을 갖는다. 대조적으로 직접사역문인 (58)에 있어서의 주어는 직접동작을 행한다는 의미에 있어서는 동작주체로서의 사역주이다. 그러나, (57)의 3항 동사문에 있어서의 동작주와 다른점은 사역주의 행위를 받는 피사역자의 도움을 받지 않으면 사역사태를 완성시킬 수 없다는 것이다. 즉, 사역주로부터 촉발된 동작에 대하여, 피사역자가 의지를 갖고 그 사태에 참가하고 있다. 바로 이 점이 이 타입의 문장을 사역문의 카테고리에 속하게 하는 요인인 것이다. (58)의 피사역자인 「次郎(지로)」가 의지를 갖고 사역사태에

참가한다는 것은 적어도 사역주의 행위에 거역하지 않으며, 행위가 성립되도록 협조를 한다는 의미이다. 이에 반하여, (57)의 여격보어인 「次郎(지로)」는 동작주로부터 시작된 동작이 향해 오는 것을 거부할 수 없으며, 의지를 가진 존재로서의 행위는 일체 필요하지 않다.

다음으로 사역문의 전형적인 의미를 나타내는 간접사역문과 직접사역문에 있어서의 사역주의 행위의 차이를 살펴보자.

    (59) 花子が子供にミルクを飲ました。

       하나코가 아이에게 우유를 먹였다.

    (60) 花子が子供にミルクを飲ませた。

       하나코가 아이에게 우유를 먹게했다.

(59)의 사역주 「花子(하나코)」는 피사역자의 도움을 받지만, 직접 동작을 행함으로써 사역사태를 달성시킨다. 이에 비하여, (60)의 사역주는 직접적인 신체적인 동작을 하지 않고, 단지 명령 또는 지시를 통하여 피사역자인 「子供(아이)」로 하여금 지시 받은 동작을 행하게 함으로써 사역사태를 달성시킨다. 이 의미가 사역문 고유의 전형적인 의미라 할 수 있을 것이다. 따라서, 직접사역문의 사역주는 동작주체로서 직접적 참여자라고 할 수 있고, 간접사역문의 사역주는 간접적인 참여자인 사역주라고 정의할 수 있겠다. 다음과 같이 실제 발화에서도 그 차이를 보여준다.

(61) 「わるかったわ。　でしゃばって」「何がですか」

　　　「徹くんにさかなをひとりで食べさせたりしてさ。」(氷点(上), 166)

　　　'미안해. 나서서.' '뭐가 말이죠?'

　　　'데츠에게 생선을 혼자서 먹게 만들어서 말야.'

(62) 「食べさしているぞ! 何にかものを食べさしていましたね!」

　　　(참가자의 행동에 대한 사회자의 발언)(92,12/19, 후지테레비)

　　　'먹이고 있어! 뭐든 다 먹였죠!'

2) 피사역자의 동작의 성질

　사역주의 행위를 받는 존재인 피사역자의 성질 또한 직접사역과 간접사역에서는 차이를 보인다. 우선 여격보어를 취하는 3항의 타동사문과 직접사역문을 비교해 보자.

(63) 花子が次郎に手紙を送った。

　　　하나코가 지로에게 편지를 보냈다.

(64) 花子が次郎にミルクを飲ました。

　　　하나코가 지로에게 우유를 먹였다.

　타동사문 (63)에 있어서의 「次郎(지로)」는 동작주의 동작의 단순한 도달점에 불과하다. 이에 반하여, 직접사역문 (64)의 피사역자인 「次郎(지로)」는 사역주의 행위를 받음과 동시에 스스로 「ミルク(우유)」를 삼키는 동작을 함으로써 사역주를 도와 직접사역사태가 완성되도록 하는 역할을 한다. 만약, 피사역자인 「次郎(지로)」가 우유를 마시는 것을

거부한다면 이 직접 사역사태는 성립되지 않는다. 즉, 사역주로부터의 행위에 대하여 거부하지 않는다는 소극적인 의미의 동작주성(angetivity)을 유지하고 있는 것이다. 다시 말하면, 직접사역문에 있어서의 피사역자는 사역주의 동작의 귀착점인 피사역자임과 동시에 동작주적인 행위자라는 이중적인 성격을 갖고 있다고 할 수 있다.

다음으로 간접사역과 직접사역에 있어서의 피사역자의 공통점과 차이점을 비교해 보자.

> (65) 花子が子供にミルクを飲ました。
> 하나코가 아이에게 우유를 먹였다.
> (66) 花子が子供にミルクを飲ませた。
> 하나코가 아이에게 우유를 먹게 했다.

(65)의 피사역자는 사역주의 동작의 귀착점인 피사역자임과 동시에 동작주적인 행위자라는 이중성을 지닌 존재이다. (66)의 피사역자는 사역주로부터 지시와 같은 행위를 받아 자신의 의지에 의하여 동작을 실행하는 존재이다. 즉, 적극적인 의미로서의 동작주로서의 피사역자인 것이다.

직접사역과 간접사역의 의미적인 차이에 관하여 추가할 사항은 간접사역만이 다양한 사역문의 의미·용법을 나타낼 수 있다는 것이다. 직접사역은 직접사역의 의미만을 나타내는데, 그 이유는 사역주가 사역사태의 적극적인 참여자이며, 피사역자는 소극적인 참여자에 불과하기 때문으로 생각된다. 간접사역이 나타낼 수 있는 다양한 의미는 의지를 가진 두 참여자인 사역자와 피사역자간의 관계에서 비롯되기 때문이다. 지시사역인 경우, 사역주의 지시에 따라 피사역자가 행동을 실행한다. 허가사역인 경우, 사역자는 피사역자가 어떠한 행동을 할 수 있도록 허가하며, 피사역자는 그로 인해 행동을 실행할 수 있다. 또한, 방임사역의 사역주는 피사역자가 이미 행하고 있는 행동에 대하여 중지시키지 않고 방임하는 역할을 한다.

3.3.2 직접사역과 간접사역의 통어적 특징

의미와 형태가 다른 직접사역문과 간접사역문은 통어현상에 있어서도 차이를 보인다. 재귀대명사를 포함하는 문장에서 그 재귀대명사가 사역주를 지시하는지, 피사역자를 지시하는지에 있어서 차이를 보인다. 또, 부사구의 해석에 있어서도 차이를 보인다.

1) 재귀대명사의 해석

재귀대명사 「自分(자기자신)」을 포함하는 사역문에서 어떤 차이를 보이는지, 다음 예문을 통하여 알아보자.

(67) 花子は太郎を自分(花子/*太郎)の部屋で待った。
하나코는 타로를 자기 방에서 기다렸다.
(68) 花子が太郎に自分(花子/*太郎)の部屋で服を着せた。
하나코가 타로에게 자기 방에서 옷을 입혔다.
(69) 花子が太郎に自分(花子/太郎)の部屋で服を着させた。
하나코가 타로에게 자기 방에서 옷을 입게 했다.

직접사역문이 타동사문과 간접사역문의 중간적인 성질을 갖고 있다는 것은 형태적으로 또 의미적으로 입증된 바 있다. 재귀대명사의 해석에 있어서도 타동사문과 직접사역문을 비교해 보면, 두 문형의 유사성을 엿볼 수 있다. 타동사문 (67)에 있어서의 「自分(자기자신)」은 동작주인 「花子(하나코)」만을 지시한다. 마찬가지로, 직접사역문(68)의 「自分(자기자신)」은 사역주인 「花子(하나코)」와 동일 지시 관계에 있으나, 피사역자 「太郎(타로)」와는 동일 지시 관계를 갖지 못하므로, 피사역자로 해석될 수 없다. 이에 비하여, 간접사역문(69)의 「自分(자기자신)」은 사역주인 「花子(하나코)」에 대하여, 또한 피사역자인 「太郎(타로)」에 대하여 동일 지시 관계에 있으므로, 사역주로도 피사역자로도 해석될 수 있다. 간접사역문은 피사역자의 동작의 사태와 사역주의 사역행위의 사태가 포함된 내포구조(埋め込み構造)를 갖기 때문에 두 사태에 있어서의 행위자를 재귀대명사가 지시할 수 있는 것이다. 이에 반하여, 직접사역문의 경우는 타동사문에 가까운 구조로 내포구조를 갖지 않으므로, 재귀대명사는 사역주만을 지시할 수 있는 것이다.

2) 부사구의 해석

부사구가 포함된 사역문에서 부사구가 누구의 행동을 제한하는지에 대한 해석이 직접사역문과 간접사역문에서 다르게 나타난다. 직접사역문과의 비교를 위하여 타동사문도 함께 살펴보자.

(70) 花子が太郎に3時に薬を送った。
하나코가 타로에게 3시에 약을 보냈다.

(71) 花子が太郎に3時に薬を飲ました。

하나코가 타로에게 3시에 약을 먹였다.

(72 花子が太郎に3時に薬を飲ませた。

하나코가 타로에게 3시에 약을 먹게 했다.

타동사문 (70)의 「3時に(3시에)」는 주어인 동작주의 행위 시각만을
나타낸다. 직접사역문 (71)의 부사구 「3時に(3시에)」도 사역주인 「花
子(하나코)」의 행위 시각만을 가리킨다. 그러나, 간접사역문 (72)의 경
우는 사역주 「花子(하나코)」의 행위 시각의 해석도 「花子(하나코)의
해석도 가능하다.

동작주의 동작을 제한하는 부사 「はやく(빨리)」를 포함하는 문장에
서 사역주와 피사역자의 어느 쪽 동작을 수식하는지 테스트를 통하여
두 문형의 차이를 다시 확인해 보자.

(73) 花子が太郎にはやく薬を飲ました。

하나코가 타로에게 빨리 약을 먹였다.

(74) 花子が太郎にはやく薬を飲ませた。

하나코가 타로에게 빨리 약을 먹게 했다.

시간을 나타내는 부사구와 마찬가지로, 직접사역문 (73)의 「はやく
(빨리)」는 직접 동작을 행하는 사역주인 「花子(하나코)」의 동작을 수
식한다. 이에 반하여, 간접사역문 (74)의 「はやく(빨리)」는 사역주와 피
사역자 두 존재를 모두 수식할 수 있다. 단, 사역주의 행위를 수식할

때에는 시간적으로 「はやく(빨리)」라는 해석이 되며, 피사역자의 동작을 수식할 때에는 동작의 형태가 「はやく(빨리)」라는 해석이 된다.

선행연구에 있어서도 전형적인 사역문은 간접사역문을 가리키며, 간접사역문은 내포문 구조를 가진 것으로 해석되어 왔다. 재귀대명사가 사역주와 피사역자를 동시에 지시할 수 있으며, 부사구가 사역주의 행위와 피사역자의 행위를 동시에 제한할 수 있다는 것은 간접사역문이 내포문 구조라는 사실로부터 초래된 결과라 할 수 있다. 반면, 직접사역문에 있어서의 재귀대명사 또는 부사구가 오로지 사역주만을 지시하고 제한한다는 것은 직접사역문이 타동사문과 같은 단문구조를 갖고 있다는 반증인 것이다.

3.3.3 동작주를 표시하는 수동문의 용인도

수동문의 동작주는 「ニ」격으로 문에 나타낼 수 있는데, 직접사역문과 간접사역문의 경우 그 양상에 차이를 보인다.

(75) a. 花子が太郎に薬を飲ました。

하나코가 타로에게 약을 먹였다.

b. 太郎が(?花子に)薬を飲まされた。

(76) a. 花子が太郎に薬を飲ませた。

하나코가 타로에게 약을 먹게 했다.

b. 太郎が花子に薬を飲ませられた。

직접사역문 (75b)의 수동문은 기저문 (a)의 동작주를 배경화시키지 않으면 용인도가 떨어지는 반면, 간접사역문의 수동문 (76b)는 기저문 (a)의 동작주를 표시하지 않으면 오히려 용인도가 떨어진다. 통상적으로 타동사의 수동문은 피동자를 주격에 놓기 때문에 동작주의 존재를 배경으로 끌어 내리는 기능을 갖는다. 직접사역문도 타동사문과 같은 종류의 제약에 저촉되기 때문에 이러한 통어현상이 일어난다고 생각된다. 다시 말하면, 직접사역문이 타동사문과 유사한 성격을 지니고 있기 때문에 일어나는 현상이라고 말할 수 있겠다. 다음 예문에서 보듯이, 직접사역문의 수동문은 동작주가 배경화되어 있다.

(77) ぼくは睡眠薬を飲まされ、海に沈められることになっていたが、……。
(赤(上), 182)
나는 수면제가 먹여져, 바다에 가라앉혀지게 되어 있었는데..

(78) その子のつくり話を半年間山ほど聞かされて、一度も疑わなかったのよ。(ノル, 225)
그 아이의 거짓말을 반년 간 수없이 들어서, 한 번도 의심하지 않은거야?

(79) そのときになってようやく自分がベッドに寝かされていることに気がついた。(赤(上), 149)
그 때가 되어서 겨우 자신이 침대에 눕혀져 있다는 걸 알았다.

3.4 타동사, 직접사역, 간접사역의 연속성

3.4.1 형태적 연속성

타동사의 형태소 중에서 [s]를 갖고 있는 동사에는 다음과 같은 것이
있다.

> (80) つぶす(tubu-s-u, 뭉개다), おす(o-s-u, 누르다),
> けす(ke-s-u, 지우다)

이들 동사는 동작주의 동작과 동작의 결과를 함의하는 동사로 타동성
이 강한 동사이다. 직접사역의 형태소는 자음동사인 경우에는 [as], 모
음동사인 경우에는 [se]로, 재귀성을 띄는 동사로부터 파생된다.

> (81) のます(nom-as-u), くわす(kuw-as-u), しらす(sir-as-u),
> きせる(ki-se-ru), みせる(mi-se-ru)

타동사와 전형적인 사역문인 간접사역의 중간적인 의미를 갖고 있는
직접사역이 형태상으로도 중간적인 형태를 취하고 있음을 알 수 있다.
간접사역의 형태소는 자음동사인 경우에는 [ase]를 취하고, 모음동
사인 경우에는 [sase]를 취한다.

> (82) こわさせる(kowas-ase-ru), のませる(nom-ase-ru),
> いかせる(ik-ase-ru), きさせる(ki-sase-ru), みさせる(mi-sase-ru)

3.4.2 의미적 연속성

앞에서 검토한 바와 같이, 직접사역은 타동사와 간접사역의 중간적인 의미를 나타낸다. 다시 한 번 정리하면 다음과 같다. 타동사가 나타내는 의미는 동작주의 대상에 대한 일방적인 행위이며, 직접사역이 나타내는 의미는 피사역자의 소극적인 동작의 도움을 받아 사역주가 직접 동작을 행함으로써 사역사태를 달성하는 것이다. 또한, 간접사역이 나타내는 의미는 사역주가 간접적인 행위로써 피사역자인 동작주로 하여금 의도하는 바를 달성시키는 사태를 말한다. 직접사역문은 형태적으로 규칙적인 파생을 하며, 의미적으로도 간접사역문과는 구별되는 영역을 갖고 있다. 타동사와 간접사역문의 성격을 조금씩 겸비한 중간적인 문법카테고리임을 밝혔다.

제4장

자발성

1 선행연구와 전제

1.1 선행연구

일본어의 자동사에는 주어의 의미역할이 동작주인 경우와 대상인 경우, 두 종류의 자동사가 있다. 또한 의미적으로 자발의 의미를 나타낼 경우, 자발동사로 취급하기도 한다. 자발동사는 대상을 주어로 취하는 타입으로, 종래에는 이러한 종류의 동사 중에서 일부 동사만이 자발태의 문법 범주로 인정되어 왔다. 그러나, 대상을 주어로 취하는 많은 동사가 자발적인 의미를 나타내므로 자발동사의 범주를 확장할 필요가 있다. 재귀동사 범위의 확장에서도 보았듯이, 형태적 기준에 전적으로 의존하는 동사 분류는 문법현상의 분석에 걸림돌이 되기도 한다. 따라서, 자발동사라는 동사 범주의 확대 인정에는 의미적 기준도 중요하게 기능하고 있다고 본다.

이 장에서는 자발의 의미적 측면에 중점을 두고 자발의 의미 실현 양상을 분석하여 의미적 유형의 분류를 시도하였다. 분류된 유형들의 공통점과 차이점을 분석하기 위한 통어적 검증에 의하여 의미적 분류의 정당성이 담보될 것이다. 보조동사와의 공기(共起)관계를 고찰함으로써 자발동사의 의미 타입 간의 차이점을 분석한다. 또한, 자발문을 몇 가지 격 패턴으로 나누어 제시하고, 각각의 의미 타입과 격 패턴 간의 관계를 분석한다.

데라무라(寺村, 1982)는 자발표현이 형태적·통어적·의미적인 대립을 보인다는 점에서 자발태로 인정하고, 다음과 같이 정의하고 있다.

> この構文(自発文)の意味は、「あるもの(X)」が、自然に、ひとりでにある状態を帯びる、あるいはあるXを対象とする現象が自然に起きる」ということである。

> 이러한 (자발)구문의 의미는 「어떤 것(X)이 저절로, 스스로 어떠한 상태를 갖게 되거나 또는 어떤 X를 대상으로 하는 표현이 저절로 일어난다」라는 것이다.　　　　　　　　　　　　　　　(번역은 필자, 괄호 안은 필자)

자발문을 생산적인 문법 카테고리로 보는 견해라고 할 수 있다. 이와 같은 정의에 의거하여 다음과 같은 문을 자발문으로 보고 있다.

(1) a. (誰かが)昔のことを偲ぶ(こと)。
　　(누군가가) 옛날 일을 그리워하다(하는 것)

b. (誰かに)昔のことが偲ばれる(こと)。

(누군가에게) 옛날 일이 그립게 여겨지다(지는 것)

(2) a.(誰かが)魚を焼く(こと)。　　(누군가가) 생선을 굽다(굽는 것)

b. 魚が焼ける(こと)。　　　　生선이 구워지다(구워지는 것)

(1b)는 (a)의 타동사문에서 파생된 것인데, 격의 교체라는 통어적 특징과 「偲ぶ(그리워하다)」에서 「偲ばれる(그리워지다)」로 바뀌는 형태적인 변화, 그리고 의미의 변화라는 세 가지 레벨에서의 교체가 일어나기 때문에 「偲ばれる(그리워지다)」는 자발동사로 인정된다. 또한 (2b)는 「(a)re」라는 형태소를 갖고 있지는 않지만, 타동사 「焼く(굽다)」에 형태소 「e」가 부가된 자발동사 「焼ける(구워지다)」가 파생된 것으로 인정된다.

그러나, 데라무라(寺村, 1982)가 인정하는 자발동사에는 생산성의 결여가 간과되고 있다는 점을 지적하지 않을 수 없다. 「(a)re」형의 자발문은 현대어에서 그 수가 매우 적어, 「思われる(생각되어지다), 考えられる(생각되어지다), 感じられる(느껴지다)」 등으로 한정된다. 또한 「e」형의 경우도 형태소 「e」만을 자발의 형태소로 보는 근거를 명확히 제시하지 않았다. 또한, 데라무라(寺村, 1982)는 다음 문도 자발문으로 보고 있다.

(3) ボタンがとれそうだよ。　　단추가 떨어질 것 같아.

(4) 歯が抜けた。　　　　　　이가 빠졌다.

(5) 遠くに富士山が見える。　　멀리 후지산이 보인다.

(6) その話は<u>泣ける</u>。　　　　　　 그 이야기에 눈물이 난다.

또 야콥센(ヤコブセン, 1989)에서는 자발문이 지니는 의미 특징을 추출하여 자발의 원형(prototype)을 제시하였다.

(79) 自発原型の意味特徴

 (a) 関与している事物(人物)が一つある。

  すなわち、対象物(object)である。

 (b) 対象物は変化を被る。

 (c) 変化は現実の時間において生じる。(pp.239)

(79) 자발 원형의 의미적 특징

 (a) 관여하고 있는 사물(인물)이 하나 있다.

  즉, 대상물(object)이다.

 (b) 대상물은 변화를 입는다.

 (c) 변화는 현실의 시간 속에서 발생한다.　　　　(번역은 필자)

그러나, 야콥센(ヤコブセン, 1989)의 자발은 이른바 자동과 자발의 양쪽을 모두 포함하는 개념으로 사용되고 있다. 또한 닛타(仁田, 2000)에서는 자발문에 대해서 다음과 같이 정의하고 있다.

自発態によって表される事態は、たとえ動作主が関与していても、その意志によって当該事態が生じたのではなく、それが外的要因によったり、多くの場合には明確な外的要因が不明な状況において、自然に生じると認

識されたものである。

자발태로 나타내어지는 사태는 예를 들어 동작주가 관여하고 있다 해도, 동작주의 의지에 따라 해당 사태가 일어나는 것이 아니라, 외적 요인에 의해 일어나거나, 대부분의 경우에는 명확한 외적 요인이 분명하지 않은 상황에서 저절로 발생하는 것으로 인식되는 것이다.　　　(번역은 필자)

닛타(仁田, 2000)에서도 데라무라(寺村, 1982)와 마찬가지로, 자발문은 태(voice)의 카테고리로 다루어지고 있다. 그러나, 보이스 카테고리에 넣기 위해서는 형태적·통어적·의미적인 대립과 문법 카테고리로써의 생산성이 요구된다.

　(7) a. 太郎が昔のことを思い出す。　　타로가 옛날 일을 회상하다.
　　　b. (太郎に)昔のことが思い出される(こと)。
　　　　(타로에 의해)옛날 일이 회상된다(는 것).
　(8) a. 太郎が凧の糸を切った。　　타로가 연줄을 잘랐다.
　　　b. 凧の糸が切れた。　　　연줄이 잘렸다.
　(9) a. 太郎がシャツを濡らした。　　타로가 셔츠를 적셨다.
　　　b. シャツが濡れた。　　　셔츠가 젖었다.

　상기 예문의 (b)는 자발문으로 인정되는 것들이다. 또 격의 교체가 일어나고 동사의 형태에도 변화가 일어난다. 이러한 의미에서 위 예문들은 형태적·통어적·의미적인 대립을 보인다고 하겠다. 그러나, 형태적인 대립에서는 각각의 예문에 따라 사정이 달라진다. (7b)의 경우,

수동형과 같은 형태가 되며, 「偲ばれる(그리워지다), 感じられる(느껴지다), 思われる(여겨지다), 考えられる(생각되다)」 등과 같이 자발형의 파생이 가능하다. (8b)의 「切れる(잘리다)」는 5단 활용 타동사 「切る(자르다)」에 형태소 「e」기 부가된 형태로, 자발동사로 인정된다. (9b)의 「濡れる(젖다)」는 타동사에서 파생된 것이 아니라는 이유에서, 데라무라(寺村, 1982)에서는 자발동사로 인정되지 않고 있다. 그러나, 「濡れる(젖다)」는 의미적으로 자발의 의미를 나타내고 있고, 형태적으로도 「切れる(잘리다)」와 같은 형태인 「e」가 나타나고 있다. 또한 통어적인 교체도 보이기 때문에, 「濡れる(젖다)」도 「切れる(잘리다)」와 같은 종류의 자발동사로 인정할 수 있을 것이다.

가게야마(影山, 2001)는 자동사를 다음 4가지로 분류하고 있다.

[a] 비능격동사(非能格動詞) : 항상 자력으로 활동한다.
「歩く(걷다), 座る(앉다)」

[b] 비대격동사(非対格動詞) : 대상물의 성질과는 관계 없이, 자연발생적으로 일어나는 사태 또는 저절로 존재하는 상태.
「起る(일어나다), なる(되다), 残る(남다)」

[c] 능격동사(能格動詞, =反使役化動詞) : 타력 또는 자력에 의해 변화한다.
「縮む(쪼그라들다), 凍る(얼다), 壊れる(부서지다)」

[d] 탈사역화동사(脱使役化動詞) : 타력의 존재를 드러내지 않고, 대상의 변화만을 나타낸다.
「植わる(심어지다), 教わる(배우다)」　　　　　(설명과 동사 예는 필자)

자동사를 [a]의 비능격동사와 [b]의 비대격동사로 구분하는 것은 1970년대 관계문법(Relation Grammar)에 그 전통이 있는데, [a]는 동작주 주어를 취하는 동사 타입이며, [b]는 대상 주어를 취하는 동사 타입으로 이러한 2분류가 일본어 자동사에서도 적용되는 것이 일반적이다. [d]는 영어와의 대조적 관점에서, 영어에는 없고 일본어에만 존재하는 자동사의 타입으로 인정하는 것으로, 이에 속하는 동사에는 「植わる (심어지다), 教わる(배우다)」정도가 있다. 본서에서의 자발동사는 위의 분류 중 [b], [c], [d]를 포함하는 것이다.

가게야마(影山, 2001)와 같이 영어와의 대조적 관점에서의 자동사 연구가 활발히 이루어지고 있다. 이러한 종류의 연구는 동사에 초점이 맞춰져 있기 때문에 데라무라(寺村, 1982)보다도 더 문맥을 배제한 연구방법을 취하고 있는데, 문맥을 부가하게 되면 그 결과가 달라지는 경우가 있다고 생각된다.

1.2 자발의 정의

데라무라(寺村, 1982)와 같이 자발동사를 자발의 범위에 두면서도 사고활동으로부터 파생된 「(a)re」형과 타동사로부터 파생된 「e」형만을 인정하는 좁은 정의를 피하고, 자발의 의미를 나타내는 모든 동사를 자발동사로 보고자 한다.

본서에서의 자발이란 「어떤 것(대상)이 스스로 변화를 일으키는 힘 또는 내면적 성질을 갖추고 있고, 비의도적인 사태가 발생한 결과로 인해 상태변화가 일어나는 사태」를 말한다. 단, 비의도적으로 발생한 사태라는 것은 저절로 발생한 경우와 우발적으로 발생한 사태도 포함하는 개념이다. 이 정의는 데라무라(寺村, 1982)의 자발의 정의와 그 맥을 같이 하는 것이지만 자발의 형태소(「(a)re/e」)를 한정하는 의견에는 찬성하지 않고, 자발의 형태소는 특정될 수 없는 것으로 본다. 또한, 저절로 일어난 사태의 의미를 넓혀서 우발적으로 일어난 사태도 포함시킴으로써, 자발의 의미를 확장하여 보다 합리적인 분석을 목표로 하는 것이다.

(10) a. 笑みが<u>こぼれた</u>。　　　웃음이 넘쳤다.

    b. ジュースが<u>こぼれた</u>。　　주스가 쏟아졌다.

  (10a)가 저절로 일어난 사태를 나타내는 반면, (10b)는 사태를 일으킨 이의 의도와는 달리 우발적으로 일어난 사태를 나타내고 있다.

(11) それは、夕方、<u>陽が</u>ほとんど<u>くれた</u>紺色の空が木々のシルエットを不思議なモザイクに浮かび上がらせる頃のことだ。(哀しい, p91)

그것은 해질녘, 해가 거의 저문 감색의 하늘이 나무들의 실루엣을 신비로운 모자이크로 떠 올릴 즈음의 일이다.

(12) 晃次の顔から<u>笑みがこぼれた</u>。(愛して, p98)

고지의 얼굴에서 미소가 넘쳤다.

(13) 紘子の<u>涙</u>はもう<u>涸れ</u>果てている。(愛して, p298)

히로코의 눈물은 이미 말라버렸다.

(14) ケースが重くて、<u>マキが</u>ふらりと<u>倒れ</u>そうになる。(愛して, p71)

케이스가 무거워서, 마키가 비틀비틀 쓰러질 것 같다.

(15) ぷつりと電球が切れた。(愛して, p32)

　　　툭 하고 전구가 나갔다.

(16) 彼からもらった絵の具は、半分潰れてしまっていた。(愛して, p21)

　　　그에게서 받은 물감은 반 정도 찌그러져 있었다.

　　(11)의 자연현상, (13)의 생리현상, (15), (16)의 우발적 사태 등 다양한 의미 타입의 자발문을 확인할 수 있다. 이것은 자발문이라는 카테고리 속에 서로 다른 이벤트 타입이 포함되어 있음을 의미한다. 본서에서는 이상의 고찰을 기반으로 자발의 정의를 다음과 같이 내린다.

　　자발이란 어떤 것(대상)이 스스로 변화를 일으킬 힘 또는 내면적 성질을 지니고 있어, 비의도적(자연스럽게 또는 우발적)으로 어떤 사태가 발생한 결과, 어떠한 상태변화가 일어나는 사태를 말한다.[1]

　　위의 정의를 근거로 「(a)re」형을 포함하여 다음과 같은 동사를 자발동사로 인정한다.

(17) 切れる(잘리다), 破ける(깨지다), 抜ける(빠지다), ほどける(풀어지다) / 縮む(줄어들다), 暖まる(따뜻해지다), 積もる(쌓이다), (夜が)明ける(날이 밝다), 壊れる(부서지다) 등

---

1 사태의 성립에 참여하는 인물을 하나 요구하는 문 속에서, 「동작주가 V한다」라는 타입은 자동사문으로 인정하고, 자발문은 「대상이 V한다」라는 타입의 문을 말한다.

또한 자발의 두 의미를 스키마로 나타내면 다음과 같다.

자발사태의 사건 타입[2]

[그림1] 「解ける, 縮む」타입의 스키마

「ウールのセーターが縮んだ」
(울 스웨터가 줄어들었다)

[그림2] 「偲ばれる」타입의 스키마[3]

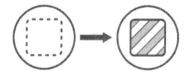

「(私に)昔のことが偲ばれる」
((내게) 옛날 일이 그리워진다)

---

2 둥근 사각 : 「울로 된 스웨터」로 표현된 대상.
　원 : 「나에게/나의」와 같은 대상의 배경이 되는 곳.
　왼쪽 대상 속의 [검은 점] : 저절로 변화를 달성할 수 있는 힘.
　둥근 사각형 : 「옛날 일」로써 표현된 대상.
　오른쪽 대상의 모양 : 변화된 상태를 나타냄.
3 「解ける」는 「녹다」, 「縮む」는 「쪼그라들다」, 「偲ばれる」는 「그리워지다」임.

[그림1] 의 의미 스키마는 대상의 내부에 변화 가능한 성질이 갖추어져 있고, 어떠한 요인에 의해 대상이 변화된 상태가 되는 사태를 나타낸다. [그림2] 의 타입은 「ガ」격으로 나타내어지는 대상의 경험주체가 배경에 존재하고, 그 존재에 잠재되어 있는 어떤 것이 어떠한 요인에 의해 촉발되어 저절로 나타나게 되는 이벤트 타입이다. 데라무라(寺村, 1982)의 「(a)re」형 자발문이 이 유형에 속한다.

1.3 우발적 사태의 자발성

우발적 자발사태는 우연적(accident)으로 일어난다는 점에서 저절로 일어나는 사태와 차이를 보인다. 그러나, 저절로 일어난 사태도 마치 저절로 일어난 것처럼 인식되는 것이므로, 저절로 일어난 사태도 우발적으로 일어난 사태도 모두 특정한 동작주에 의해서 의도적으로 일어난 사태가 아니라는 점에서 공통적이다.

(18) a. 笑みがこぼれた。　　　미소가 흘러넘쳤다.
　　　b. ジュースがこぼれた。　　주스가 쏟아졌다.

(19) それは、夕方、陽がほとんどくれた紺色の空が木々のシルエットを不思議なモザイクに浮かび上がらせる頃のことだ。(哀しい, p91)
그것은 해질녘, 해가 거의 저문 감색의 하늘이 나무들의 실루엣을 신비로운 모자이크로 떠올릴 즈음의 일이다.

(20) 晃次の顔から笑みがこぼれた。(愛して, p98)
고지의 얼굴에서 미소가 넘쳤다.

(21) 紘子の涙はもう涸れ果てている。(愛して, p298)

　히로코의 눈물은 이미 말라버렸다.

(22) ケースが重くて、マキがふらりと倒れそうになる。(愛して, p71)

　케이스가 무거워서, 마키가 비틀비틀 쓰러질 것 같다.

(23) ぷつりと電球が切れた。(愛して, p32)

　뚝 하고 전구가 나갔다.

(24) 彼からもらった絵の具は、半分潰れてしまっていた。(愛して, p21)

　그에게서 받은 물감은 반 정도 찌그러져 있었다.

　「こぼれる(쏟아지다)」라는 자발동사는 (18a)에서는 저절로 일어나는 사태를 의미하지만, (18b)에서는 우연적로 일어난 우발적 사태의 뜻을 나타내고 있다. 이처럼 같은 동사라도 문맥이 달라지면 의미도 달라진 다. 그러나, 모두 자발의 뜻을 나타낸다는 점에서는 차이가 없을 것이 다. 자연현상을 나타내는 (19)의 「陽が暮れる(날이 저물다)」와 (20), (21)에는 우연성은 함의되지 않는다. (22)부터 (24)의 경우는 우발적인 사태로 동작주를 함의하지 않는 사태를 나타낸다.

　또한 자연현상인 「暮れる(해가지다)」, 저절로 일어나는 사태인 「こぼ れる(쏟아지다)」, 우발적 사태인 「倒れる(쓰러지다)」, 「潰れる(찌그러 지다)」 모두 형태적으로는 「re」라는 동일 형태소를 갖고 있어, 동사의 유형을 달리할 필요가 없을 것이다.[4]

---

4 데라무라(寺村, 1982)에서는 「ラレル」형 동사와, 타동사에서 파생된 「e」형태소를 지닌 동사가 자발동사로써 인정되고 있는데, 다음과 같다.
(1) 切る-切れる, 抜く-抜ける, 砕く-砕ける / 「∮/e」
　　(자르다-잘리다), (빼다-빠지다), (부수다-부서지다)

② 자발문의 특징

2.1 자발의 의미표현의 양상

여기에서는 자발적 의미를 나타내는 문의 구조를 분석하여, 자발적 의미를 실현하는 메카니즘에 관해서 기술하겠다.

(25) a. 岩が砕けた。　　　　　　　바위가 부서졌다.

　　 b. 岩が砕けて、砂になる。　　바위가 부서져 모래가 된다.

(26)*a. 茶碗が砕けた。　　　　　밥공기가 깨졌다.

(27)*a. 岩が壊れた。　　　　　　바위가 부서졌다.

　 *b. 岩が壊れて、砂になる。　바위가 부서져 모래가 된다.

(25)의 「砕ける(부서지다)」는 「岩(바위), 石(돌)」과 같은 명사와 공기(共起)하여 자발의 의미를 나타내고 있다. 그러나, (26)의 「茶碗(밥공기)」과 같은 명사와 함께 쓰이면 비문이 된다. 또한 (27)과 같이 「壊れる(부서지다)」라는 동사는 「岩(바위)」와 같은 명사와는 공기(共起)하

---

(2) 濡らす-濡れる, こぼす-こぼれる, 崩す-崩れる /「as/re」
　 (적시다-젖다), (엎지르다-넘치다), (무너뜨리다-무너지다)
데라무라(寺村, 1982)에 의하면 (1)은 자발동사로써 인정되는 것들이고, (2)는 자발동사로써 인정되지 않는 것들이다. 하지만 (1)의 동사도 (2)의 동사도 의미적으로는 자발을 나타내고 있다. 단지 (1)의 경우는 무표(無標)의 타동사에 형태소 「e」가 부가되어 자발동사가 된 것이고, (2)의 경우는 타동사형 「as」와 자동사형 「re」가 대응하고 있는 것이다. 따라서 (2)의 동사는 타동사로부터 파생된 것이 아니다. 데라무라(寺村, 1982)에서는 자발문이 태(보이스)로써 인정되고 있기 때문에 무표의 동사로부터의 파생이 필요조건이 된다. 자발문을 태로써 보지 않는 입장을 취하게 되면 무표의 동사로부터의 파생은 필요조건이 되지 않고, 그렇게 하면 (2)의「re」형도 자발동사로써 인정된다.

지 않는다. 이러한 자발을 나타내는 동사의 현상은 다른 타동사 또는 자동사에는 보이지 않는 것으로, 예를 들어 「叩く(두드리다)」와 같은 동사는 다양한 명사를 대격으로 취할 수 있다. 마찬가지로「食べる(먹다)」의 경우도 먹는 것이라면 거의 대부분의 경우, 공기(共起)한다. 이와는 대조적으로 자발의 의미를 나타내는 대부분의 동사들의 경우, 주어에 오는 명사의 선택이 상당히 제한적이다. 이러한 점에 근거하여, 본서에서는 자발동사의 성질에 공기(共起)하는 명사의 성질이 더해져서 자발의 의미가 실현되고 있다고 보고 분석해 나가기로 하겠다.

2.2 명사와의 조합

자발적 의미는 특정한 명사와의 조합에 의해 실현되는 경향이 있다. 자발적 의미는 변화의 개념과 밀접한 연관성을 지니는 것으로, 변화를 나타내는 동사 중에서 파괴적 사태를 동반하는 동사를 대상으로 분석을 진행하기로 하겠다.

> (25) 'a. 岩が<u>砕けた</u>。 　　　　　　바위가 부서졌다.
> 　　　b. 岩が<u>くだけて</u>、砂になる。 　바위가 부서져 모래가 된다.
> (27) '*a. 岩が<u>壊れた</u>。 　　　　　　바위가 부서졌다.
> 　　*b. 岩が<u>こわれて</u>、砂になる。 　바위가 부서져 모래가 된다.

「岩(바위)」는 「砕ける(부서지다)」와 공기하는 것이고, 「壊れる(부서지다)」로는 나타나지 않는다. 또한, 「花瓶(꽃병), 時計(시계)」는 「壊れる(깨지는)」와 공기하는 것으로, 「砕ける(부서지다)」로는 나타나지 않는다. 또한 (29)와 같이 「お腹を壊した(배탈이 나다)」라는 표현은 맞지만, 「お腹が壊れた」라는 표현은 허용되지 않는다. 이것은 「お腹を壊す(배탈이 나다)」라는 사태가 보통 저절로 일어나지는 않고, 신체부분(배)의 소유자인 인간이 어떠한 잘못된 행동을 함으로써 일어나게 되는 것이기 때문에 '저절로 어떤 상태가 되다'라는 자발의 의미와는 상반되므로 자발적 표현이 허용되지 않는다고 분석할 수 있다.

(28) a. 花瓶が壊れた。　　꽃병이 깨졌다.
　　 b. 時計が壊れた。　　시계가 고장났다.
(29)*a. お腹が壊れた。
　　 b. お腹を壊した。　　배탈이 났다.

　자발의 의미는 명사와의 조합에 의해 실현되는 것이라는 점은 다음 예문의 분석을 통해서도 알 수 있다. 또한 (28)의 경우, 시계가 저절로 고장났다라기 보다는 우연적(accident) 요인에 의해 고장난 상태가 된 것으로 표현되고 있고, 따라서 자발의 의미에 '우발적으로 일어난 사태' 라는 개념도 함의됨을 알 수 있다. 우발적인 사태도 누군가가 의도해서 일으킨 사태가 아니라는 점에서 '저절로 또는 스스로 그렇게 되다'라는 자발의 개념에 포함될 수 있을 것이다.

(30) a. 手がすべって茶碗を割ってしまった。
　　　 손이 미끄러져서 밥공기를 깨뜨리고 말았다.

b. 手がすべって茶碗が割れてしまった。

손이 미끄러져서 밥공기가 깨지고 말았다.

c. 家に戻ると茶碗が割れていた。

집에 돌아가 보니 밥공기가 깨져 있었다.

(30a)와 같은 문에서는 타동사「割る(깨다)」가 쓰였으나, 동작주가 의도해서 깬 것은 아니다. 우발적으로 일어난 사태의 책임 일부가 동작주에게 있음을 타동사문으로 표현하고 있는 것이다. 같은 사태를 (30b)와 같은 자발문으로 표현하면 책임을 회피하고 있다는 느낌이 난다. 하지만 누군가에 의해서 일어났는지가 불분명한 사태인 경우 (30c)와 같이「割れる(깨지다)」와 같은 자발동사로 표현하는 것이 자연스럽게 느껴진다. 이처럼 명제적으로는 같은 사태에 대해 어떠한 관점에서 표현할 것인지에 따라 몇 개의 바리에이션이 있고, 자발적 표현은 그 중 하나의 역할을 맡고 있다고 할 수 있다.

(31) a. 木の枝が折れた。　　나뭇가지가 부러졌다.

b. 割りばしが折れた。　　나무젓가락을 가를 수 있었다.

(a)는 자발문, (b)는 가능문으로 해석되는데, 그 이유에 대해서 생각해보자. 특정 명사와의 조합으로 자발문이 성립한다는 것은 바꿔 말하면 그 명사의 성질과 연관되어서 자발적 의미가 실현되는 것이라고도 할 수 있다. (31)의 경우,「木の枝(나뭇가지)」도「折れる(부러지는)」것이고「割りばし(젓가락)」도「折れる(부러지는)」라는 성질을 지니고 있

는데, 문의 의미가 자발과 가능으로 나뉘는 것은 어떠한 이유에서일까. 「木の枝(나뭇가지)」와 「割りばし(젓가락)」는 모두 상식적으로 '부러지는' 성질을 지니고 있는데, 나뭇가지의 경우에는 바람이나 눈 등의 자연현상이 원인이 되어 부러지는 상태변화가 일어날 수 있지만, 나무젓가락은 누군가의 동작이 일어난 후에야 부러진다는 상태변화가 일어나는 것이 일반적이기 때문에, 문맥이 주어지지 않는 한 '(내가) 나무젓가락을 가를 수 있었다'라는 가능의 의미가 되는 것이다. 이와 같은 분석을 통해서 자발문에서의 명사와 동사의 관계는 관용어구보다는 느슨하지만 상당히 강한 결속 관계에 있음을 알 수 있다. 특정한 주어와 나타나는 자발동사를 좀 더 살펴보도록 하자.

(32) 荷物の中でごたごたになって、<u>包装紙がやぶけた</u>。

        짐 속에서 뒤섞여서, 포장지가 찢어졌다.

(33)*荷物の中でごたごたになって、<u>包装紙がさけた</u>。

(34) a. するめを<u>さいて</u>食べる。

        말린 오징어를 찢어서 먹는다.

   *b. するめを<u>やぶいて</u>食べる。

(35) a. 色紙を<u>さいて</u>画用紙に張り付け、模様を作りなさい。

        색지를 찢어서 도화지에 붙여서, 모양을 만드시오.

   *b. 色紙を<u>やぶいて</u>画用紙に張り付け、模様を作りなさい。

「やぶける(찢어지다)」와 「さける(갈라지다)」는 유사한 상태변화를 나타내고 있는 것처럼 보이지만, (32)와 같은 문맥에서는 「やぶける(찢어지다)」가 허용되지만, (33)의 「さける(갈라지다)」는 허용되지 않는다. 이와 같은 현상은 대응하는 타동사의 의미의 차이로 설명할 수 있다. 「やぶく(찢다)」라는 동작은 어떤 것을 파괴함으로써 본래 갖고 있던 기능이 없어지게 되는 결과를 초래한다. 반면에 「さく(찢다)」는 대상의 본래 모습을 바꾸는 것으로, 어떤 목적을 달성하기 위해 이루어지는 동작이다. 따라서, (34a)와 (35a)는 적합한 문이지만 (34b), (35b)는 허용되지 않는다. 유사한 의미를 나타내는 것처럼 보이는 「やぶける(찢어지다)」와 「さける(갈라지다)」에서 전자가 의도적 행위와 우발적 행위 양쪽에 의해 일어날 수 있는 사태인 것에 반해, 후자는 의도적 행위에 의해서만 일어나는 사태이므로, 자발의 의미가 나오기 어려운 것일 것이다. 다음의 예문으로 알 수 있듯이, 문맥이 주어져 있지 않은 문에서는 (36)은 자발의 의미를, (37)의 「さける(갈라지다)」는 가능의 의미를 나타낸다. 이는 「やぶける(찢어지다)」라는 행위에 '의도하지 않았음에도 불구하고 우발적으로' 라는 함의가 있으나, 「さく(가르다)」라는 행위에는 이러한 우발성의 함의가 없기 때문일 것이다.

    (36) 色紙が<u>やぶけた</u>。   색지가 찢어졌다.
    (37) 色紙が<u>さけた</u>。   색지를 찢을 수 있었다.

   파괴적인 사태에 의해 일어난 자발사태를 나타내는 동사는 더 존재한다.

(38) a. 地震で家が潰れた。　　　지진으로 집이 무너졌다.

　*b. 地震で山が潰れた。　　　지진으로 산이 무너졌다.

　c. 地震で山が崩れた。　　　지진으로 산이 무너졌다.

(39) a. 台風で枝が折れた。　　　태풍으로 가지가 부러졌다.

　*b. 台風で電信柱が折れた。　태풍으로 전신주가 부러졌다.

　c. 台風で電信柱が倒れた。　태풍으로 전신주가 쓰러졌다.

(40) a. 台風で木が倒れた。　　　태풍으로 나무가 쓰러졌다.

　*b. 台風で枝が倒れた。　　　태풍으로 가지가 꺾였다.

(38)에서 알 수 있듯이, 「家が潰れる(집이 무너지다)」라는 문은 가능하지만, 산은 「潰れる(무너지는)」 대상이 아닌 「崩れる(무너지는)」 대상이다. (39), (40)도 이와 마찬가지로, 자발동사가 특정한 명사와 공기(共起)한다는 것을 알 수 있다.

지금까지는 주로 파괴적 사태와 관련된 자발문을 분석해 왔는데, 이는 자발과 파괴적 사태가 특별한 관계에 있다는 것을 의미하는 것은 아니다. 단지 변화를 일으키는 요인으로써 파괴적 사태가 있을 수 있다는 것이다. 다른 자발문의 분석을 통해서 자발동사와 특정 명사와의 공기 관계를 좀 더 알아보도록 하자.

(41) a. 涙があふれる。　　　눈물이 넘치다.

　*b. ジュースがあふれる。　주스가 넘치다.

　c. 涙がこぼれる。　　　눈물이 흘러넘치다.

　d. ジュースがこぼれる。　주스가 쏟아지다.

(42) a. 戸が<u>ひらけた</u>。   문이 열렸다.

　 *b. 蓋が<u>ひらけた</u>。   뚜껑이 열렸다.

　 c. 蓋が<u>あいた</u>。   뚜껑이 열렸다.

(43) a. 雪/ちりが<u>積もる</u>。   눈/먼지가 쌓이다.

　 ?b. ゴミが<u>積もる</u>。   쓰레기가 쌓이다.

　 *c. 壁石が<u>積もる</u>。   벽돌이 쌓이다.

(44) 壁石が<u>積まれている</u>。   벽돌이 쌓여져 있다.

　(41)과 같이 눈물은 「あふれる(넘치는)」 경우와 「こぼれる(넘치는)」 경우가 가능하다.[5] 주스는 넘치는 「こぼれる(쏟아지는)」 대상으로 「あふれる(넘치는)」 대상은 아니다. (43)의 「積もる(쌓이다)」도 「雪(눈), ちり(먼지)」와 같은 물질과는 공기(共起)하지만, 「ゴミ(쓰레기), 壁石(벽돌)」과는 공기(共起)하지 않는다. '쓰레기'가 쌓이는 사태가 되기 위해서는 동작주의 관여가 필요하고, 그것을 치울 수 없어서 그렇게 되었다는 의미이기 때문에, 그와 같은 사태를 나타내기 위해서는 (44)와 같이 동작주를 함의할 수 있는 수동문으로 표현해야 한다.

　타동사로부터 파생된 「ラレル」타입의 자발동사에서는 이와 같은 자발문에서의 동사와 명사의 결속 관계가 보이지 않는다. 즉, 「ラレル」형 자발동사는 특정한 명사를 요구하지 않는다는 것이다.

---

5 「涙があふれる」는 눈물이 가득 고인 상태를 나타내고, 「涙がこぼれる」는 눈물이 흘러 넘치는 상태를 나타낸다. 즉, 쏟아지는 상태를 나타낼 때는 「こぼれる」가 쓰일 수 있다.

(45) 昔のことが<u>忍ばれる</u>。　　　　옛날 일이 그리워진다.

(46) 涼子との旅行が<u>待たれる</u>。　　교코와의 여행이 기다려진다.

(47) 結果が<u>期待される</u>。　　　　　결과가 기대된다.

(45)에서 (47)까지의 자발문의 경우, 주어 자리에 다양한 명사가 올 수 있다.

자발문 중에는 주어인 명사와 동사와의 결속력이 강해서, 다음 예문에서 확인되듯이, 관용어구와 같이 한 단어처럼 기능하고 있는 것이 있다. 이러한 타입의 주어와 동사의 결속력은 다른 자발문의 주어와 동사의 결속력보다 강해서 관용어구 범주로 볼 수 있을 것이다.

(48) 花子がすぐにも泣いてしまいそうな<u>気がして</u>困ってしまった。

하나코가 금방이라도 울음을 터뜨릴 것만 같은 느낌이 들어서 곤란해졌다.

(49) 太郎は<u>腹がたって</u>席から立ち上がった。

타로는 화가 나서 자리를 박차고 일어섰다.

(50) <u>夜が明け</u>はじめていて朝焼けが見えた。(哀しい, P7)

날이 밝기 시작해서, 아침 노을이 보였다.

이상, 명사와의 강한 유대관계 속에서 자발적 의미가 실현되는 경향이 있음을 검증하고, 자발문의 타입별로 동사와 명사의 결속력의 정도에 차이가 있음을 밝혔다. 이는 명사의 의미특징이 자발적 의미 성립에 관여하고 있음을 의미하는 것이다.

2.3 자발동사의 형태적 분류

2.3.1 형태적 분류

자발동사는 단순히 동사의 의미적 특징을 담은 카테고리이며, 각각의 동사가 공통적인 형태소를 갖고 있는 것은 아니다. 그러나 같은 형태소를 포함하는 동사는 추상적인 레벨에서의 공통된 의미 특징을 지니고 있다고 할 수 있다. 또한, 각 형태소 간에 의미적 관련성이 인정되어, 자발이라는 의미 카테고리 속에서도 의미적인 차이가 존재하며, 이러한 자발의 의미는 연속적 양상을 띤다. 또한, 형태적 분류를 통하여 자발성에서 자동성을 나타내는 동사로 연속되어 가는 모습을 확인할 수 있다.

형태적 분류는 각각의 동사 그룹이 지니는 형태소의 종류와 대응하는 타동사의 형태소의 종류, 또 자발과 타동과의 사이에 파생 방향을 고려한 분류를 의미한다. 파생의 방향을 결정하는 요소가 되는 것은 현실 세계에서의 이벤트 타입의 유표(有標, marked)성과 무표(無標, unmarked)성이다. 즉, 어떤 동사가 나타내는 이벤트 타입이 현실 세계에서의 상식으로 무표한지를 판단하고, 대응하는 동사가 나타내는 이벤트 타입이 상식적으로 유표하다면, 무표한 동사에서 유표한 동사 방향으로 파생된 것으로 판단한다는 것이다. 우선 형태적 분류를 제시한 후, 유형별로 그 의미 특징을 분석하기로 하자. 또 유형간의 의미적 유사성과 차이점을 분석하고, 전형적인 자발성을 나타내는 타입에서 자동성에 근접한 타입까지를 연속적으로 제시하여 그 차이점을 고찰한다. 다음은 자발동사의 형태적 기준에 따른 분류이다.[6]

자발동사의 형태적 분류

	파생유형	동사 예
[a]	Sp-∮ ⇒ T-as型	凍る, 乾く, 光る, 膨らむ, 滴る (얼다, 마르다, 빛나다, 부풀다, 떨어지다)
[b]	Sp-e ⇒ T-as型	冷める, 濡れる, 焦げる, 枯れる, 溶ける (식다, 젖다, 타다, 지다, 녹다)
[c]	Sp-ar ⇐ T-e型	薄まる, 固まる, 染まる 묽어지다, 굳다, 물들다
[d]	Sp-re ⇔ T-s型	崩れる, 倒れる, 汚れる, 潰れる (무너지다, 쓰러지다, 더러워지다, 찌그러지다)
[e]	Sp-e ⇐ T-∮型	折れる, 焼ける, ほどける, 弾ける, 割れる, 裂ける, 切れる (꺾이다, 타다, 풀어지다, 튕기다, 깨지다, 찢어지다, 끊어지다)
[f]	Sp-ar ⇐ T-∮型	つながる, ふさがる, 挟まる (이어지다, 막히다, 끼다)
[g]	Sp-r ⇔ T-s型	転がる, 回る, 消える (구르다, 돌다, 사라지다)

[a]형이 자발의 전형적인 의미를 나타내는 타입이며, [g]는 자발성을 띠면서도 자동성에 가까운 의미를 나타내는 타입이다.

2.3.2 유형별 특징

위의 형태적 분류에 각 유형의 의미특징과 유형간의 연속성을 대응시켜 나타내면, 다음과 같이 정리할 수 있다.

---

6 여기에서의 약칭의 의미는 다음과 같은 의미로 쓰인 것이다.
  Sp ; 자발동사의 형태소, T ; 타동사의 형태소, ⇒/⇐/⇔ ; 파생의 방향

자발동사의 형태적 분류와 의미 특징

형태적 특징 -자발/타동-		자발동사	의미 특징	
			사태의 특징	사태의 영역
a	Sp- ∮ ⇒T-as	凍る, 乾く, 光る, 膨らむ, 滴る	저절로 일어남 / 자연현상	대상 내면의 변화
b	Sp-e ⇒T-as	冷める, 濡れる, 焦げる, かれる, 溶ける	저절로 일어남 / 환경의 관여	대상 내면의 변화
c	Sp-ar ⇐T-e	固まる, 薄まる, 染まる	저절로 일어남 / 매개체 필수	대상 내면의 변화
d	Sp-re ⇔T-s	崩れる, 倒れる, 汚れる, 潰れる	우발적 발생	외부 세계와 관련
e	Sp-e ⇐T- ∮	折れる, 焼ける, ほどける, 弾ける, 割れる, 裂ける, 切れる	우발적 발생	외부 세계와 관련
f	Sp-ar ⇐T- ∮	つながる, ふさがる, 挟まる	다른 사물과 접촉 / 자동성에 근접	외부 세계와 관련
g	Sp-r ⇔T-s	転がる, 回る, 消える	다른 동력이 필요/자동성	외부 세계와 관련

(동사의 한국어 역 생략)

1) 형태적 특징

자발동사는 공통된 의미특징을 공유하는 동사의 의미적인 카테고리이다. 자발동사의 형태소는 「∮, e, r, ar, re」가 인정된다.[7] 여기에 대응하는 타동사와의 조합을 고려하여 생각해보면, 위의 표와 같이 7개의 형태적 타입으로 나뉜다. 이는 동일한 자발의 형태소를 갖는 경우

---

7 무표한 형태 「∮」와 「e」 이외에, 자발을 나타내는 형태소로 여겨지는 것은「r」이 포함되는 형태를 보인다. 「r, ar, re」가 인정된다. 후자의 형태소는 넓은 의미로써의 자동성을 나타내는 문법 범주인 수동의 형태소와도 연결됨을 알 수 있다.

라고 해도 대응하는 타동사의 형태소가 다르면, 서로 다른 의미범주를 나타내기 때문이다. 자발동사와 대응하는 타동사의 조합에서의 방향 표시는 사태 타입으로 무표한 경우가 먼저 나타나고, 반대 방향으로 파생이 일어남을 나타낸다. 예를 들어, [a]의 [Sp-ɟ ⇒ T-as]의 경우, 무표한 형태인 자발동사에서 형태소 「as」가 부가된 타동사가 파생된 다고 보는 것이다.[8] 자발동사로 무표한 형태인 것은 무표한 형태로 자발적인 의미를 나타낼 수 있다는 것이고, 이는 「ɟ」타입의 자발동사가 의미적으로도 전형적인 자발성을 나타낸다는 사실과 맞물린다는 점에서 흥미롭다.

또한 「ɟ」타입의 자발동사에서 파생된 타동사가 「as」타입의 형태소를 가진다는 점도 매우 흥미로운 사실이다. 가장 전형적인 자발동사로부터 파생된 타동사가 사역의 형태소와 흡사한 형태소 「as」를 취한다는 점에서, 자발과 사역의 대립 관계를 엿볼 수 있다.

[c]의 [Sp-ar ⇐ T-e]타입의 경우, 타동사에서 자발동사로 파생되는 타입이다. 예를 들어 「固める(katam-e-u), 굳히다」라는 타동사가 먼저 존재하고, 「固まる(katam-ar-u), 굳다」라는 자발동사가 파생됨을 말한다. [d]의 [Sp-re ⇔ T-s]타입의 경우는 동시에 양방향으로 파생된 것을 의미한다.

---

8 여기에서의 무표성이란, 현실세계에서 저절로 존재하는 사태라면 동사도 무표한 형태로써 존재할 수 있다고 보는 생각이다.

2) 유형별 의미적 특징

각 유형의 자발동사는 고유한 의미적 특징을 지니면서, 인접하는 유형과는 유사점과 차이점을 지닌다. 각 유형의 고유한 특징과 다른 유형과의 연속적인 모습을 분석해가면, [g] 타입의 방향으로 갈수록 자동사적 성질을 동시에 지니고 있다는 것을 알 수 있다.

각 타입의 의미 특징을 고찰하는 포인트가 되는 것은 우선 사태가 일어나는 모습이라고 할 수 있는데, 저절로 일어나는 사태 중에도 오로지 자연현상인 것도 있으며, 대상 이외의 어떤 것이 관여함으로써 성립되는 경우도 있다. 또 자발사태의 외부에 존재하는 제어자의 제어 실패로 인해 우발적으로 일어나는 경우도 있다. 또한 변화의 결과가 대상의 내부에 머무르는 것인지, 외부세계로의 사태영역 확장을 동반하는 것인지에 따른 바리에이션도 존재한다.

[a] 의 [Sp-ƒ ⇒ T-as] 타입이 나타내는 사태는 자연현상과 같이 저절로 일어나는 특징을 가지며, 그 변화는 대상의 내부에 머무른다. 「凍る (koor-ƒ-u, 얼다)/凍らす(koor-as-u, 얼리다)」에서도 알 수 있듯이, 대응하는 타동사의 형태소는 「as」이며, 사역의 형태소 「(s)ase」에 가까운 사역으로의 형태적 근접성에 그치지 않고 타동사의 「凍らす(얼리다)」와 사역형인 「凍らせる(얼게하다)」도 의미적으로 매우 가깝다

[b] 의 [Sp-e ⇒ T-as] 타입의 사태는 [a] 타입과 매우 유사하지만, 대응하는 타동사와 사역형의 의미 차이가 인정된다. 예를 들어 「濡れる (nur-e-ru, 젖다)/濡らす(nur-as-u, 적시다)」 의 타동사 「濡らす(적시다)」와 자발사역형의 「濡れさせる(젖게 하다)」사이에는 의미적인 차이가 나타난다.[9]

[c] 의 [Sp-ar ⇐ T-e] 타입의 경우, 타동사에서 자발동사로 파생된 타입이다. 「固まる(굳다) ⇐ 固める(굳히다)」를 예로 들어 설명해보자. 자발동사인 「固まる(굳다)」는 자연계에서 인위적인 사태의 관여를 받지 않아도 성립할 가능성을 갖지만, 일반적으로는 어떠한 관여, 예를 들어 변화하기 위해서는 어떠한 매개물을 필요로 하는 사태이다. 「染まる(물들다)」의 경우에도 변화하는 대상 이외의, 염료와 같은 다른 어떤 것이 부가되지 않으면 변화는 성립되지 않는다.

[d] 의 [Sp-re ⇔ T-s] 타입과 [e] 의 [Sp-e ⇐ T-𝑓] 타입은 우발적으로 일어나는 사태를 나타낸다. 저절로 일어나는 사태는 제어가 존재하지 않는 사태를 의미하지만, 우발적으로 일어나는 사태는 제어가 통하지 않는 사태를 의미한다. 그러나 저절로 일어나는 사태와 우발적으로 일어나는 사태는 누군가의 의도적인 제어가 없다는 점에서 공통적이다. 또한 다른 자발동사와 마찬가지로, 사역화가 가능하다. [d] 타입과 [e] 타입의 경우, 변화의 결과가 대상의 내면적 성질의 변화에 머무르지 않고, 외형적인 변화를 동반함을 알 수 있다. 예를 들어 「凍る(얼다)」는 대상의 내면에 한정된 변화를 이루는데, [d] 타입의 「崩れる(무너지다)」와 [e] 타입의 「切れる(끊기다)」의 경우, 변화 결과가 대상의 내면적 영역을 넘어, 대상과 인접한 공간으로 사태 영역이 확장됨을 볼 수 있다.

[f] 의 [Sp-ar ⇐ T-𝑓] 타입은 대상 이외의 다른 어떤 것과의 접촉이 일어남으로써 자발사태가 성립한다. 그 결과 대상은 변화를 입기 때문

---

9 자발동사의 대응타동사와 자발사역동사와의 의미적인 차이는 다음 장에서 다루기로 한다.

에 수동의 의미를 띠게 된다. 이 타입은 대상 이외의 무엇인가와 연관되어 존재하므로 외부 세계와의 관련성을 갖고, 적극적인 의미로 표현한다면 내면적인 변화를 동반하지 않는다. 이러한 점에서, 「挾まる(끼다)」와 같은 타입은 자동성을 띤다고 할 수 있다.

[g] 의 [Sp-r ⇔ T-s] 타입은 가장 자동성에 근접한 의미 특징을 지닌다. 예를 들어 「回る(돌다)」라는 사태가 성립하기 위해서는 대상의 내면적 성질 이외에도, 어떠한 동력이 필요하다. 이는 이러한 타입의 자발동사는 자동사와 연속적인 의미 특징을 띠게 되고, 사태의 발생 영역은 외부 세계와 관련을 갖고 있다. 외부세계와의 관련성이라는 개념은 자발동사와 자동사의 구별의 한 기준으로써 기능하는 「動き(움직임)」과 연관된 것이다. 「回る(돌다)」가 나타내는 공간의 이용 방식은 자동성을 나타내는 「扉が開く(문이 열리다)」에서 보이는 공간의 이용 방식과는 차이를 보이며, 대상의 내면적 성질이 사태의 성립에 관여하고 있다는 의미에서 자발성이 유지되고 있다고 할 수 있다.

2.4 자발문의 의미적 분류

이 책에서는 자발동사의 범주를 확장하여, 「ラレル」형 자발동사와 타동사로부터 파생된 「e」형 자발동사 외에, 의미적으로 자발의 정의를 만족시키는 동사를 자발동사로 인정하고 있는데, 이와 같은 자발동사는 형태적으로도 의미적으로도 몇 가지의 타입으로 나뉜다. 이 절에서는 우선 자발의 의미를 분석적으로 다시 살펴보고, 자발적 의미를 나타내게 되는 의미의 구성요소를 추출한다. 그리고 공통적인 의미를 지

니는 유형으로 자발동사를 분류하고 의미를 분석한다.

2.4.1 자발문의 의미타입

자발적 의미의 하나로 우발적으로 일어나는 사태를 인정하였는데, 우선 자발은 저절로 일어나는 사태와 우발적으로 일어나는 사태로 나뉜다. 또한 각각의 의미 타입은 하위의 의미 타입으로 나뉜다.

[A] 저절로 일어나는 사태
    1) 자연현상
    2) 생리현상
    3) 심리현상
    4) 지각현상
    5) 형상·상태의 변화
[B] 우발적으로 일어나는 사태
    1) 파괴적 상태변화
    2) 형상·상태의 변화

[A] 저절로 일어나는 사태

기존의 자발동사에 인정되는 의미 특징은 저절로 일어나는 사태이다. 저절로 일어나는 사태는 다시 다양한 의미적인 특징의 자발 사태로 나눌 수 있다.

1) 자연현상

이 타입은 자연현상으로 일어나는 자발 사태이다.

> (51) 沈黙を包む波音は、<u>夜が更ける</u>とともにくっきりと鮮やかに聞こえて
> くるような気がした。(N·P, p.218)
> 침묵을 감싸는 파도 소리는 날이 밝아옴에 따라 더욱 또렷이,
> 선명하게 들리는 것 같은 기분이 들었다.
> (52) <u>秋が深まる</u>につれ山の色はその鮮やかさを増していく。
> 가을이 깊어감에 따라 산의 빛깔도 그 선명함을 더해간다.
> (53) 次第に<u>闇は深まり</u>、どこか心細いような気持ではるかな月を見上げ
> て、なんだかとても遠くに来たような気がしていた。(哀しい, p.86)
> 차츰 어둠이 깊어져, 왠지 불안한 마음으로 멀리 떨어져 있는
> 달을 올려다보니, 어쩐지 아주 먼 곳으로 온 듯한 기분이 들었다.

자연현상의 경우, 동작주를 상정하기 어려운 전형적인 자발의 의미
를 나타낸다.

2) 생리현상

인간의 자율신경의 관할 하에 일어나는 생리현상도 의지 또는 의도
와는 관계없이, 자극에 대한 반응으로 변화가 일어나므로, 자발적 사태
영역에 들어간다고 할 수 있다.

> (54) 紘子は<u>鼓動が早まる</u>のを感じた。(愛して, p.23)
> 히로코는 심장 박동이 빨라지는 것을 느꼈다.

(55) 喉が乾いているのかアイスコーヒーを何杯もおかわりした。(ラヴレ
　　　ター, p.121)

　　　목이 마른지 아이스커피를 몇 잔이나 더 시켰다.

(56) せっかく止まりかけていた博子の目に、また涙があふれてきた。(ラ
　　　ヴレター, p.118)

　　　간신히 진정되어 가던 히로코의 눈에, 다시 눈물이 고이기 시작
　　　했다.

(57) 足が痺れて、歩けないくらいだ。

　　　다리가 저려서 걸을 수 없을 정도다.

(58) 退廃的なんじゃなくて、力が抜けるような投げやりな気分がいつも
　　　あった。(N·P, p.186)

　　　퇴폐적인 게 아니라, 힘이 빠지는 듯한 될 대로 되라는 식의 마
　　　음이 늘 있었다.

(59) 口じゃ簡単ですが、実際に柵の外へ出てみますとね、これが体が
　　　こわばってしまって、なかなか崖のすぐ手前までは近づけないもの
　　　なんですよ。(晴れた, p.50)

　　　말로 하는건 간단하지만, 실제로 울타리 바깥에 나가보면요, 이
　　　게 몸이 굳어버려서 좀처럼 절벽 바로 앞까지는 다가갈 수가 없
　　　어요.

3) 심리현상

　인간의 심리적 변화도 생리현상과 유사한 점이 있는데, 자극에 대한
반응으로 변화가 나타나므로 저절로 일어나는 자발 사태로 볼 수 있다.

(60) あんまりほめられると<u>照れる</u>のよ。(愛して, p.76)

너무 칭찬받으면 쑥스러워.

(61) ああいう手紙をもらって、嬉しかったよ。でも、正直戸惑いもした。
…… <u>慣れて</u>ないんだ。(愛して, p.74)

그런 편지를 받아서 기뻤어. 하지만 솔직히 당황하기도 했어.
…… 익숙하지 않은거야.

(62) だけど、いくら探してもリンゴの木はない。健一は<u>あきれて</u>先に劇
団に行ってしまった。(愛して, p.6)

하지만 아무리 찾아도 사과나무는 없다. 켄이치는 어이가 없어
서 먼저 극단에 가 버렸다.

(63) でも、今日君がこなかったら今夜には自殺していたかも知れない。
…… なーんて、冗談だけど。あの手紙、そのくらい<u>気が抜けた</u>
よ。(N・P, p.207)

하지만 오늘 네가 오지 않았더라면, 오늘밤 자살했지도 몰라.
…… 농담이야. 그 편지, 그만큼 기운 빠지더라.

4) 지각현상

지각적인 상태 변화를 나타내는 사태는 의도적으로 그 행위를 할 때
에는 자동사의 의미이지만, 마치 저절로 인간의 감각 기관에 인지된
것처럼 인식될 경우에는 자발의 의미를 나타내게 된다. 인간의 지각
행위는 지각하려고 하지 않아도 저절로 지각되므로 자발의 의미가 성
립되는 것이다.

(64) その時、向こうから歩いてくる<u>晃次の姿が見えた</u>。(愛して, p.72)

그 때 맞은편에서 걸어오는 코지의 모습이 보였다.

(65) 朝から元気な声が玄関口から聞こえた。(ラヴレター, p.73)

아침부터 활기찬 목소리가 현관에서 들려왔다.

(66) 車の乗り入れが規制された道路を動いて行く群衆の影は、なぜか
古い人形のように陰気に感じられた。(燃える秋, p.6)

차 통행이 규제된 도로를 따라 움직이는 군중의 그림자는, 어쩐
지 오래된 인형처럼 음산하게 느껴졌다.

(67) 外の大声がインターホンの声とダブって聞こえた。(ラヴレター, p.19)

바깥의 큰 목소리가 인터폰으로 들리는 목소리와 겹쳐서 들렸다.

(68) 何かを教えてくれるように思えた。(TUGUMI, p.32)

무엇인가를 가르쳐 줄 것처럼 여겨졌다.

(66)의 「感じられる(느껴지다)」와 (68)의 「思える(여겨지다, 생각되다)」
는 지각동사라기보다 인식동사라 할 수 있는데, 자발동사적 성격도 갖
추고 있다고 볼 수 있다.

5) 형상·상태의 변화
이 의미 타입은 동작주의 함의가 없고, 저절로 일어나는 사태에 의
해 어떠한 상태를 띠게 됨을 나타낸다.

(69) その時、シャリンと音を立てて、紘子のキーホルダーが目の前で揺
れた。(愛して, p.34)

그때, 짤랑 하는 소리를 내면서 히로코의 키홀더가 눈 앞에서
흔들렸다.

(70) <u>芝が濡れて</u>だんだんと濃い緑色に染まっていた。(哀しい, p.31)

잔디가 젖어서 점점 더 짙은 녹색으로 물들고 있었다.

(71) もうそこに生えていた<u>植物は枯れて</u>、朽ち果てていたが、玄関わきのプランターの下から合いカギを拾いだして、ドアを開けた。(哀しい, p.90)

거기에 자라고 있던 식물은 이미 시들어서 다 썩어버렸지만, 현관 옆 화분 밑에서 보조키를 찾아 문을 열었다.

(72) 高台にある<u>共同墓地も雪の中に埋もれ</u>、喪服の黒にもまだらな白がまとわりついた。(ラヴレター, p.5)

언덕에 있는 공동묘지도 눈 속에 파묻히고, 검은 상복에도 희끗희끗한 눈이 달라 붙었다.

(73) しばらく<u>会話がとぎれた</u>。(晴れた, p.19)

한동안 대화가 뚝 끊겼다.

(74) 風で<u>体がぐらぐら揺れ</u>、いまにも空中に押しだされそうになる。(晴れた, p.58)

바람에 몸이 몹시 흔들리고, 지금이라도 공중으로 떠밀릴 것만 같다.

(75) 雨音が淋しいリズムを刻んだ。<u>ガラスがゆっくり濡れて</u>いく。(N·P, p.187)

빗소리가 쓸쓸한 리듬을 새겨 넣었다. 유리창이 천천히 젖어든다.

[B] 우발적으로 일어나는 사태

이 타입은 저절로 일어나는 사태가 아니라, 의도하지 않았음에도 불구하고 우발적인 사건에 의해 일어나는 사태이다.

1) 파괴적 상태변화

파괴적인 사태에 의해 초래된 상태변화를 나타내는 의미 타입으로, 특정 동작주가 존재하지 않아, 마치 저절로 일어난 사태인 것처럼 인식되는 경우이다.

(76) 私があなたを抱えこんで、二人で血だらけになって車からはい出したの。何もかもがこわれていたわ。(哀しい, p.67)

내가 당신을 끌어안고, 둘이서 피투성이가 되어 차 밖으로 기어나갔어. 전부 부서져 있었어.

(77) 「何すんのよ、やめてよ! プライバシーの侵害!」紘子が奪い返そうとしたら、その紙は半分にビリッと破れてしまった。(愛して, p.41)

「뭘 하는 거야, 그만 뒤! 프라이버시 침해라구!」히로코가 다시 빼앗으려고 하자, 그 종이는 반으로 찢어져 버렸다.

(78) 取りだしたのは、あのセルリアン・ブルーの絵の具だ。「やっぱり…」彼からもらった絵の具は、半分潰れてしまっていた。(愛して, p.21)

골라낸 것은 밝은 청색 물감이었다. 「역시...」그에게서 받은 물감은 반 정도 찌그러져 있었다.

(79) コップが倒れて、ビールが泡を立ててテーブルに流れた。(高校教師, p.92)

컵이 넘어져서, 맥주가 거품을 내며 테이블 위로 흘렀다.

2) 형상·상태의 변화

이 의미 타입은 누군가의 의도 없이 우발적으로 일어나는 사태로,

이로 인해 형상·상태가 변화된다.

(80) しっかりしなきゃと自分の頭を二度三度コツコツ叩いたら、めまい
     がして、あたしは床に倒れた。(ラヴレター, p.60)
     제대로 하지 않으면 안돼, 하면서 자신의 머리를 두세 번 콩콩
     때리자 현기증이 나서, 나는 마루에 쓰러졌다.

(81) ふいに、隅のほうの電気が消えた。
     갑자기 구석 쪽의 전기가 나갔다.

(82) ぷつりと電球が切れた。(愛して, p.32)
     툭 하고 전구가 나갔다.

(83) へたをすると、ずるずる海まで滑り落ちることもあるんだぞ。(晴れ
     た, p.45)
     자칫 잘못하면, 질질 바다까지 미끄러져서 떨어지는 경우도 있
     다구.

자발동사의 의미 타입을 정리하면 다음과 같다.

자발문의 의미 타입

사태 타입	의미 타입	동사구의 예	보조 동사	격의 패턴
[A] 저절로 일어나는 사태	1) 자연현상	/雪が解ける, 夜が明ける, 陽が 暮れる, 秋が深まる, 曇る, 晴れる /雪が積もる, 家が埋もれる	テクル テイク	ガ ニーガ
	2) 생리현상	/喉が乾く, 体が震える, 涙が涸れる, 目が覚める /涙が溢れる, 顔がこわばる /足がしびれる, 歯がしみる, 鼓動が, 早まる	テクル テイク	ハーガ
	3) 심리현상	/照れる, 惹かれる /惚れる, あきれる, 慣れる /気が抜ける, 腹がたつ(気がする)	テクル テイク	ガーニ ハーニ
	4) 지각현상	/思われる, 見える, 聞こえる /偲ばれる, 感じられる	テクル	ニーガ
	5) 형상·상태의 변화	/ゼリーが固まる, 魚が焼ける, 岩が 砕ける, ドアが閉まる /服が乾く, 洗剤が溶ける, カーテンが揺れる, 汗がにじむ	テクル テイク	ガ
[B] 우발적 으로 일어나는 사태	1) 파괴적 상태변화	/紐が切れる, 服が破ける, 箱が潰れる /花瓶が壊れる, 木が倒れる	―	ガ
	2) 형상·상태의 변화	/水がこぼれる, 電気が消える /魚が焦げる, 服が濡れる	―	ガ

(동사구 예는 한국어 역을 달지 않았음)

위 표에서는 자발문의 의미 타입의 분류와 더불어 각 의미 타입의 특징도 기술하였다. 이하, 각 의미 타입과 보조동사와의 공기관계, 격 패턴에 대해서 분석해보자.

2.4.2 보조동사와의 공기관계

앞에서 살펴본 각각의 의미 타입은 보조동사 「シテイク(해 가다), シテクル(해 오다)」[10]와의 공기관계, 격 패턴의 면에서 차이를 보인다. 점진적인 상태변화를 나타내는 보조동사 「シテイク/シテクル」는 [A] 타입의 저절로 일어나는 사태와 공기(共起) 가능하지만, [B] 타입의 우발적으로 일어나는 사태와는 기본적으로 공기(共起)하지 않는다. 이는 우발적 사태가 나타내는 뜻과 점진적 변화라는 의미가 상충되기 때문일 것이다. 저절로 일어나는 사태의 하위 의미 타입별로 그 특징을 살펴보자. 자연현상의 경우, 화자의 입장 차이에 따라 「シテイク/シテクル」와의 공기가 가능하다.

(84) そして朝とちょうど反対の順番で色を重ねて暮れてゆく。(N·P, p.201)

그리고 아침과는 딱 정반대 순서로 색을 겹쳐나가면서, 날이 저물어간다.

(85) あたりが次第に暗くなってきた。(愛して, p.105)

주변이 점차 어두워져 갔다.

(86) 風が吹いてきた。　　　바람이 불어 왔다.

(87) 冬が訪れてくる。　　　겨울이 다가온다.

---

10 일본어의 보조동사 「シテイク」와 「シテクル」는 어휘적 의미를 남기면서 「해 가다」, 「해 오다」와 같이 쓰이는 경우로부터 변화를 나타내는 「해지다」의 의미까지 문법화의 단계에 따라 다양한 의미로 해석된다.

생리현상, 심리현상, 형상·상태의 변화의 경우도 인칭에 따라, 또는
화자의 시점에 따라 「シテイク/シテクル」가 나타난다.

(88) 油絵の一部がこすれ、絵を台無しにしているのだ。紘子は顔から
　　　血が引いていくのを感じた。（愛して，p.78）
　　　유화의 일부가 닳아서, 그림이 엉망이 된 것이다. 히로코는 얼굴
　　　에서 핏기가 사라져가는 것을 느꼈다.

(89) 三つ目の電話ボックスに近づくにつれ、紘子の胸は高鳴っていく。
　　　（愛して，p.101）
　　　세 번째 공중전화 박스로 다가갈수록, 히로코의 가슴은 두근거
　　　리기 시작한다.

(90) 泣くまいと思っていたが、自分の馬鹿さかげんにだんだん紘子は泣
　　　けてきた。（愛して，p.116）
　　　울지 않겠다고 생각했지만, 자신의 멍청함에 히로코는 점점 눈
　　　물이 나기 시작했다.

(91) ゆうべのヤケ酒とは違って、アルコールが心地よく胃に染みていく。
　　　（101番目，p.42）
　　　어젯밤 홧김에 마신 술과는 달리, 알코올이 기분 좋게 위에 스며
　　　들어간다.

(92) タオルから垂れる水が首筋まで流れて来たが、それをどうにかする
　　　余力があたしにはなかった。（ラヴレター，p.69）
　　　타올에서 떨어진 물이 목까지 흘러내렸지만, 그것을 어떻게 할
　　　여력이 내겐 없었다.

지각현상은 화자가 보거나 듣는 행위이므로 「シテイク」와는 공기하기 어렵고 「シテクル」와는 공기한다.

(93) ワトソン紙の上を走る鉛筆の音が今しも聞こえてくるようだった。(ラヴレター, p.12)

와트슨지 위를 달리는 연필 소리가 지금도 들려오는 것 같았다.

(94) 新しい未来が見えてきた。 새로운 미래가 보이기 시작했다.

(95) どうも彼が犯人のように思えてきてしょうがない。

아무래도 그가 범인인 듯 여겨져서 어쩔 도리가 없다.

2.4.3 격 패턴

자발문의 다양한 의미 카테고리는 다양한 격 체제를 갖고 나타난다.

(96) ボタンがとれそうだよ。　　　[(ジャケットの)ボタンがとれそうだよ]

단추가 떨어질 것 같아.

(97) 歯が抜けた。　　　[(私は)歯が抜けた]

치아가 빠졌다.

(98) 富士山が見える。　　　[(私に)富士山が見える]

후지산이 보인다.

(99) その話は泣ける。　　　[その話が(私に)泣ける]

그 이야기는 울린다(슬프다).

다음과 같은 격 패턴이 추출된다.

자발문의 격 패턴

	격 패턴		예 문	변화결과의 소재
[a]	Xガ	V	枝が折れる/椅子が倒れる	주어(대상) 자체
[b]	(Sハ) Xガ	V	(私は)体が暖まる	주어의 소유자
[c]	(Pニ) Xガ	V	(山に)雪が積もる /(私に)昔のことが偲ばれる	변화가 일어나는 곳
[d]	Xガ (Lニ) V		アルコールが(胃に)染みる /汗が(シャツに)にじむ	주어의 이동장소 (goal)
[e]	Xガ (Lカラ)V		ボタンが(服から)とれる	주어 본체

(X ; 대상, S ; 주어, P ; 소유자, L ; 장소, V ; 동사)

[a]의 격 패턴은 자발문의 기본적인 격 체제이며, 자발적 사태에 의한 상태변화의 결과가 대상인 주어「ガ」격에 귀속된다. [b]부터 [e]까지의 격 패턴에 대해서는 다음 절에서 살펴보자.

2.4.4 상태변화 결과의 귀속처

자발문의 주어격 보어는 심층격으로는 자발적 사태에 의한 상태변화결과의 귀속처를 나타낸다. [a]의 격 패턴의 경우, 사태에 의한 상태변화는 대상인 주어에 귀속된다. [b]의 격 패턴의 주어는 대부분 신체명사인 경우가 많고, 실제로는 '누군가는'이라는 항목이 심층에 존재한다. 따라서 상태변화 결과는 신체부분의 소유자에게 귀속된다. [c]의 격 패턴은 주어가 자발적으로 어떤 상태를 띠게 됨으로써 '누구누구에게' 또는 '어딘가에' 변화를 초래하는 사태를 나타내고, 그 결과는 변화가 일어난 곳으로 귀속된다. [d]의 격 패턴은「汗がにじむ(땀이 배다)」의 경우, 주어인「汗(땀)」가 아니라 얼굴과 같은 신체 또는 입고 있는

옷에 일어나게 되는 상태변화에 대한 표현이다.

(100) 大事な書類にインキが<u>にじんで</u>しまった。

중요한 서류에 잉크가 번지고 말았다.

(101) (私に)小さい頃のことが<u>思い出される</u>。

(내가) 어릴 적의 일이 떠오른다.

위의 두 문은 사태의 결과가 「ニ」격 보어에 귀속된다는 점에서 공통적이다. 그러나, 예문 (100)은 [d] 패턴의 격 체제를 보이는 타입으로, 「ニ」격 보어인 「書類(서류)」는 대상의 이동 장소가 되지만, 예문 (101)은 [c] 패턴 격 체제로, 「思い出される(떠오르는)」라는 행위가 이루어지는 곳으로 그 결과가 귀속된다. 이동 도착점인 장소와 행위가 이루어지는 장소는 다른 개념으로 보아야할 것이다. [e] 의 격 패턴은 탈격인 「カラ」격이 심층에 있는 문으로, 변화의 결과·상태는 「カラ」격 보어에 귀속된다.

저절로 일어나는 사태와 우발적으로 일어나는 사태의 차이와는 관계없이, 「형상·상태의 변화」를 나타내는 문은 격 패턴 [a] 로 나타난다. 생리현상과 심리현상의 일부 동사는 [b] 의 격 패턴으로, 심리현상을 나타내는 일부 동사와 지각현상을 나타내는 문은 격 패턴 [c] 로 나타나는 경우가 많다.

(102) 花瓶が<u>壊れ</u>ている。　　　화병이 부서져 있다.

(103) (私は)体が<u>暖まる</u>。　　　(나는) 몸이 따뜻해진다.

(104) (私に)物音が聞こえる。　　(내게) 소리가 들려온다.

(105) 汗が(シャツに)にじむ。　　땀이 (셔츠에) 스며든다.

(106) 皮が(幹から)剥がれる。　　껍질이 (줄기부터) 벗겨진다.

(102)의 대상인 「花瓶(꽃병)」에 자발사태가 일어난 결과가 「花瓶(꽃병)」에 남는다. (103)은 대상인 「体(몸)」에 자발적 사태가 발생한 결과가 신체의 소유자인 「私(나)」에게 남는다. (104)는 대상인 「物音(소리)」가 「私(나)」에게 상태변화를 일으킨 결과가 「私(나)」에게 남는다. (105)는 「汗(땀)」의 출현에 의해 그 사태의 도착점인 「シャツ(셔츠)」에 변화의 결과가 귀속된다. (106)은 「皮(껍질)」의 상태변화의 의해 껍질의 본체인 「幹(줄기)」에 변화의 결과가 귀속된다.

3 보이스 체계 안에서의 자발성

이 장에서는 동사의 자동성과 타동성의 개념을 재검토하여, 일본어 동사 체계와 보이스 체계 재정립의 기반이 되는 내용을 기술하고자 한다. 먼저 자동성과 자발동사의 차이에 대해 살펴보기로 하자.

3.1 자동성과 타동성의 하위 유형

자동성과 타동성은 보이스 체계 안에서 대립적 의미를 나타내면서 존재한다. 자동성은 의미적으로 재귀동사와 자동사, 자발동사로 하위 분류된다.

[1] 재귀동사 : 着る(입다), 寝る(자다), 食う(먹다)

⇒ 사역동사, 사역형[11]

[2] 자 동 사 : 開く(열리다), 並ぶ(늘어서다), 当たる(맞다)

⇒ 타동사, 사역형

[3] 자발동사 : 固まる(굳다), 凍る(얼다), 転がる(구르다),

崩れる(무너지다)

⇒ 타동사, 자발사역동사

[1]의 재귀동사는 형태적 특징으로는 2항을 취한다는 의미에서는 타동사와 공통되지만, 의미적으로는 동작주 자신으로 귀속되는 동작을 나타낸다. 따라서, 타동성이 아닌 재귀성을 띠고, 큰 의미적 틀로써는 타동성에 대립하여 자동성을 나타낸다고 할 수 있다. 재귀동사는 사역화하면 타동사와 전형적 사역의 중간적 타입인 사역동사와 전형적 사역을 나타내는 사역형의 두 종류의 사역형식의 파생이 가능하다.[12] [2]의 자동사는 주체의 움직임을 나타내는 의미 특징을 가지며, 동일한 어근의 타동사와 대응적 관계를 갖는 경우가 많다. 통상적으로는 이 타입의 자동사는 대응하는 타동사의 존재에 의해 사역형의 파생은 억제된다.[13] 대응 타동사는 사역화하여 전형적인 사역문을 파생한다.

---

11 사역동사는 재귀동사에서만 파생되는 「(s)as」형을 가리키고, 사역형은 「(s)ase」형을 가리킨다.

12 「着る(입다)」와 같은 재귀동사에서는 (a)의 사역동사 「着せる(입히다)」와 (b)의 전형적 사역형인 「着させる(입게 하다)」의 두 종류가 파생된다.

a. 花子が子供に浴衣を着せた。　　하나코가 아이에게 유카타를 입혔다

b. 花子が子供に浴衣を着させた。　하나코가 아이에게 유카타를 입게 했다

13 단지, 사역사태 즉, 간접성이 인정되는 사태의 경우, 이 타입의 자동사로부터도 사

(107) 窓が<u>開いて</u>いる。 　　　　창문이 열려 있다.

(108)＊窓を<u>開かせた</u>。 　　　　＊창문을 열리게 했다.

(109) 花子が窓を<u>開けた</u>。 　　　하나코가 창문을 열었다.

(110) 花子が子供に窓を<u>開けさせた</u>。

　　　　하나코가 아이에게 창문을 열게 했다.

[3] 의 자발동사는 자발적 상태변화를 나타내고, 동일한 어근으로부
터 파생된 대응하는 타동사를 갖는다. 이 타동사와 유사한 의미를 나
타내는 사역형인 자발사역문이 파생 가능하다.

(111) ゼリーが<u>固まった</u>。 　　　젤리가 굳었다.

(112) a. 花子がゼリーを<u>固めた</u>。 　　하나코가 젤리를 굳혔다,

　　　 b. 花子がゼリーを<u>固まらせた</u>。 　하나코가 젤리를 굳게 했다.

타동성을 나타내는 동사는 다음과 같다.

[a] 사역동사 : 着せる(입히다), 寝かす(재우다), 食わす(먹이다)

[b] 타동사 : 1) 開ける(열다), 並べる(늘어놓다), 当てる(맞히다)

　　　　　　 2) 固める(굳히다), 凍らす(얼리다), 転がす(굴리다), 崩す

　　　　　　　 (무너뜨리다)

역형이 파생되어 자발사역의 카테고리를 형성한다. 상세한 것은 6장(2.3.3절 자발
사역) 및 11장(자발동사 사역문)에서 기술하겠다.

[c] 자발사역동사 : 凍らせる(얼게 하다), 固まらせる(굳게 하다), 転が
せる(구르게 하다), 崩れさせる(무너지게 하다)

[a] 의 사역동사는 재귀동사로부터 파생되어 타동사와 「サセル」사역
의 중간적 의미인 직접사역을 나타내고, 전형적 사역문과는 다른 독특
한 통어적인 움직임을 보인다. [b] 의 타동사는 타동성을 나타내고, [c]
의 자발사역동사는 동일한 어근의 타동사와 의미적 유사성을 지니면
서도 사역문의 독특한 의미를 나타낸다.

3.2 자발성과 사역성의 대응 관계

이 책에서는 자발성을 다음과 같이 정의하였다.

> 자발성(權(2001)) : 자발이란 대상인 사물 또는 사람에게 스스로 변화를
> 일으킬 힘 또는 내면적 성질이 갖추어져 있어서, 비의도적(저절로 또는
> 우발적)으로 사태가 발생하고, 그 결과 상태변화가 일어남을 가리킨다.
>
> (번역은 필자)

자발성이 자동성과 다른 점은 내부에 변화의 가능성을 갖는 존재의
변화를 파악한다는 점이다. 따라서, 자동성이 타동성과 대립적 의미라
한다면, 자발성은 사역성과 대립적 관계에 있는 의미라 할 수 있다.
그것은 사역성의 정의로부터도 유출될 수 있다. 사역성의 개념은 다음
과 같이 제시할 수 있는데, 다음 의미소성을 모두 함의할수록 전형적
사역문에 가깝다고 하겠다.[14]

■ 사역성(權, 1999)

[사역을 구성하는 의미소성]

[a] 사태 2개를 포함한다.

[b] 관여자인 사역주와 피사역자는 [+animate] 이며 [+agent] 이다.

[c] 사역행위는 간접적이다.

[d] 기저문보다 항이 하나 증가한다.   (번역은 필자)

    자발성과 사역성의 대립적 구조로부터 자발문과 사역문의 관계가 정립된다. 자동과 타동, 자발과 사역의 관계를 나타내면 다음과 같이 동사 카테고리 간의 연속성과 대립관계를 파악할 수 있다.

동사의 연속성

    동사 카테고리 간의 형태적·의미적 특징을 표로 정리하면 다음과 같다.

---

14 사역성에 관해서는 제 2부의 5장에서 다룰 것이나, 논지의 전개 상 간단히 기술해 둔다.

동사문의 특징

	자발문	자동문	재귀문	타동문	사역문
관여자의 항	1	1	1/2	2	3
대상의 내면적 변화	있음	없음	없음	없음	없음
사태의 동(動)성	없음	있음	있음	있음	있음
동작주성	없음	없음	있음	있음	있음
타자에 대한 작용	없음	없음	없음	있음	있음
행위를 받는 이의 동작주성	–	–	–	없음	있음

(113) a. 将棋の駒が<u>並んで</u>いる。

장기 말이 늘어서 있다.

b. 太郎が将棋の駒を<u>並べる</u>。

타로가 장기 말을 나란히 세우다.

c. *太郎が将棋の駒を<u>並ばせる</u>。

*타로가 장기 말을 늘어서게 하다.

d. 先生が子供たちを一列に<u>並ばせた</u>。

선생님이 아이들을 한 줄로 서게 했다.

(114) a. 洗濯物が<u>乾く</u>。세탁물이 마르다.

b. 母は、梅雨時は、洗濯物をアイロンで<u>乾かす</u>。

어머니는 장마 때 세탁물을 다리미로 말린다.

c. 母は、梅雨時は、浴室暖房で、洗濯物を<u>乾かせる</u>。

어머니는 장마 때 욕실 난방으로 빨래를 마르게 한다.

(113)는 자동사의 통어적 현상을 살펴본 것이다. 「並ぶ(늘어서다)」에 대응하는 타동사는 (113b)이고, (113c)와 같은 사역의 파생은 불가

능하다. 당연히 전형적 사역문 (113d)의 파생은 가능하다. 즉, 사물주어를 취하는 자동사「並ぶ(늘어서다)」는 그 주어를 피사역자로 하는 사역문의 파생이 불가능하다는 것이다. 대조적으로, (114a)의 자발동사「乾く(마르다)」는 대응하는 타동사 (114b)의 「乾かす(말리다)」가 존재하는데, 자발문의 주어를 피사역자로 취하는 (114c)의 자발사역형「乾かせる(마르게 하다)」의 파생도 가능하다. (113c)와 (114c)의 차이는 기저동사의 성격 차이에 의한 것으로 분석할 수 있다. 즉, 자발성을 나타내는 동사는 사역화가 가능하지만, 대응하는 타동사를 가지면서 자동성을 나타내는 동사는 사역화가 불가능하다는 것이다. 이러한 통어적 차이를 통해서 자동사와 자발동사가 다른 범주에 속함을 검증하였다.

3.3 자발문과 사역문의 관계

자동성과 타동성이 대립되는 개념이라면, 자발성은 사역성과 대립각을 이룰 것이다. 자발동사「壊れる(부서지다), 倒れる(쓰러지다), 流れる(흐르다), 潰れる(무너지다)」에 대응하는 타동사「壊す(부수다), 倒す(쓰러뜨리다), 流す(흘리다), 潰す(무너뜨리다)」는 타동사의 형태소 [s]를 갖고 있다. [s] 계열은 사역의 형태소 [(s)ase]와 사역동사의 [(s)as]와 유사성을 갖고 있는 형태소로 볼 수 있다. 의미적으로도 사역 사태는 사역주의 사역행위와 피사역자의 자발적 사태 참여가 필요하다. 전형적 사역에 있어서는 피사역자의 의지적 동작이 동반되어야 하며, 비 전형적 사역문의 경우에도 피사역자의 위치에 오는 사물은 기

능이나 내면적 성질에 있어서 변화할 수 있는 능력이 요구된다. 이와 같이 자발과 사역은 자동과 타동의 대립과 유사한 모습으로 대립관계에 있다고 볼 수 있겠다. 특히, 자발동사로부터 만들어지는 사역문은 자발사역이라는 고유의 의미·용법을 나타내게 된다.[15]

---

15 자발동사의 사역문 파생 여부 및 성립조건 등, 자발사역문에 관해서는 제 3부, 11장에서 기술하기로 하겠다.

제2부

사역문

제5장

사역문의 특징

1 선행연구와 전제

이 장에서는 일본어의 사역문을 대상으로, 사역사태에 있어서의 관여자인 사역주와 피사역자의 의미소성(意味素性), 사역사태에 대한 의도성의 소재, 기본 동사의 성질 등, 의미적인 요소를 기준으로 사역문의 의미·용법을 분류하고, 각 용법에 관하여 기술하겠다. 사역문이 다양한 의미를 나타낼 수 있는 것은 동작주성(動作主性, agentivity)을 지니는 사역주와 피사역자가 한 문장에 포함되어 있다는 사실과 깊이 관련되어 있다. 사역문의 의미·용법을 분류함으로써 일본어의 문법 카테고리로서의 사역문의 모습을 정확히 분석할 수 있음과 동시에, 구문적·의미적 측면에서 타동사문에 연속되어가는 모습도 파악할 수 있다. 즉, 사역문의 범주를 명확히 함으로써 타동사문과 비전형적 사역문의 공통점과 차이점을 명확히 제시할 수 있을 것이다.

1.1 선행연구

사역문은 기본적으로는 사역주에게 사태를 일으키는 의도가 있는 지시(指示)의 의미를 나타낸다. 또한, 피사역자(=동작주)의 의도성이 강하게 나타나는 허가(許可), 방임(放任)의 의미를 나타내는 사역사태도 있다. 그러나 각 의미·용법을 파생시키는 요인을 추출하여, 의미·용법 간의 상관관계를 명백히 밝혀낸 선행연구는 없는 것으로 보여진다. 그러나 주목할 만한 선행연구로서 닛타(仁田, 1992)를 들 수 있다. 의미적인 관점에 의한 분류를 요약하면 다음과 같다.

■ 간접적 사역행위(間接的な働きかけ)

사역주와 동작주는 모두 유정물(有情物, +animate)이며, 사역주의 사역행위와 실제 동작이 모두 의지적인 경우에 성립된다. 동작의 계기가 사역주에 있을 때에는 지령(指令), 동작주에 있을 때에는 허가(許可), 동작이 사역주의 행위 이전에 이미 존재할 때에는 방임(放任)의 意味로 하위 분류된다.

- 母は、言いつけて、子供たちに窓ガラス洗わせた。 「指令(지령)」
  어머니는 명령해서 아이들에게 창문을 닦게 했다.
- 店主はときどき暇を与え、店員を遊びに行かせてやった。
  「許可(허가)」
  점장은 가끔 휴가를 주어서 점원을 놀러 보내주었다.
- 先生は生徒たちをしゃべらせておいた。 「放任(방임)」
  선생님은 학생들을 떠들게 내버려 두었다.

■ 직접적 사역행위(直接的な働きかけ)

실제 동작주의 동작실현에 있어서 그것을 유발시키기 위하여 직접적인 기인이 되는 행위를 사역주가 행하였을 경우이다. 다음과 같이 하위 분류된다.

- 母はときどきおどけた所作をして父を笑わせた。

「原因づくり(원인유발)」

어머니는 가끔 천진스런 행동을 해서 아버지를 웃게 만들었다.

- 彼は椅子を一回転させ、こう言った。　　　「操作(조작)」

그는 의자를 한 바퀴 돌리고 이렇게 말했다.

- 娘の成功が父をとても喜ばせた。　　　　「原因(원인)」

딸의 성공이 아버지를 무척 기쁘게 했다.

■ 비사역행위(非働きかけ)

사역주가 사태성립에 대하여 아무런 실질적인 행위를 행하지 않는 경우이다.

- 彼は戦争で息子を3人も死なせた。

그는 전쟁에서 아들을 세 명이나 죽게 했다.

- 酒ばかり飲んでいて、胃に穴を空かせてしまった。

술만 먹어서 위에 구멍이 나게 하고야 말았다. 　　(번역은 필자)

닛타(仁田, 1992)의 경우, 명쾌한 분류로 볼 수 있으나, 전형적인 사역문과 사역동사문,[1] 그리고 타동사문과의 관계에 관한 기술이 보완되어야 할 것이다. 본서에서는 위에서 기술한 관점 하에서 보다 정합성(整合性)을 띠는 사역문의 분석을 시도하고 새로운 사역문의 분류를 제시하겠다.

1.2 사역성에 관하여

사역문의 구체적인 분류에 들어가기 전에 문법카테고리로서의 사역문의 범주를 설정하고, 사역성(使役性, causativity)을 정의하기로 하자. 이는 인접 개념인 타동성의 원형(原型, prototype)과 비교하면서 전형적 사역문의 특징을 추출하여 사역문의 원형을 규정함으로써 밝혀질 것이다. 우선 전형적 사역문의 문 구조에 관하여 언급하면, 표면상의 「Xガ Yニ (Zヲ) Vサセル。」라는 문은 의미구조적으로는 「Xガ 「Yガ (Zヲ) V スル」サセル。」라는 「내포문(埋め込み文)」구조로 분석된다. 사역문은 표면상으로는 사역주라는 하나의 주어를 중심으로 하는 단문 구조이지만, 의미적으로는 사역주의 피사역자(=동작주)[2]에 대한 행위의 사태와 피사역자의 동작실현의 사태라는 두 개의 사태를 포함하는 구조로 분석할 수 있다. 우선 다음과 같이 사역문의 원형을 규정하는 기준을 설정하고 그 근거를 제시하겠다. 이하의 논의로부터 유도되는 사역성이란 동작주를 포함하는 두 사태가 존재하고, 사역주가 간접적인 행위로써 피사역자의 동작의 사태를 불러일으키는 경우, 사역성을

---

1 재귀동사로부터 규칙적으로 파생되는 사역형을 사역동사라 한다. 예를 들면 「着せる(입히다), 浴びせる(끼얹다)」류의 동사를 가리킨다.
2 사역문의 관여자에 대한 표기는, '사역주', 피사역자는 전형적인 경우는 「+agent」이므로 동작주이나, 동작주성의 동작주와 혼동되므로 일관하여 '피사역자'로 표기한다. 단, 원인사역의 피사역자는 동작주가 아니라 경험자이다.

지니는 사태라고 정의할 수 있다.

■ 사역문의 원형을 규정하는 기준[3]

(a) 복합 사태성

(b) 관여자의 성질

　－ 유정물(+animate)성과 동작주성(agentivity)

(c) 사역주의 사역행위의 간접성

(d) 1항(argument)의 증가

1.2.1 복합 사태성

사역문에는 각각 동작주를 포함하는 두 개의 사태가 함의되어 있다. 동작주란 스스로의 의지에 의해 행동하는 존재이므로, 2자 간의 힘의 관계, 이해관계가 문장의 의미에 관여할 수 있다. 이러한 의미에서 복합 사태성이 사역문을 특징짓는 중요한 요소임과 동시에 사역문의 다양한 의미·용법을 파생시키는 요인이라고 하겠다. 피사역자의 동작실현의 사태를 하나의 사태로 인정한다면, 사역주의 사역행위는 그 사태에 대한 간접적인 행위라고 할 수 있으므로, 피사역자에 대한 단순한 물리적·직접적인 행위가 아니다. 이점에서 타동사문과 구별할 수 있을 것이다.[4]

---

3 사역문의 원형을 규정하는 기준은 제 2장 1.2절 사역성의 프로토타입에서 사역문을 구성하는 의미소성으로 제시된 것과 동일하다.

4 사역문과 구별되는 의미로서의 타동사문이란, 유정물의 동작주를 주어로 하고 대상을 취하는 사태를 나타내며, 동작주를 포함하는 사태는 하나라고 할 수 있다. 이때에 대상은 유정물인 경우와 무정물인 경우가 있으나, 유정물인 경우에도 동작주로

1.2.2 관여자의 성질

사역문을 규정하는 또 하나의 요소는 관여자가 지니는 유정물(+animate)성과 동작주성(agentivity)성이라는 의미소성이다. 사역문에서는 기본적으로 사역주가 문장전체의 주어로서의 지위를 획득하고 있다해도, 피사역자의 동작실현의 사태에 있어서 피사역자가 「+animate」의 의미소성을 갖고 있는 한, 동작주로서의 의도를 갖고 사역사태에 참가한다고 볼 수 있다. 유정물이라는 것은 「太郎が次郎をなぐる(타로가 지로를 때리다)」라는 문에서의 「次郎(지로)」가 갖는 「+animate」성과는 그 성질을 달리하며, 스스로의 의지에 따라 행동하는 존재라는 뜻으로서의 동작주성을 갖고 있다는 의미이다. 즉, 전형적인 사역문의 관여자는 동작주로서의 유정물성을 지닌다고 하겠다. 예를 들면, 다음과 같은 경우에서, 관여자가 표면상으로는 「-animate」성을 띤다 해도 내면의 기능에 의해 움직이는 존재로 인식되어, 「-animate」의 관여자가 「+animate」적 존재 즉, 동작주적으로 표현되어 있다. 따라서 사역문으로 판단할 수 있다.

(1) 太郎が車を走らせた。
타로가 차를 몰았다.
(2) 電気エネルギーが機械を動かせている。
전기 에너지가 기계를 움직이게 하고 있다.

서의 성격을 지니지 않는다.

(1), (2)의 피사역자, 「車(차)」, 「機械(기계)」는 「-animate」의 의미소성을 나타내나, 동사의 「サセル」형의 영향을 받아 동작주로서 표현되어 있다. 이와 같은 동작주성의 부여도 사역성의 하나의 특징으로 들 수 있다.

1.2.3 사역주의 사역행위의 간접성

동사문의 주어가 대상(対象, accusative)에 대하여 직접적인 동작을 행하는 데 반하여, 사역문은 사역주가 직접적인 동작을 행하지는 않는다. 예를 들면, 「太郎が次郎を殴った(타로가 지로를 때렸다)」라는 타동사문의 경우, 관여자의 의미소성은 사역문과 같이 모두「+animate」이지만, 「次郎(지로)」는 동작주의 「次郎(지로)」의 의지를 무시한 직접적인 것이다. 이에 반하여 사역문의 사역주는 문의 주어로서의 주도권을 가지면서도, 피사역자에 대하여 어디까지나 동작주의 의지에 호소하는 간접적인 행위로서 임한다. 이점도 사역문과 타동사문을 구별하는 하나의 기준이 된다고 할 수 있다. 그러나 이점은 전형적인 사역문과 주변적인 사역문에 있어서 차이를 보인다.

(3) お母さんが子供に服を<u>着せ</u>ている。
어머니가 아이에게 옷을 입히고 있다.
(4) 花子が赤ちゃんにミルクを<u>飲まし</u>ている。
하나코가 아기에게 우유를 먹이고 있다.

위 예문과 같은 사역동사에 의한 사역문의 사역주는 피사역자에게 무엇인가 직접적인 동작을 행함으로써 사역사태를 성립시키고 있다. 이러한 의미적 특징이 전형적 사역문의 경우와는 상이하다는 것이다.

1.2.4 항의 증가

마지막으로 통어적인 특징으로 들 수 있는 것은 사역문의 경우, 기저문보다 항상 항(項, argument)을 하나 증가시키는 현상이 보인다는 점이다. 이상과 같이 사역성의 원형을 규정하는 4개의 요소를 설정하여 전형적인 사역문의 성격을 파악함으로써, 사역문과 타동사문의 상이점을 밝히고, 타동사문에 인접한 사역문의 성격도 정확히 파악할 수 있을 것이다.

> (5) 太郎が花子に次郎を殴らせた。
>
> 　　타로가 하나코에게 지로를 때리게 했다.
>
> (6) 太郎が花子にご飯を食べさせた。
>
> 　　타로가 하나코에게 밥을 먹게 했다.
>
> (7) 太郎が車を走らせた。　　　　타로가 차를 몰았다.
>
> (8) 太郎が車を壊した。　　　　　타로가 차를 부쉈다.

(5)와 (6)은 위에 기술한 사역성 원형의 모든 기준을 통과하나, (7)은 피사역자가 「-animate」로 기준 (b)에 위반된다. 그러나 「車(차)」 그 자체가 갖고 있는 기능에 의하여 움직이는 존재라는 점에서 최소의 동작주성을 인정할 수 있다. 또한 기준 (c)의 사역행위도 직접적이므로 타동사문에 가까운 사역문이라 할 수 있다. 그러나, (8)과 비교하면 「車

が走る(차가 달리다)」라는 사태와, 사역주인 「太郎(타로)」의 사역행위 사태라는 복합 사태성이 인정되므로 사역문 범주에 넣을 수 있다. 그러나, 이와 같은 복합 사태성도 다음과 같은 문에 있어서는 더욱 애매해 진다. 언어 사실적인 레벨을 떠나서 인간의 인식의 문제와 연관된 문제로 해석되며, 양 문장에 있어서의 논리적 의미의 차이는 거의 없다고 볼 수 있다.

(9) 花子がゼリーを冷蔵庫で固めた。
    하나코가 젤리를 냉장고에서 굳혔다.
(10) 花子がゼリーを冷蔵庫で固まらせた。
    하나코가 젤리를 냉장고에서 굳게 했다.

「ゼリーが固まる(젤리가 굳다)」라는 현상에 대하여, 동작주를 함의하는 하나의 사태로 인식할 것인가 아닌가의 차이에 따라 타동사문과 사역문으로 구별되어 사용되는 것일 것이다.

■2 근접 카테고리 간의 관계

2.1. 타동문과 직접사역문

사역문이라는 카테고리는 동사의 파생을 동반한다는 형태적 관점에서는 기본동사문인 타동사문과 차원을 달리하고 있으나, 의미적 관점에서 보면 두 문의 카테고리는 유사성을 갖고 있으며 연속성을 보인다.

(11) 太郎は客に巻き水を浴びせた。

타로는 손님에게 물을 끼얹었다.

(12) 太郎は子供にシャワーを浴びせた。

타로는 아이에게 샤워를 시켰다.

(13) 花子はマネキングに服を着せた。

하나코는 마네킹에 옷을 입혔다.

(14) 花子は子供に服を着せた。

하나코는 아이에게 옷을 입혔다.

「浴びせる(끼얹었다)」와 「着せる(입히다)」는 직접사역문을 만드는 사역동사로 각각 재귀동사 「浴びる(뒤집어쓰다)」와 「着る(입다)」의 파생형이다. (12), (14)는 직접사역문이나, (11), (13)의 경우「ニ」격보어인 「客に(손님에게)」, 「マネキングに(마네킹에)」는 피사역자가 아닌 행위의 도달점이므로 사역문이 아닌 타동사문으로 보아야 한다. 직접사역문의 경우는 단순히 행위가 미치는 대상이 아니라 사역주의 사역행위를 받으면서 최소한의 협력을 통하여 피사역자로서의 역할을 수행하고 있는 것이다. 따라서 (11), (13)의 「浴びせる(끼얹었다)」와 「着せる(입히다)」는 3항동사인 타동사에 가깝다고 보아야 한다. 한국어역을 보면, 동사가 동일한 「입히다」라도 (13)이 「마네킹에」로 번역되는 반면, (14)는 「아이에게」로 번역되어 그 차이를 확인할 수 있다. 이와 같이, 동일 형식으로 보이는 동사가 타동사문과 직접사역문을 나타낼 수 있다는 사실로부터 타동사문과 직접사역문의 연속적 모습을 확인할 수 있을 것이다.

2.2 직접사역문과 간접사역문

직접사역문의 사역주의 사역행위는 타동사문의 동작주와 유사한 직접동작을 나타낸다는 특징을 갖는다. 반면, 간접사역문의 사역주의 사역행위는 어디까지나 피사역자에 대한 비동작적 행위로 간접적으로 피사역자인 동작주로 하여금 직접적 동작을 이행하도록 만드는 것이다. 다음 예문을 통하여 간접사역문과 직접사역문의 연속적 모습을 살펴보기로 하자.

(15) 先生は太郎にモーツァルトを聞かせた。
선생님은 타로에게 모차르트를 들려줬다.
(16) 先生は、ピアノを弾いて、太郎にモーツァルトを聞かせた。
선생님은 피아노를 쳐서 타로에게 모차르트를 들려줬다.
(17) 先生は、宿題を出して、太郎にモーツァルトを聞かせた。
선생님은 숙제를 내서 타로에게 모차르트를 듣게 했다.

사역문 (15)의 의미해석은 문맥에 따라 간접사역문과 직접사역문으로 달라질 수 있다. 사역행위가 직접성을 띠는 (16)의 경우는 직접사역문으로 해석되는 반면, 간접적 사역행위를 나타내는 (17)은 전형적인 간접사역문의 의미가 된다. 한국어역의 경우, (17)은 「게 하다」형을 취하고 있다는 사실로부터도 간접사역문임을 알 수 있을 것이다. 「聞かせる(들려주다)」의 기저동사 「聞く(듣다)」는 재귀동사로 사역형이 되면 직접사역의 의미를 나타낼 수 있다. 재귀성 기저동사로부터 파생되는 사역문의 경우, 문맥의 차이에 따라 간접사역과 직접사역으로 의미해

석이 달라지게 되어, 두 동사문의 연관성을 엿볼 수 있는 것이다. 재귀성 기저동사로부터 파생되는 사역형의 존재가 직접사역과 간접사역의 연속적 관계를 말해 주고 있는 것이다. 이러한 현상은 타동성의 기저동사에서 파생되는 사역문에서는 나타나지 않는다.

> (18) 先生は太郎にボールを<u>運ばせた</u>。
> 선생님은 타로에게 공을 옮기게 했다.
> (19) 先生は太郎にゴールを<u>守らせた</u>。
> 선생님은 타로에게 골대를 지키게 했다.

위 예문은 문맥이 개입한다 해도 직접사역으로 해석할 수 있는 가능성이 없어 간접사역의 의미만이 가능하다.

3 사역문의 의미적 특징

사역문의 의미·용법에 관해서는 다음 장에서 다루기로 하고 이 장에서는 사역문을 구성하는 참여자와 관련된 의미적 특징을 살펴보기로 하겠다. 사역문은 주어인 사역주와 피사역자인 동작주가 유생의 존재로 스스로의 의지를 갖고 행동한다. 따라서 유생의 사역주와 피사역자의 역동적 관계로 인하여 다양한 의미·용법이 파생되는 것이다. 동사의 파생을 통한 문법카테고리 중 사역문 만큼 다양한 의미를 나타내는 문은 없다. 다양한 의미·용법을 갖는다는 것 자체가 사역문의 의미적 특징이라고 할 수 있을 것이다.

3.1 사역행위의 특징

사역문의 사역주의 행위는 유생의 존재, 주로 인간에 대한 행위이므로 다양성을 띤다. 타동사문의 주어는 직접적 동작을 통하여 타동적 사태를 일으키는 동작주이나, 사역주는 직접적 동작을 행하지 않는다는 점에서 타동사문의 동작주와 차이를 보인다. 사역주의 사역행위는 피사역자인 동작주에 대하여 주로 언어적 수단을 통하여 전달되어진다. 언어적 수단을 통하여 전달되어지므로, 이를 받아 피사역자가 동작을 일으키는 사태는 어디까지나 피사역자의 의지에 일임된다. 그럼에도 불구하고, 사역주의 피사역자에 대한 제어력은 강력한 것이라고 볼 수 있다. 사역문의 의미·용법 중 가장 대표적인 것이 지시사역 또는 강제사역이라 불리는 이유가 여기에 있을 것이다. 강력한 제어력을 갖는 사역행위라 할지라도 피사역자의 의지적 동작에 의존할 수밖에 없으므로, 사역주가 의도하는 사역사태는 결과성을 함의하지 않는다. 이러한 현상들은 의지적 존재인 사역주와 피사역자의 역동적 관계로 말미암아 발생한다고 볼 수 있다.

지시사역과 허가사역의 경우는 언어적 수단에 의한 사역행위가 일어나는 반면, 외면적으로 드러나는 실질적인 행위가 일어나지 않고, 사역주가 사태의 발생을 인지하면서도 적극적인 개입을 행하지 않는 방치사역이 있다. 또한, 사역주의 의지와는 상관이 없는 비사역행위의 사역의 의미도 존재하며, 본서에서는 이를 의사사역문으로 취급한다.

이 경우 동일 사태를 수동문으로도 표현할 수 있다.

> (20) 後藤さんは交通事故で息子を死なせた。
> 고토씨는 고통사고로 아들을 죽게 했다.
> (21) 後藤さんは交通事故で息子に死なれた。
> 고토씨는 고통사고로 아들이 죽어 힘들다.

간접수동문 (21)이 나타내는 객관적 의미는 (20)의 비사역행위의 사역문과 동일하다. 사역문이 사역주가 일어난 사태에 대하여 일말의 책임감을 느끼며 발화한 것이라면, 간접수동문의 경우는 일어난 사태로 인하여 영향을 받은 사태를 표현하고 있는 것이다. 사역문과 간접수동이라는 언 듯 보기에는 반대 개념으로 보이는 두 문의 치환이 가능한 것은 두 문 모두 내포구조를 갖고 있기 때문이라는 것이다.

> (22) 「後藤さんが 「交通事故で息子が死ぬ」 させた」
> 「고토씨가 「교통사고로 아들이 죽다」 게 했다」
> (23) 「後藤さんが 「交通事故で息子が死ぬ」 された」
> 「고토씨가 「교통사고로 아들이 죽다」 당했다」

타동성과 근접 관계에 있는 사역문의 의미는 주어인 사역주의 책임감을 나타내는 것이고, 수동문은 일어난 사태에 의해 수동적으로 주어가 영향을 입는다는 의미를 나타내는 것이다.

3.2 피사역자의 행위의 특징

사역문의 피사역자는 사역주의 사역행위를 받아 행동을 일으키는 존재이므로 동작주이다. 그러나 사역 사태를 일으키는 동기는 사역주에게 있고 사역주의 의도를 받아들여 실질적 행위를 실행하는 존재이다. 따라서 사역행위를 받는다는 의미에서는 수동적 존재라 하겠으나 실질적 행위를 수행한다는 의미에서는 능동적이고 의지적 존재인 것이다.

자동사를 기저동사로 하는 사역문의 피사역자는 여격보어 「ニ」격을 취할 경우와 「ヲ」격을 취할 경우가 있을 수 있다. 「ヲ」사역문의 경우가 「ニ」사역문에 비하여 사역주의 피사역자에 대한 사역행위에 강제성이 함의된다고 보는 것이 일반론이다. 이것은 「ヲ」격의 대격보어가 타동사문에 있어서의 대상(accusative)이기 때문이라고 분석된다. 대상은 스스로의 의지로 행동하는 존재가 아니라 전적으로 행위를 입는 수동적 존재이기 때문이다.

    (24) 太郎が<u>次郎を殴った</u>。

        타로가 지로를 때렸다.

    (25) 太郎が<u>次郎を走らせた</u>。

        타로가 지로를 달리게 했다.

    (26) 太郎が<u>次郎に</u>グラウンドを<u>走らせた</u>。

        타로가 지로에게 운동장을 달리게 했다.

사역문 (25)의 피사역자 「次郎を(지로를)」는 타동문 (24)의 대상 「次

郎を(지로를)」와는 달리 스스로의 신체적 능력을 발휘하여 사역사태를 성립시키고자 행위를 실행하는 존재이다. 그러나, (26)의 「次郎に(지로에게)」와 비교하면 스스로의 의지와는 상관없이 강제적으로 행위를 실행하도록 강요받는 뉘앙스가 강하다고 볼 수 있다.

■4■ 사역문의 통어적 특징

사역문은 일부 무의지동사를 제외한 대부분의 동사로부터 파생된다. 대응하는 타동사 짝을 갖는 자동사의 경우 사역형의 파생이 일어나지 않는다는 선행연구가 있으나, 단순형인 타동사가 있음에도 불구하고 타동 사태와는 차별되는 사역사태의 조건이 충족될 경우, 무생주어 자동사의 사역문이 성립되는 것이다.[5]

    (27) 木の実が<u>なる</u>。   열매가 열리다.

    (28)*いい天気が木の実を<u>ならせた</u>。

    (29) アンテナが<u>倒れた</u>。   안테나가 쓰러졌다.

    (30) 細工をしてアンテナを<u>倒れさせた</u>。

        장치를 해서 안테나를 쓰러지게 했다.

(27)의 자동사는 사역문이 파생되지 않으나, (29)의 자동사는 (30)과 같이 사역문이 성립된다.

---

5 자발동사의 사역문 파생에 관해서는 제 1부 4장과 제 3부 11장에서 기술함.

사역문은 내포구조를 갖고 있어 간접수동문과 구조적으로 유사성을 갖고 있기 때문에 객관적으로 동일한 사태를 간접수동문으로도 사역문으로도 나타낼 수 있음을 살펴 본 바 있다. 그러나 이러한 구조는 전형적인 사역문의 경우로 인식·감정동사로부터 파생된 사역문, 타동사문에 근접한 사역문, 직접사역문 등 구문적 특징을 달리하는 경우도 존재한다.

(31) 私が母を泣かせた。　　　　내가 어머니를 울렸다.

(32) その悩みが僕を悩ませた。　그 고민이 나를 고민에 빠뜨렸다.

(33) 子供がボールを転ばせた。　아이가 공을 굴렸다.

(34) 兄が鐘を鳴らせた。　　　　형이 종을 울렸다.

(31), (32)의 인식·감정동사의 사역문은 내포구조를 갖고 있다는 점에서는 공통성을 유지하고 있으나, 피사역자가 「ニ」격보어를 취하지 못하고 「ヲ」격보어가 된다는 점에서 차이를 보인다. (33), (34)의 조작사역문의 경우도 피사역자를 「ヲ」격보어로 마크한다는 점에서 인식·감정동사의 사역문과 공통된다. 그러나, 인식·감정동사의 사역문과는 달리, 「転ばせる(굴리다)」는 타동사 「転ばす(굴리다)」로, 「鳴らせる(울리다)」는 타동사 「鳴らす(울리다)」로 대체해도 의미가 유사하다는 점을 고려하면 타동사문에 매우 근접해 있다고 볼 수 있다. 직접사역문의 경우는, 재귀타동사로부터 파생되는 경우에는 피사역자를 「ニ」격보어로 마크하고, 재귀자동사로부터 파생되는 경우에는 「ヲ」격 보어로 마크한다.

(35) お母さんが<u>赤ちゃんにミルクを飲ませた</u>。

어머니가 아기에게 우유를 먹였다.

(36) 姉が<u>弟を寝床に寝かせた</u>。

언니가 동생을 침상에 눕혔다.

직접사역문은 다음과 같이 간접사역문과 문 구조가 다르다.

(37) <u>母が花子に自分の部屋で着物を着させた</u>。

어머니가 하나코에게 자기 방에서 기모노를 입게 했다.

(38) <u>母が花子に自分の部屋で着物を着せた</u>。

어머니가 하나코에게 자기 방에서 기모노를 입혔다.

간접사역문인 (37)의 경우, 재귀대명사의 선행사는 사역주인 「母(어머니)」와 피사역자인 「花子(하나코)」가 될 수 있다. 반면, 직접사역문인 (38)의 재귀대명사는 사역주인 「母(어머니)」만이 선행사가 될 수 있다. 즉, 직접사역문은 내포구조를 갖고 있지 아니하므로 전형적 사역문의 중요한 의미소성인 간접성을 갖고 있지 않다는 것이다. 사역행위의 간접성이라는 점에서는 인식·감정동사의 사역문과 조작사역문보다 직접사역문이 타동사문에 가깝다고 할 수 있다. 그러나 피사역자가 유생의 존재라는 점에서 전형적 사역문과 공통점을 갖는다.

제6장

사역문의 의미·용법

1 새로운 의미·용법의 제시

제1부 2장에서는, 전통적으로 인정되어 온 간접 사역문에 더하여, 사역주의 직접행위가 특징인 직접 사역문을 고유한 사역문의 하위 부류로 인정하였다. 물론 직접사역문의 경우는 타동사문에 근접하는 의미영역을 가지므로, 간접 사역문이 보여 주는 다양한 의미·용법의 파생은 보이지 않는다.

사역문의 의미·용법의 분석 및 분류에 들어가기 전에, 선행연구에서는 제시되지 않은 새로운 의미·용법에 관하여 간단히 살펴보기로 하겠다.

1.1 직접사역의 생산적 파생

사역문의 기술에서 직접사역과 간접사역이 사역문으로서의 공통 분모를 가지면서도, 문장구조와 파생의 형태, 그리고 의미의 측면에서 상이점을 갖는 범주임을 명확히 제시할 필요가 있다.

직접사역의 생산성에 관한 논의는 학술적 논의의 단계를 넘어 일본어 교육의 현장에서도 그 논의의 결과가 도입되어야 한다. 타동사와 직접사역, 간접사역의 관계를 이해하기 위하여, 사역 형식인 「サセル」형과 함께 「サス」형의 생산성에 관한 논의가 제시되어야 한다. 의미적으로는 전자가 간접사역을 나타내고, 후자가 직접사역을 나타냄으로써 의미와 형태가 일치하는 현상을 보여 주고, 「サス」형 직접사역도 공통의 의미영역을 갖는 동사들로부터 규칙적이고 생산적으로 파생된다는 것이 제시되어야 할 것이다.

한국어의 경우 접사 「이, 히, 기, 리, 우, 구, 추」[1]를 이용한 사역동사와, 「게 하다」[2]형을 이용한 간접사역이 존재한다. 또한 스페인어 및 불어에도 두 형태의 사역문이 존재하며, 긴 형 사역(long-term causative, 간접사역)과 짧은 형 사역(short-term causative, 직접사역)으로 구분하기도 한다. 일본어의 경우, 종래에는 「サセル」형이 간접사역과 직접사역을 모두 담당하고 있다고 하였다. 그러나 간접사역과 직접사역의 의미를 동시에 갖는 동사가 한정되어 있다는 분석은 찾아볼 수 없었으며, 이러한 동사들에 한정되어 단형인 「サス」형이 파생된다는 분석도 없었다.

간접사역문은 물론 직접사역문의 파생이 가능한 동사들은 재귀성이라는 의미적 공통점을 갖는다. 즉, 재귀성을 띠는 동사들로부터는 「サ

---

1 이하, 「이」형으로 대표시키기로 하겠다.
2 「게 하다」는 부사형 접미사 「게」에 형식동사 「하다」가 후접된 형태로, 우언적(迂言的, periphrastic) 사역을 담당한다.

セル」형의 간접사역문과「サス」형의 직접사역문이 모두 파생되는 것이다. 재귀동사로는 다음과 같은 동사를 인정할 수 있다.[3]

[A] 着る(입다), 被る(쓰다), はおる(걸치다), 覆く(신다), 握る(쥐다), 持つ(들다), つかむ(잡다), 担ぐ(지다), 背負う(지다), 抱く(안다), 脱ぐ(벗다), 浴びる(뒤집어쓰다), 食べる(먹다), 飲む(마시다), 臭ぐ(맡다), 読む(읽다), 聞く(듣다), 書く(쓰다)

[B] 座る(앉다), 立つ(서다), 起きる(일어나다), 眠る(자다), うなずく(끄덕이다), 歩く(걷다), 走る(달리다), 遊ぶ(놀다), 泣く(울다), 笑う(웃다)

[A] 류는 표면상 2항을 취하는 동사 즉,「ヲ」격보어를 취하는 동사이고, [B] 류는 표면상 1항을 취하는 동사이다. 상기의 동사로부터「サス」형 또는「セル」형의 직접사역이 파생된다. 직접사역을 나타내는「サス」형을 사역동사라 하여,「サセル」형과 구별하는 것도 하나의 방법이라 하겠다. 위 재귀동사에서 다음과 같은 사역동사가 파생된다.

[A'] 着せる(입히다), 被せる(씌우다), はおらす(걸쳐주다), 覆かす(신기다), 握らす(쥐이다), 持たす(들리다), つかます(잡히다), 担がす(지우다), 背負わす(지우다), 抱かす(안기다), 脱がす(벗기다), 浴びせる(뒤집어씌우다), 食べさす(먹이다), 飲ま(먹이다), 臭がす(맡히다), 読ます(읽히다), 聞かす(들리다), 書かす(쓰게하다)

---

3 權(1998)에 의거함.

[B'] 座らす(앉히다), 立たす(세우다), 起こす(일으키다), 眠らす(재우다), うなずかす(끄덕이게하다), 歩かす(걸리다), 走しらす(달리게하다), 遊ばす(놀리다), 泣かす(울리다), 笑わす(웃기다)

   (1) a. お母さんが子供に(命じて)ミルクを<u>飲ませた</u>。
        어머니가 아이에게 (명령해서) 우유를 먹게 했다.
     b. お母さんが子供に(ほにゅうびんで)ミルクを<u>飲ませた</u>。
        어머니가 아이에게 (젖병으로) 우유를 먹였다.
   (2) お母さんが子供にミルクを<u>飲ました</u>。
      어머니가 아이에게 우유를 먹였다.

현대일본어에서 「サセル」형은 위에 제시한 재귀성을 띠는 동사로부터는 간접사역의 의미와 직접사역의 의미를 모두 나타낼 수 있다. (1a)와 같은 문맥에서의 「飲ませる(먹이다)」는 「마시게 하다」 즉, 간접사역의 의미를 나타내고, (1b)와 같은 문맥에서는 「먹이다」 즉, 직접사역의 의미를 나타낸다. (1b)의 직접사역의 의미는 (2)의 직접사역형 「サス」형으로의 변환도 가능하다.[4] 종래에는 「サセル」형이 문맥에 따라 간접사역과 직접사역을 나타낼 수 있는 현상에 대하여, 「(服を)着る(옷을

---

4 「サス」형에 관해서는 관서방언에 불가하다라는 설명도 있다. 그러나 관서방언에서도 모든 동사로부터 「サス」형이 파생되는 것이 아니다. 또한, 「サス」형은 「サセル」형이 사역의 형태소로 사용되기 이전부터 사역의 형태소로서 널리 사용되던 형태이다. 이러한 형태가 새로운 형태의 출현으로 인하여 파생의 범위가 한정되면서 방언에 남았다고 설명하는 것이 타당할 것이다. 그리고 공통어로서도 「サス」형이 특정한 의미의 동사로부터 한정적으로 파생되면서 생산성도 인정되므로 규칙적인 사역의 파생의 형태소로 인정되어야 할 것이다.

입다), (靴を)履く(구두를 신다), (帽子を)かぶる(모자를 쓰다)」와 같은 특수한 동사에 한정되는 것이라는 분석이 지배적이었다. 또한, 「サス」형 직접사역의 형태를 생산적으로 파생된 사역형으로 인정하지 않았다. 그러나 상기에 제시된 재귀동사로부터 「サス」형이 파생되며, 이들이 재귀성이라는 의미적 범주를 함께 갖는다면 생산적 파생으로 보아야 할 것이다. 사역문의 체계적인 이해를 위하여, 또한 체계적인 의미 용법의 분류를 위해서는 사역문의 구조의 이해와 함께 직접사역에 관한 이해가 필수적이다. 간접사역과 직접사역의 연속성과 상이점을 이해하는 것이 사역문과 타동사와의 연속성의 이해에도 유용할 것이다.

1.2 원인사역 재고

직접사역과는 다른 관점에서, 원인사역과 자발사역이 비전형적 사역으로 분류된다. 원인사역은 「驚く(놀라다), 思い出す(생각해 내다), 落ち込む(좌절하다), 失望する(실망하다), 感じる(느끼다), 苛立つ(안절부절 못하다)」 등과 같이 인식·감정동사로부터 파생되며, 자발사역의 경우는 「冷める(식다), 燃える(타다), 固まる(굳다), 壊れる(부서지다), 転がる(구르다)」와 같은 자발동사로부터 파생된다. 자발사역의 경우, 자발동사의 대응 타동사 즉, 「冷ます(식히다), 燃やす(태우다), 固める(굳히다), 壊す(부수다), 転ばす(굴리다)」와 의미적 유사성을 갖고 있기 때문에 논의의 대상이 되어 왔다.[5]

필자는 자발성이라는 의미적 공통 분모를 갖는 동사의 의미카테고

---

5 자발사역에 관해서는 제 3부 11장에서 구체적인 논의를 진행하겠다.

리가 존재하고, 이들로부터 사역문이 생산적으로 파생되므로, 대응하는 타동사와는 다른 의미적·통어적 역할을 하는 독특한 카테고리로 인정되어야 한다는 입장을 주장한 바 있다. 자발사역문의 경우, 문장구조가 전형적 사역의 문장구조와는 달리, 원인 제공자로서의 사역주와 대상적인 성격의 피사역자인 2항을 취하고 있다. 즉, 동작주와 대상의 격틀을 갖는 타동사문과 문장의 틀이 유사하여, 사역주와 피사역자라는 2항을 취하는 사역문인 것이다. 이러한 의미에서 타동사문에 근접하는 사역문이라고 할 수 있다.

2 의미·용법 분류

다음과 같은 기준에 의하여 사역문의 의미·용법을 분류 하고, 각 의미·용법의 성립조건과 특징에 관하여 살펴보자. 기준이 되는 요소는 사역문의 프로토타입을 규정하는 요소를 포함하여, 사역주와 피사역자의 어느 쪽이 사역사태에 대하여 강한 의도를 갖고 있는가 라는 점, 두 사태의 어느 쪽이 시간적으로 선행하는가 라는 점과 기본동사의 성질 등이다.

2.1 분류에 관여하는 요소

지금까지의 사역성의 분석을 통하여 다음과 같은 분류의 기준을 세워 사역문의 의미·용법을 분류할 수 있다.

① 사역주의 의미소성

② 피사역자의 의미소성

③ 사역사태에 대한 의도성의 소재

④ 사역주의 사역행위의 성질

⑤ 사태 간의 계기 관계

⑥ 기본동사의 성질

의미·용법은 다음의 10가지를 들 수 있다.

    (3)   左手の玄関近には植木屋に運ばせたばかりでまだ支柱をはずせな
        い松の木が、不安定に立って、さかんに雫を垂らしている。(伸子,
        p.52)「지시」
        왼쪽 현관 근처에는 화원에서 막 배달해 와서 아직 지주 대를
        풀지 않은 소나무가 불안정하게 서있고, 물방울이 뚝뚝 떨어지
        고 있다.

    (4)   僕は睡眠薬を飲まされ、海に沈められることになっていたんだが、
        そのことに気がついて、ジュースのコップをすり替え、逆にその男に
        睡眠薬を飲ませた。(赤(上), p.182)「유도-이익수수-」
        나는 수면제가 먹여져 바다에 수장되게 되어 있었는데, 그 사실을
        눈치채고 주스 컵을 바꿔 반대로 그 남자에게 수면제를 먹였다.

    (5)   どこに美味しい店があるかとか、そういうことだけはよく知っているん
        だと僕は言った。そして美味しい物を食べさせる店を捜してまわる
        仕事の話をした。(ダンス(上), p.215)「유도-이익부여-」
        어디에 맛있는 가게가 있는지 라든가, 그런 것만은 잘 알고 있거

든, 이라고 나는 말했다. 그리고 맛있는 음식을 먹여주는 가게를
찾아 다니는 일에 관한 이야기를 했다.

(6) 人にはさわらせないほどに後生大事にしている古い小さな写真を、
善吉はメモでも見るように無造作に指先で瓜んでいる。(伸子,
p.62)「허가」

남에게는 못 만지게 할 정도로 아주 소중히 간직하던 낡은 작은
사진을 센키치는 메모라도 보듯이 아무렇게나 손끝으로 잡고 있다.

(7) 僕は黙って彼にしゃべらせておいた。(ダンス(下), p.241)「방임」

나는 잠자코 그에게 말하도록 내버려 두었다.

(8) 「いつまで待たせるつもりだったの、雪が降ってしまうわよ」 (伸子,
p.76)「방치」

언제까지 기다리게 할 셈이었어, 눈이 내리겠어.

(9) そして落ちついてきたらまた汗を拭いて、寝巻きを着せて、寝か
しつけたの。(ノル(下), p.246)「직접적 사역행위」

그리고 안정되자 땀을 닦고 잠옷을 입혀서, 재웠어.

(10) 穴をすっかり埋べてしまうと、僕はシャベルを車のトランクに入れ、
高速道路にもどった。そしてまた音楽を聴きながら東京に向けて車
を走らせた。(ダンス(上), p.37)「조작」

구멍을 완전히 메우자 나는 삽을 차 트렁크에 넣고 고속도로로
돌아왔다. 그리고 또 음악을 들으면서 도쿄를 향해서 차를 운전
했다.

(11) 僕は戦争で息子を死なせた。「비사역행위」

나는 전쟁으로 아들을 잃었다.

(12) 美代子は前夜、美容院で髪をみじかく切っていて、そのことが絹

子を驚かせたようだった。(赤(上), p.208)「원인」

미요코는 어젯밤, 미용실에서 머리를 짧게 잘라서, 그 사실이 기누 코를 놀라게 한 것 같다.

(12)와 같이, 사역주가 무정물일 경우에는 원인사역문이 된다. (3)부터 (8)과 같이, 사역주가 유정물이고 피사역자도 유정물일 경우에 한하여 다양한 의미·용법을 나타낼 수 있다. 이것은 양자가 동작주성, 특히 「+human」이라는 의미소성을 가짐으로써 전개되는 사역문의 의미의 바리에이션이라고 볼 수 있다. (9)는 사역주의 사역행위가 직접적이라는 점에서 (8)까지의 사역문과 구별되며, 사역주가 동작주로서의 성격을 띠고 있으므로 전형적인 사역문에서 멀어져 타동사문에 접근해 가는 사역문이라고 할 수 있다. 그러나 피사역자의 동작은 사역주의 일방적인 사역행위를 강제적으로 받는 존재가 아니라, 사역주의 사역행위를 받으면서도 스스로의 의지를 갖고 동작을 수행하고 있다. 즉, 사역주가 직접 동작을 행한다는 점에서는 타동사문과 공통점을 지니고, 피사역자가 타동사문의 대상과는 달리 항상 「+animate」이며, 동작주로서의 성격을 잃지 않고 있다는 점에서 타동사문과 차이점을 지닌다.

다음으로 (10)의 사역문은 구문적으로 보다 더 타동사문에 접근하는 경우이다. 명사구를 두 개 취한다는 점과 「車(차)」가 타동사문의 대상이 가지는 의미소성과 같은 「-animate」라는 점에서 타동사문에 가까운 사역문이다. 일반적으로 대상이 어떠한 기능을 가지는 존재로 인식될 때 사역문으로 판단할 수 있다. 이 사실과도 상통하는 사실로써, 사역문의 기본적인 특징인 복합 사태성을 내포하고 있을 경우 사역문의 범

주에 포함할 수 있을 것이다. 즉, 「車が走る(차가 달리다)」라는 사태와 「車を運転する(차를 운전하다)」라는 사태를 별개의 사태로 인정한다는 점이 이러한 유형의 문을 사역문으로 분류하는 근거라고 할 수 있다. 즉, 「車(차)」에 대하여 동작주성을 인정한다는 뜻으로, 이러한 복합 사태성은 타동사문에는 인정되지 않는다. 이상 사역문의 의미·용법을 개략하였으나, 각 용법에 관하여 차례로 보아 가기로 하겠다.

2.2 전형적 사역표현

사역문의 의미용법을 크게 전형적인 경우와 비전형적인 경우로 나누어 제시하는 것이 의미·용법 간의 복잡한 관계를 이해하는 데 도움이 될 것이다. 전형적인 사역이란 사역주와 피사역자, 기저문에 있어서의 대상이라는 3항을 취하며, 사역주의 사역행위가 직접동작이 아닌 간접적 행위를 행한다는 특징을 공유한다.

2.2.1 지시사역

사역주와 피사역자가 모두 「+animate」의 의미소성을 가지며, 사역주의 문장의 주어로서의 의도가 전면에 나타나는 문이다. 사역주의 사역행위는, 주로 언어적 수단에 의한 지시를 통하여 의도하는 사태의 성립을 도모하는 행위이다. 이러한 사역행위를 받아 피사역자는 의지적 존재로서 동작을 실행함으로써 사역주가 의도하는 사태의 성립을 대행하게 된다.

(13) 勝保が君恵に証券や株券などを<u>持ち出させた</u>のかも知れない。

가츠마타가 기미에에게 증권이나 주식 등을 가져나오게 했을지
도 몰라.

(14) 哲君に一人で魚を<u>食べさせた</u>りしてごめんなさい。

데츠에게 혼자 생선을 먹게 해서 미안해.

(15) 警察がいつここを<u>調べさせる</u>か分からない。

경찰이 언제 이곳을 수색하게 할지 몰라.

「持ち出す(반출하다), 食べる(먹다), 調べる(조사하다)」 등 인식·감정
동사와 자발동사를 제외한 대부분의 동사로부터 지시사역의 의미·용
법을 만들 수 있다.

2.2.2 유도사역

지시사역과 같이 사역주가 피사역자의 동작실현의 사태와 직접적인
관련성을 띠는 사역행위는 행하지 않고, 유도에 의한 간접적인 행위를
함으로써 의도하는 바를 피사역자로 하여금 행하게 하는 경우이다. 이
익수수 용법과 이익부여 용법으로 나눌 수 있다. 먼저, 유도-이익수수
용법은 피사역자의 동작실현에 의하여 사역주 자신에게 이익이 환원
되는 경우이다.

(16) あのプライドが高く、容易に胸のうち<u>明かそう</u>としない坂崎、そん
なことを<u>言わせる</u>まで追いつめてしまったのは、ほかの誰でもない
美代子に責任があった。(赤(上), p.126)

그 프라이드 높은 쉽게 속마음을 말 안하는 사카자키, 그런 걸 말하게 할 때까지 궁지에 몬 건, 다른 누구도 아닌 미요코에게 책임이 있었다.

(17) まさか夫が、七年も前から自分を憎み、佐石の子供を<u>育てさせて</u>いるとは、思いもよらぬことであった。(永点(上), p.236)

설마 남편이 7년이나 전부터 나를 미워해서 사이시 아이를 기르게 했다고는 꿈에도 생각 못했다.

(18) 香子が進み出ようとすると、「動かないで」と、辻井浜子の手にナイフがあった。「これ<u>使わせ</u>ないでちょうだい」(青春, p.268)

가오르코가 앞으로 나서려하자, '움직이지 마' 하고, 츠지이 하마코 손에 칼이 쥐어 있었다. '이걸 쓰게 하지 마'

사역주가 주도권을 갖고 피사역자를 컨트롤하면서도 그 사역행위에 의하여 피사역자에게 이익을 부여하고자 하는 의도가 있으면 유도-이익부여의 의미를 나타낸다. 즉, 유도-이익수수는 피사역자의 행위의 실현에 의한 이익이 사역주에 귀속하나, 그 이익이 피사역자에 귀속하는 경우에는 유도-이익부여의 의미가 된다.

(19) どこに美味しい店があるかとか、そういうことだけはよく知っているんだと僕は言った。そして美味しい物を<u>食べさせる</u>店を捜してまわる仕事の話した。(ダンス(上), p.215)

어디에 맛있는 가게가 있는지 라든가, 그런 것만은 잘 알고 있거든, 하고 나는 말했다. 그리고 맛있는 음식을 먹여주는 가게를 찾아다니는 일에 관해 이야기했다.

(20) 僕は明治神宮を出て、原宿の裏通りにある美味しいコーヒーを<u>飲ま</u><u>せる</u>店で熱くて濃いコーヒーを飲んだ。そしてのんびりと歩いて家に帰った。(ダンス(下), p.160)

나는 메이지징구를 나와 하라주쿠 뒷골목에 있는 맛있는 커피를 먹여주는 가게에서 뜨겁고 진한 커피를 마셨다. 그리고 천천히 걸어서 집에 돌아왔다.

(21) 「だからさ」と僕はベッドの上に腰を下ろして言った。「そこの部分だけを端切ってほしいんだよ。他のところは全部我慢するから。跳躍のところだけをやめて僕を<u>ぐっすり眠らせてくれ</u>ないかな。」(ノル(上), p.33)

'그러니까' 라고 나는 침대 위에 앉아서 말했다. '그 부분만 빼면 좋겠어. 다른 건 전부 참을테니까. 도약 부분만 그만 두고 나를 푹 자게 해 주면 안 될까.

(22) 目が、火葬場の門のあたりを探した。もしかして、どこかで隠れて火葬を見ているのではないかと思ったのだ。もしそうなら、お骨ぐらい<u>拾わせてあげたい</u>。きっと叔母は大騒ぎするだろうが。(セーラー, p.18)

눈이 화장장 문 언저리를 찾았다. 혹시 어딘가에 숨어서 화장하는 걸 보고 있는 건 아닐까 생각한 거다. 만약 그렇다면, 뼈라도 줍게 해 주고 싶어. 분명 숙모님은 난리를 치겠지만.

(19)에서 (22)까지 모두 이익부여의 의미를 나타낸다. 이러한 의미를 파생시키는 요인은 기본동사가 함의하는 재귀성이라고 생각할 수 있다. 즉, 「食べる(먹다), 飲む(마시다), 抱く(안다), 拾う(줍다), 読む(읽다),

取る(잡다)」와 같은 동사가 타인 혹은 다른 물질로 향하는 일방적인 동작이 아니라, 동작주 자신에게 돌아오는 동작을 나타내며, 피사역자에게 무엇인가를 더하는 동작을 나타내기 때문이다. 특히 위 예문과 같이 인간의 생을 유지시키는 데 필요한 동작, 또는 무엇인가를 취득하는 동작일 경우, 피사역자의 동작실현에 의하여 피사역자가 어떠한 이익을 받는다고 생각할 수 있다. 이러한 재귀동사문이 사역문이 되면, 사역주는 피사역자의 이익을 도모하기 위하여 주도권을 갖고 피사역자를 유도하는 이익의 부여자의 성격을 띠게 된다. 이러한 의미용법은 타동사문을 기저문으로 하는 사역문에서는 파생되지 않는다. 따라서 재귀동사문을 기저문으로 하는 사역문의 의미적 특징으로 볼 수 있을 것이다.

2.2.3 허가사역

사역주와 피사역자가 모두 유정물인 의미용법 중에서 사역문의 주체로서의 사역주의 의도는 배경화되고, 반면에 피사역자의 의도가 강하게 표현된 경우에는 허가, 방임, 방치의 의미·용법을 나타낸다.

> (23) 死ぬ前に、たった一度だけ書かせて下さい。……スガちゃんその
>   奥さんの名前です。(斜陽, p.159)
>   죽기 전에 단 한 번만 쓰게 해 주세요. … 스가… 그 부인 이름
>   입니다.
> (24) 「それ、北原さんのお手紙?」「ええ、そうよ。」〈中略〉「まあ、そう
>   なの。ちょっと読ませて下さる?」(氷点(下), p.190)

'그거, 기타하라씨 편지?' '응, 맞아' …… '어머, 그래? 좀 읽게
해 줄래요?'

(25) 人にはさわらせないほどに後生大事にしている古い小さな写真を、
善吉はメモでも見るように無造作に指先で爪んでいる。(伸子,
p.62)

남한테는 못 만지게 할 정도로 아주 소중히 간직하던 낡은 사진을
센키치는 메모라도 보듯이 아무렇게나 손 끝으로 만지고 있다.

(26) 休みの許可をとってあるのは今日までで、明日も休ませてほしい、
そう連絡するためだったが、ほんとうは紺子の声を聞きたいというの
が本音だったかも知れない。(赤(下), p.133)

휴가를 받은 건 오늘까지로, 내일도 쉬게해 달라고 그렇게 연락
하기 위한 것이었으나, 사실은 곤코 목소리를 듣고 싶은 것이
본심이었을지도 모르겠다.

허가사역은 지시사역과는 달리, 「シテクレル(해 주다)」, 「シテモラウ
(해 받다)」, 「シテアゲル(해 주다)」라는 보조동사가 동반되는 경우가
많다. 사역주를 주어로 하는 기본적인 사역문에서 이행된 용법이며,
사역사태의 제 2의 관여자라고 할 수 있는 피사역자를 문장의 주어로
전면에 내세우기 위한 수단이다. 또한 사역주의 의도가 배경화된 증거
로 사역주가 생략되고 피사역자를 주어로 하는 문이 다수 관찰된다는
점으로부터도 피사역자의 의도성이 사역문의 전면에 표출되었음을 알
수 있다.

2.2.4 방임·방치사역

사역사태에 대한 피사역자의 의도가 강하게 나타난 사역문중에서 허가사역과 방임·방치사역을 구별하는 기준은 두 사태 간의 계기관계이다. 허가사역이 시역주의 피사역자에 대한 사역행위가 피사역자의 동작의 사태보다 선행하는데 대하여, 방임·방치사역은 사역주의 사역행위가 행해지기 이전에 이미 피사역자의 행위가 선행되고 있다. 즉, 방임사역의 사역주는 지시자도 허가자도 아닌, 사태에 대한 방임자이며, 허가사역의 경우와 마찬가지로 배경화되는 경우가 많다.

(27) 「ルリ子はね、相手さえしてあげたら、一日でも家にいるんですのよ。」かつて夏枝がいったことがあった。そんなルリ子を家のなかで遊ばせておくのは難しいはずはなかった。(永点(上), p.53)
   '루리코는 말야, 상대만 해주면 하루 종일이라도 집에 있거든요.' 예전에 나츠에가 한 말이었다. 그런 루리코를 집안에서 놀게 내버려두는 건 어렵지 않았을 것이다.

(28) 僕は黙って彼にしゃべらせておいた。(ダンス(下), p.241)
   나는 잠자코 그에게 말하도록 내버려 두었다.

(29) もっとも、このところ、事件のせいもあるのか、授業も多少だれ気味で、生徒に教科書を読せておいて、自分は何かぼんやりしてまうことがあり、……。(青春, p.259)
   무엇보다 요즘 사건 탓이 있는지, 수업도 다소 느슨해져서, 학생에게 교과서를 읽도록 해 두고, 자기는 뭔가 멍하니 있는 경우가 있어서…….

(30) 「よく無事に帰ってきてくれたねえ……」英子を、まるで大事な客の

ようにソファへ座らせておいて、紅茶を入れてやりながら、恭子は
そう言って、思わず涙ぐんだ様子。(青春, p.89)

'무사히 잘 돌아와 줬어…….' 히데코를 마치 귀한 손님처럼 소
파에 앉혀두고 홍차를 대접하면서, 교코는 그렇게 말하고 갑자
기 눈물을 삼킨 듯하다.

예를 들면 (27)은 「ルリ子が遊ぶ(루리코가 놀다)」라는 사태가 먼저
존재하고 그것을 「夏枝(나츠에)」가 방임하거나 저지하지 않는다는 사
역행위의 사태가 후행하고 있다. 「シテオク(해 두다)」라는 보조동사와
공기하는 경우가 많으며, 그렇지 않은 경우에도 (28)처럼 다른 요소를
동반하는 경우가 많다. 허가사역의 사역주가 피사역자의 요구에 의하
여 혹은 자주적 의도에 의하여 동작실현의 사태를 허가하는 것과는 대
조적으로, 방임사역의 사역주는 이미 행해지고 있는 사태나 이전에 지
시한 사태에 대하여 그것을 소극적으로 지속시키거나 중단시키지 않
는 방임자이다.

다음으로, 방치사역의 성립조건은 방임사역과 같으며, 기 실현 사태
에 대한 사역행위라는 점에서 유사하다. 그러나 방치사역의 경우는 사
역주와 피사역자가 기 실현사태에 대하여 본의가 아니라고 느끼는 감
정을 나타내는 뉘앙스가 첨가된다는 점에서 방임사역과 구별된다.

(31) 「そうした政代に、こんなことをさせておいていいのか。」(愛,
p.265)

'그런 마사요에게 이런 일을 하게 내버려둬도 되는 걸까?'

(32) よく描けていますね。<u>運転手なんかをさせておく</u>のが惜しいみたいだ。(赤(下), p.35)

잘 그렸네요. 운전수로 내버려두는 게 아깝네요.

(33) この時間に大切な約束があるのなら、なぜ客を<u>待たせておく</u>んですか! (セーラー, p.80)

이 시간에 중요한 약속이 있는 거라면, 왜 손님을 기다리게 내버려 두는 겁니까!

2.3 비전형적 사역표현

사역표현에는 전형적인 사역문 이외에, 문 구조나 참여자의 행위의 특징, 문장의 의미 등에서 양상을 달리함으로써, 형태와 의미적 측면에서 주변적인 사역문의 유형이 존재한다. 이들은 단지 사역문의 전형에서 멀어져 가는 것이 아니라, 타동문으로 연속되는 모습을 보여준다.

2.3.1 직접사역

사역주의 사역행위가 직접동작을 동반한다는 의미에서 간접사역과 구별됨과 동시에 타동사에 가까운 사역문이다. 기본동사가 재귀성을 띠는 동사에서 생산적으로 파생된다.

(34) そして落ちついてきたらまた汗を拭いて、<u>寝巻きを着せて</u>、寝かしつけたの。(ノル(下), p.246)

그리고 안정되자 또 땀을 닦고, 잠옷을 입혀서, 재웠어.

(35) 「ああ、酒でも飲ましてね、おとなしくさせようと思ったんだ。」（限りなく, p.8)

'아아, 술이라도 먹여서 얌전하게 만들려고 했거든.'

(36) 長い間君一人に重荷を背負わしてた。(92, 11/6, フジテレビ)

긴 세월 당신에게만 무거운 짐을 지웠네.

(37) 私でよかったらお話を聞かしてくれませんか? (92, 12/10, フジテレビ)

내가 해도 된다면 얘기 들려주지 않겠습니까?

「サス」형 직접사역은 「サセル」형과는 달리, 직접사역의 의미만을 나타낸다. 이것은 피사역자의 사태참여가 간접사역과는 달리, 유정물로서의 최소한의 행위에 그친다.

2.3.2 조작사역

직접사역보다 더 타동사문에 접근된 경우가 조작사역이다. 피사역자가 무정물이므로 타동사문과 매우 유사하다 하겠다.

(38) そしてまた音楽を聴きながら東京に向けて車を走らせた。

(ダンス(上), p.37)

그리고 또 음악을 들으면서 도쿄를 향해서 차를 운전했다.

(39) N360の排気パイプにゴム・ホースをつないで、窓のすきまをガム・テープで目ばりしてからエンジンをふかせたのだ。(ノル上), p.46)

N360 배기 파이프에 고무호스를 연결해서 창틈을 비닐테이프로 막은 후 엔진을 켠 것이다.

(40) 鼠は空になったふたつめのビール缶を指でへこませた。

쥐는 빈 두 개의 맥주 캔을 손가락으로 찌그러트렸다.

구문적으로는 무정물인 대상을 취하는 타동사문과 유사하나, 사역문으로서의 특징도 유지하고 있다. 타동사문의 대상이 동작주의 동작을 일방적으로 받는 존재인데 반하여, 조작사역의 피사역자는 내부에 어떠한 기능을 보유하는 존재이거나 혹은 사역주가 그렇게 인식하고 있다는 점에서 타동사문의 그것과는 다르다. 즉, 피사역자가 관여하는 사태가 동작주를 포함하는 하나의 사태로 취급되어, 사역문이 2개의 사태를 포함하는 복합사태성이 최소 수준에서 지켜지고 있다고 하겠다.

2.3.3 자발사역

선행연구에서의 원인사역 안에는 원인사역과 자발사역이 구분되지 않고 있다. 기저문이 갖는 성격에 관하여 보다 치밀한 분석이 이루어지지 않았기 때문이다. 본서에서는, 權(2003)의 자발사역에 관한 논의를 이어 받아, 원인사역과 자발사역을 구분하여 다른 의미용법으로 다루기로 하겠다. 기저문인 자발문이 하나의 정립된 의미카테고리로 인정된다면, 그 자발문을 기저문으로 하는 자발사역문은 다른 원인사역문과는 다른 의미영역을 갖고 있기 때문이다.

(41) 母が浴室暖房で洗濯物を乾かせた。

어머니가 욕실 난방으로 빨래를 말렸다.

(42) <u>乾燥機</u>は雨の日でも洗濯物を<u>乾かせる</u>。

건조기는 비 오는 날이라도 빨래를 건조시킨다.

(43) <u>アーティスト</u>がオーディアンスを<u>惹かれさせる</u>。

아티스트가 청중을 매료시킨다.

　(41)의 사역주는 유정물, (42)의 사역주는 무정물이고, 두 문장은 자발사역의 의미를 띤다. (43)의 사역주는 표면상으로는 유정물이나 행위자로서 보다는 그 사람의 연주 또는 열정의 측면을 가리킨다. 원인사역의 기저동사가 인식·감정동사인데 대하여, 자발사역의 기저동사는 자발동사이다. 그러나 두 의미유형의 사역문은, 전형적인 사역과는 달리 2항을 취한다는 점에서 타동사에 가까이 존재하며, 사역주의 자리에 오는 존재가 원인적 역할을 함으로써 간접적으로 사태를 성립시킨다는 점에서 사역문의 범주에 머무르고 있다.

　사역문의 의미적 차원에서는, 원인사역이 사역주의 인식적, 심리적 상태의 변화를 일으킨다면, 자발사역은 자연현상, 물질 상태의 변화, 신체적 변화 등 다양한 세계의 변화의 의미를 나타낸다.

　자발사역의 의미용법은 사태의 출현과 소멸, 신체적 상태변화, 사물·사태의 상태변화로 나뉜다.

(44) 自分としても、この<u>名作</u>をこのまま<u>消えさせて</u>しまうのは<u>勿体</u>ない！ ということで、資料をまとめてみたのが当コーナーです。

저로서도 이 명작을 이대로 사라지게 하는 것은 아깝다 생각하여 자료를 정리해 본 것이 당 코너입니다.

(45) 例え、塀の幅が1メートルあったとしても、不安が<u>足を震えさせ</u>、
落ちそうになってしまいます。

가령, 담장 폭이 1미터 있었다 해도, 불안이 다리를 떨게 하고,
떨어질 것 같은 기분이 드는 겁니다.

(46) 魚は冷たい海に棲み、<u>血液を固まらせ</u>ないために、EPAのような
成分で防衛しているともいえ、それだけに効果も強いわけです。

물고기는 따뜻한 바다에 살고, 혈액을 응고시키지 않기 위해서
EPA 같은 성분으로 방어하고 있다고도 하는데, 그 만큼 효과도
강력한 것입니다.

(47) 「別に平気だよ」ロイが片眉を上げる。こんなに頬を真っ赤にして
<u>体を冷えさせ</u>ながら、平気だよ…。

'아냐, 괜찮아' 로이가 한 쪽 눈썹을 올린다. 이렇게 얼굴을 붉히
며 몸을 떨면서, 괜찮아….

(48) スプーンで軽くかき回して<u>茶葉を開かせる</u>。

스푼으로 가볍게 저어서 찻잎을 열리게 한다.

(49) <u>お湯を沸かせ</u>、湯飲みを用意しろ。

물을 끓이고, 찻잔을 준비해라.

(50) 寝不足など生活習慣の乱れが<u>ホルモンバランスを崩れさせ</u>…。

수면부족과 같은 생활습관의 흐트러짐이 호르몬 밸런스를 망가
지게 하고….

(51) <u>初心者を倒れさせ</u>ずに自転車に乗せること。

초심자를 쓰러지지 않게 하면서 자전거에 태울 것.

2.3.4 원인사역

원인사역은 사역사태에 동작성이 없으며, 인식·감정동사로부터 만들어 진다. 인식·감정동사의 사역문의 사역주는 표면상으로는 유정물이지만, 이 경우에도 동작주로서의 성격을 띠지 않는다. 사역주의 속성이나 행위의 소유자로서 무정물적으로 인식된다고 하겠다. 원인사역의 사역주는 피사역자를 감정적으로 혹은 내면적으로 그러한 상태에 도달하도록 만드는 원인적 존재이다.

(52) 美代子は前夜、美容院で髪をみじかく切っていて、そのことが絹子を驚かせたようだった。(赤(上), p.208)

미요코는 전날 밤, 미용실에서 머리를 짧게 잘라서, 그것이 기누코를 놀라게 한 것 같았다.

(53) 花はしおれていたが、その赤い色は生々しい、何か魚の腸めいた生臭さを感じさせた。(幻, p.21)

꽃은 시들었지만, 그 빨간 색은 생생한 뭔가 물고기 내장 같은 비린내를 느끼게 했다.

(54) 今見た、妻のなやましい後ろ姿は、また村井を連想させた。(氷点(上), p.85)

지금 본 아내의 고민스러운 뒷 모습은 또 무라이를 연상시켰다.

(55) 美代子は人一倍独立心が旺盛であり、ときにはそれが男を苛立たせることもあるのを、自分では気がついていなかった。(赤(下), p.77)

미요코는 남들 보다 배로 독립심이 왕성하여 때로는 그것이 남자를 짜증나게 만들 때가 있다는 것을 스스로는 알아채지 못했다.

원인사역에 관해서는 상기에 기술한 자발사역과의 차이점을 제시하면서 보다 상세한 분석을 기술하겠다. 사역문은 원인사태와 결과사태의 두 사태가 하나의 문으로써 나타내어진다. 전형적인 사역문에서도 사역주의 지시 또는 허가에 의한 원인사태가 있고, 그것을 피사역자가 실행한 결과로써 얻을 수 있는 사태가 존재한다.[6] 이러한 의미에서는 사역문 전체가 인과관계를 나타내는 문이라고 말할 수도 있을 것이다.

무생주어 사역문이 인과관계를 나타낸다고 하는 기존의 분석에서는 기본동사의 의미 차이가 고려되고 있지 않다. 기본동사의 범주적 차이도 생각한다면, 자발동사를 기본동사로 하는 경우와 인식·감정동사를 기본동사로 하는 경우에 의미적·통어적인 차이가 있음을 알 수 있다.

(56) 浴室乾燥機が洗濯物を乾かせる。
　　 욕실의 건조기가 빨래를 건조시킨다.
(57) 筋肉の緊張が肘を強張らせる。
　　 근육의 긴장이 팔꿈치를 경직시킨다.

상기 예문의 사역주는 욕실의 건조기, 근육의 긴장이라는 무생주어를 취하고 있으나, 자발동사가 기본동사로 자발적 변화를 나타내는 자발사역문이다. 이러한 예문들은 기존의 원인사역문의 범주에서는 취급되지 않았던 것들이다. 다음 예문은 상기 예문과는 다른 인식·감정동사에서 파생된 사역문이다.

---

6 전형적 사역문이란 사역주의 작용이 간접적인 사역, 즉, 간접사역을 가리킨다. 간접사역에서 지시, 허가, 방임, 방치 등 다양한 의미·용법이 전개된다.

(58) その雰囲気が若者を脅えさせた。

그런 분위기가 젊은이를 두려움에 떨게 했다.

(59) その答えが私を混乱させる。

그 대답이 나를 혼란시킨다.

(60) 君が僕を落ち込ませる。

당신이 나를 풀죽게 한다.

(58), (59), (60)은 기본동사 「脅える(두려워하다), 混乱する(혼란스러워하다), 落ち込む(풀이죽다)」와 같은 인간의 인식·감정을 나타내는 동사에서 파생된 원인사역문으로 분류되어온 것들이다. 이 예문들도 (56), (57)과 마찬가지로 무생주어 사역주이지만, (56), (57)의 자발사역문이 사물·신체부분의 상태변화를 나타내고 있는 것과는 달리, (58), (59), (60)의 원인사역문은 사람의 정신적인 프로세스, 인식과 감정의 변화를 나타내고 있다. 즉, 두 타입의 사역문은 무생주어를 취하고 있다는 공통점을 지니면서도 기본동사의 의미 범주의 차이와 사역문 의미의 차이라는 차이점도 보이고 있다. 따라서 두 타입의 사역문은 별개의 의미 카테고리로써 인정되어야 한다.

2.3.5 원인사역과 자발사역 비교

1) 원인사역문의 분석

사역문은 원인사태와 결과사태의 두 사태가 하나의 문으로 나타내어지는 것이다. 자동사와 타동사로부터 파생된 전형적 사역문에서는 지시, 허가, 방임·방치 등 다양한 의미·용법의 사역문이 파생 가능하다는 점은 앞에서 설명한 바와 같다.

자발사역문과 원인사역문의 비교가 주된 분석의 대상이기는 하나, 전형적 사역문과의 비교·대조를 위해서는 지시, 허가, 방임·방치의 사역문에 대한 분석 또한 필요할 것이다.

> (61) a. 母が花子に荷物を<u>運ばせた</u>。
>
> 어머니가 하나코에게 짐을 옮기게 했다.
>
> b. 母の指示によって妹は荷物を運んだ。
>
> 어머니의 지시에 의해 여동생은 짐을 옮겼다.
>
> (62) a. 母が花子をコンサートに<u>行かせて</u>くれた。
>
> 어머니가 하나코를 콘서트에 가게 해 주었다.
>
> b. 母の許可によって花子はコンサートに行った(行くことができた)。
>
> 어머니에 허가에 의해 하나코는 콘서트에 갔다(갈 수 있었다).
>
> (63) a. 母が花子を夕方まで公園で<u>遊ばせて</u>おいた。
>
> 어머니가 하나코를 저녁까지 공원에서 놀도록 했다.
>
> b. 母の放任によって花子は夕方まで公園で遊んだ。
>
> 어머니의 방임에 의해 하나코는 저녁까지 공원에서 놀았다.

(61a)는 지시사역문, (62a)는 허가사역문, (63a)는 방임사역문이며, 각각의 사역주는 각각의 (b)에서 보듯이 「ニヨッテ(에 의해서)」격을 취하고 있다. 지시, 허가, 방임이라는 수단을 갖고 피사역주에게 작용하여 사역사태를 완결시키는 존재인 것이다. 이들 사역주는 지시를 행하는 사람이든 허가를 내리는 사람이든, 행위자라는 하나의 의미역할로 통합할 수 있을 것이다. 자발사역문과 원인사역문에서는 사역주의 의

미역할이라는 측면에서 서로 다른 점을 보인다.

     (64) a. 浴室乾燥機が洗濯物を<u>乾かせる</u>。

           욕실의 건조기가 세탁물을 말린다.

         b. 浴室乾燥機の働きで洗濯物が乾く。

           욕실의 건조기의 작용으로 세탁물이 마른다.

     (65) a. 湿った空気が大雨を<u>降らせる</u>。

           습한 공기가 큰 비를 내리게 한다.

         b. 湿った空気の働きで大雨が降る。

           습한 공기의 작용으로 큰 비가 내린다.

     (66) a. 猛毒が体を<u>しびれさせる</u>。

           맹독이 몸을 마비시킨다.

         b. 猛毒の働きで体がしびれる。

           맹독의 작용으로 몸이 마비된다.

     (67) a. タンニンがたんぱく質を<u>固まらせる</u>。

           탄닌이 단백질을 굳어지게 한다.

         b. タンニンの働きでたんぱく質が固まる。

           탄닌의 작용으로 단백질이 굳어진다.

   자발사역문의 경우도 사역주의 의미역할이라는 점에서 분석해 볼 필요가 있다. (64)의 사역주는 「浴室乾燥機(욕실건조기)」로 세탁물을 마르게 하는 도구이고, (65)의 사역주는 큰 비를 내리게 하는 기능을 가진 「湿った空気(습한 공기)」, (66)의 사역주는 몸을 마비시키는 효능을 가진 「猛毒(맹독)」, 그리고 (67)의 사역주는 단백질을 굳어지게 하는 기능을 가진 「タンニン(탄닌)」이다. (64)부터 (67)까지의 도구, 기능, 효능은 행위자는 아니지만 결과사태를 일으키는 행위자적인 존재로서의 의미를 포함하고 있다고 볼 수 있다. 이는 각각의 (b)에서 표현되어 있는 바와 같이, 행위성을 엿볼 수 있는 격조사로 변환되거나 또는 「～の働きで(～의 역할로, ～기능으로)」와 같은 어구로 바꿀 수 있다는 점에서 설명 가능하다. (64a)의 「浴室乾燥機が(욕실건조기가)」는 (b)의 「浴室乾燥機の働きで(욕실건조기의 기능으로)」와 같이 도구를 나타내는 「デ」격으로써 표현할 수 있다. 도구는 동작에 부수적으로 필요한 존재라는 의미에서 행위성을 어느 정도 남겨두고 있는 것이다. (65a)의 「湿った空気が(습한 공기가)」는 (b)의 「湿った空気の働きで(습한 공기의 작용으로)」로 바꾸어 말할 수 있고, 행위자의 흔적이 남아있음을 알 수 있다. (66)의 「猛毒が(맹독이)」와 (67)의 「タンニンが(탄닌이)」도 위 예문들과 마찬가지로, 어떠한 작용이라는 식으로 바꾸어 말할 수 있어 행위자의 흔적이 엿보인다.

자발사역문의 한 타입으로 신체명사를 피사역자로 하는 문이 있다. 이 타입의 경우, 위의 자발사역문과는 다소 차이점이 인정된다.

(68) a. 筋肉の緊張が肘を強張らせる。

　　　　근육의 긴장이 팔꿈치를 경직시킨다.

　　 b. 筋肉の緊張によって/で肘が強張る。(원인)

　　　　근육의 긴장에 의해/으로 팔꿈치가 경직된다.

(68)의 사역주는 「筋肉の緊張(근육의 긴장)」으로 팔꿈치를 경직시키

는 사태를 일으키는 원인사태이며, (b)의 「筋肉の緊張によって(근육의 긴장에 의해서)」와 같이 원인적 의미를 나타내는 어구로 바꿔 말할 수 있다. 이는 신체명사를 취하는 자발사역문이 원인사역문과의 유사성을 보여주는 것이다.

다음의 (69)부터 (70)과 같은 우발적 자발동사에서 파생된 사역문에서도 원인사역에 접근해가는 모습을 볼 수 있다.

(69) a. 極端な気候が皮膚を焼けさせる。

극단적인 기후가 피부를 타게 한다.

b. 極端な気候のために/のせいで皮膚が焼ける。

극단적인 기후 때문에/탓에 피부가 탄다.

(70) a. 尖った破片が服を破けさせた。

뾰족한 파편이 옷을 찢어지게 했다.

b. 尖った破片のために/のせいで服が破けた。

뾰족한 파편 때문에/탓에 옷이 찢어졌다.

(71) a. 生活習慣の乱れがホルモンバランスを崩れさせる。

흐트러진 생활습관이 호르몬의 균형을 무너지게 한다.

b. 生活習慣の乱れのために/のせいでホルモンバランスが崩れる。

흐트러진 생활습관 때문에/탓에 호르몬 균형이 무너진다.

(69a)의 사역주 「極端な気候(극단적인 기후)」는 (b)의 「極端な気候のために(극단적인 기후 때문에)」또는 「極端な気候のせいで(극단적인 기후 탓으로)」와 같이 원인적 의미를 나타내는 어구로 바꾸어 말할 수 있고, 이는 (70), (71)에서도 같다.

자연발생적으로 일어난 사물의 상태변화를 나타내는 자발사역문의 사역주는 행위자라는 성질을 유지하면서 사태에 참가하고 있다. 그러나 이러한 타입 중에서도 신체명사를 피사역자로 취하는 자발사역문인 경우에는 사역주의 의미역할이 원인적 사태를 나타내어, 앞으로 살펴볼 원인사역문에 근접해 가는 모습 또한 분명하게 드러난다.

자발사역문을 염두에 두면서, 원인사역문을 분석해보자.

(72) a. その回答が私たちを<u>呆れさせた</u>。

그 대답이 우리들을 질리게 했다.

b. その回答に私たちは呆れた。

그 대답에 우리들은 질렸다.

(73) a. その雰囲気が若者を<u>脅えさせた</u>。

그 분위기가 젊은이를 두려움에 떨게 했다.

b. その雰囲気に若者が脅えた。

그 분위기에 젊은이가 두려움에 떨었다.

(74) a. 卑俗なことばが美代子を<u>悩ませた</u>。

비속한 말이 미요코를 고민하게 만들었다.

b. 卑俗なことばに美代子は悩んだ。

비속한 말에 미요코는 고민했다.

(75) a. 君が僕を<u>落ち込ませた</u>。

당신이 나를 침울하게 했다.

b. 君のために/のせいで僕は落ち込んだ。

당신 때문에/탓에 나는 침울해졌다.

(76) a. 太郎が花子を悲しませた。

　　　　타로가 하나코를 슬프게 했다.

　　b. 太郎のために/のせいで花子が悲しんだ。

　　　　타로 때문에/탓에 하나코가 슬퍼했다.

　(72), (73), (74)의 원인사역문의 경우, 사역주의 의미는 각각의 (b)의 「その回答に(그 대답에), その雰囲気に(그 분위기에), 卑俗なことばに(비속적인 말에)」와 같이 원인적 의미를 나타내는 어구로 바꾸어 말할 수 있고, 원인의 「二」격으로 나타낼 수 있다. (75), (76)의 경우에는 사역주가 나타내는 의미가 「ノタメ」 또는 「ノセイデ」와 같은 원인적 사실을 나타내는 어구로 바꿔 말할 수 있다.

　2) 원인사역문과 자발사역문의 의미적·통어적 특징

　여기에서는 두 사역문의 유사점과 차이점을 비교분석하여, 사역문의 의미 타입으로써의 고유성과 연속성을 밝히고자 한다. 두 타입의 사역문은 사역주가 직접적인 작용을 행하지 않는다는 점에서는 간접사역과 동일한 카테고리에 속한다. 그러나, 자발사역문이 자발적·우발적 상태변화를 나타내는 반면, 원인사역문은 사역주의 심리적·정신적 상태변화를 나타내기 때문에 의미적 차이를 보인다. 자발사역문의 기본동사는 자발동사이고, 원인사역문의 기본동사는 인식·감정동사이다. 기본동사의 차이라는 것은 파생이라는 관점에서 보면 형태적 특징에 속하고, 동사의 의미 차이라는 관점에서 본다면 의미적 특징이 된다. 어느 쪽이든 이는 두 사역문의 차이라고 말할 수 있을 것이다.

① 격 패턴

기저문에서 항이 하나 더 증가한다는 통어적인 특징은 사역문 전체의 기본적 특징으로, 자발사역문과 원인사역문도 공통적으로 지니고 있는 특징이다.

> (77) a. 先生が生徒たちに日本の小説を<u>読ませる</u>。
>
> 　　　 선생님이 학생들에게 일본 소설을 읽게 한다.
>
> 　　 b. 生徒たちが日本の小説を<u>読む</u>。
>
> 　　　 학생들이 일본 소설을 읽는다.
>
> (78) a. 破片が服を<u>破けさせた</u>。　　　 파편이 옷을 찢었다.
>
> 　　 b. 服が<u>破けた</u>。　　　　　　　 옷이 찢어졌다.
>
> (79) a. 彼女の声の小ささが僕を<u>緊張させる</u>。
>
> 　　　 그녀의 작은 목소리가 나를 긴장시킨다.
>
> 　　 b. 僕が<u>緊張する</u>。　　　　　　 내가 긴장한다.

전형적 사역문인 (77a)의 사역사태의 참여자는 「사역주-先生(선생님)」, 「피사역자-生徒たち(학생들)」, 「대상-日本の小説(일본소설)」의 3항으로, (b)의 기저문에서 항이 하나 증가한 것이다. 이와 같은 현상은 자발사역문인 (78)과 원인사역문인 (79)에서도 동일하게 나타난다.

문의 격 패턴이라는 것은 문 형식에 관한 문제이기 때문에, 형태적·통어적인 기준에서의 분석이 된다고도 할 수 있을 것이다. 전형적 사역문의 격 패턴은 기저문의 차이 즉, 타동사문인가, 자동사문인가라는 점에 따라, 전자는 「⌐ガ⌐ニ⌐ヲ Vサセル(⌐가 ⌐에게 ⌐를 V시키다)」라는 패턴이고, 후자는 「〜ガ〜ヲ Vサセル(〜가 〜를 V시키다)」라는 패턴이다.

(80) それが僕に生物進化の行き止まりを連想させた。

그것이 내게 생물진화의 종말을 연상시켰다.

(81) 妻のなやましい後ろ姿が村井を連想させた。

아내의 고민하는 뒷모습이 무라이를 연상시켰다.

위의 예문은 원인사역문으로 (80)은 「ガ ニ ヲ」패턴, (81)은 「ガ ヲ」패턴을 보인다. 즉, 원인사역문의 경우, 전형적 사역문의 격 패턴과 동일한 패턴을 보이는 것이다. 이와는 반대로 자발사역문의 경우, 「ガ ヲ」패턴만이 관찰된다.

(82) 母はわざとごはんを焦げさせた。 어머니는 일부러 밥을 타게 했다.

(83) にがりが豆乳を固まらせる。   간수가 두부를 굳게 하다.

지금까지의 고찰을 정리해보면 다음과 같이 나타낼 수 있다.

원인사역문과 자발사역문의 격 패턴

	자발사역문		원인사역문
1-a	人がモノを〜させる 사람이 사물을 ~시키다	2-a	モノが人を〜させる 사물이 사람을 ~시키다
1-b	モノがモノを〜させる 사물이 사물을 ~시키다	2-b	モノが人に〜を〜させる 사물이 사람에게 ~을 ~시키다
1-c	モノが身体部分を〜させる 사물이 신체부분을 ~시키다		

격 패턴이라는 측면에서 두 사역문의 차이가 현저하게 드러나게 되는데, 기저문의 격 패턴이 반영된다고 하는 사역문의 특징에서 생각해 보면 당연한 것으로 보인다.

(84) 母がビールを冷えさせる。[1-a]

어머니가 맥주를 시원하게 한다.

(85) エンジンの音が空気を震わせる。[1-b]

엔진음이 공기를 떨리게 한다.

(86) 緊張が顔面の筋肉を強張らせる。[1-c]

긴장이 얼굴의 근육을 경직시킨다.

(87) その答えが彼を混乱させた。[2-a]

그 대답이 그를 혼란스럽게 만들었다.

(88) それが彼女に警察への相談をためらわせた。[2-b]

그것이 그녀에게 경찰과의 상담을 주저하게 만들었다.

② 두 타입의 차이점과 유사점

지금까지의 분석을 포함한 원인사역과 자발사역의 차이점과 유사점에 대해 정리하여 나타내면 다음과 같다.

원인사역문과 자발사역문의 차이점과 유사점 [7]

	원인사역문	자발사역문	전형적 사역문
기본동사	인식·감정동사	자발동사	자타동사
사역주의 의미소성	[-animate]	[±animate]	[+animate]
주격의 의미	원인	도구, 원인(우발적)	동작주
사역행위의 성질	간접적	간접적	간접적
사역주와의 관계 속에서의 피사역자의 성질	비자립적 (원인적·자극에 대한 반응)	자립성 유지 (자율신경·내면적 성질의 개입)	자립적

기본동사의 차이, 사역주의 의미소성의 문제, 사역주를 마크하는 주격의 의미 측면은 이미 언급된 항목을 정리하여 기술한 것이다.

다음으로 사역주와의 관계 속에서의 피사역자의 성질에 대해 검토해 보자.

(89) 母が子供におもちゃを片付けさせた。   – 행위의 주체
어머니가 아이에게 장난감을 정리하게 했다.

(90) 酸性雨が木を枯れさせる。   – 내면의 속성
산성비가 나무를 시들게 한다.

(91) 地震がテーブルの上の花瓶を倒れさせた。 – 속성
지진이 테이블 위의 꽃병을 쓰러트렸다.

(92) 猛毒ガスが神経を麻痺させる。   – 자율신경
맹독가스가 신경을 마비시킨다.

---

7 전형적 사역문 항목은 비교를 위해서 제시한 것이다.

(93) その答えが僕を苛立たせた。　　　　　　　　　- 감정의 경험주체

　　그 대답이 나를 짜증나게 했다.

(94) それは僕に生物進化の行き止まりのようなものを連想させた。

　　　　　　　　　　　　　　　　　　　　　- 인식의 경험주체

　　그것은 내게 생물진화의 종말과 같은 것을 연상시켰다.

　(89)는 지시의 의미를 나타내는 전형적 사역의 예문으로, 사역주는 문의 주인으로서 피사역자에게 지시와 같은 간접적 작용을 통해서 의도한 사태를 성립시키는 존재이다. (90)에서 (92)는 자발사역문이고 (93), (94)는 원인사역문이다. (90)은 자연적으로 발생한 자발동사에서 파생된 사역문이며, 피사역자인 「木(나무)」는 변화를 완수하기 위한 속성을 지니고 있는 존재이다. 내면의 속성이라는 최소한의 동작주성 (agentivity)을 유지하고 있다고 할 수 있다. (91)은 우발적 자발동사의 사역형으로, 피사역자인 「花瓶(꽃병)」은 지진에 의해 「倒れる(쓰러지다)」라는 상태변화를 입게 되는 존재이다. (92)는 피사역자가 신체명사인 자발사역문이며, 피사역자인 「神経(신경)」은 자율신경으로 사역주가 나타내는 사태를 입고 스스로의 기능에 의지하여 사역사태에 관여하는 존재로, (90), (91)의 피사역자보다 동작주성이 강하다고 할 수 있다. (93), (94)는 원인사역문으로, (93)의 피사역자 「僕(나)」는 감정의 경험주체, (94)의 피사역자 「僕(나)」는 인식의 경험주체이다.[8] 원인

---

8 여기에서의 경험주체란 「花子が母のことを案じる(하나코가 어머니를 걱정하다)」나 「花子が激しく泣く(하나코가 심하게 울다)」에서의 「花子(하나코)」와 같이 능동적인 존재를 의미하는 것은 아니다.

사역문에서의 감정·인식의 경험주체는 자극에 대한 반응을 나타내는 존재에 지나지 않고, 따라서 동작주성은 없다. 즉, 자발사역문의 피사역자에는 자율신경·내면의 속성과 같은 최소한의 동작주성이 인정되지만, 원인사역문의 인식·감정의 경험주체에는 동작주성이 인정되지 않는다.

③ 두 타입의 연속성

여기에서는 원인사역문과 자발사역문이 차이점과 유사점을 살펴보고, 서로 인접한 카테고리임을 제시하려고 한다. 자발사역문과 원인사역문의 중간적인 문의 존재가 두 카테고리의 연속성을 증명할 수 있을 것이다. 자발사역문 중에서 자율신경의 개입에 의해 성립되는 타입의 자발동사 즉, 「신체명사 + サセル」타입인 경우, 자발사역과 원인사역의 중간적인 성격을 지닌다.[9]

    (95) その気配が<u>僕の背筋を</u>はっと<u>こわばらせた</u>。
        그런 기척이 나의 등줄기를 굳어지게 했다.
    (96) 何かいい<u>手</u>はないか、とその間も<u>頭をめぐらせ</u>ている。
        뭔가 좋은 방법이 없을까, 하고 그 동안에도 머리를 굴리고 있다.

---

9 자율신경은 사람의 의지와는 관계 없이 자동적으로 작동하는 신경이며 식물신경이라고도 한다. 반면에 의지를 갖고 손발 등을 움직이게 하는 신경은 중추신경으로, 동물신경이라고도 한다.

자율신경은 인간의 의지와는 관계없이 자극에 대해 반응하는 것으로, 이는 원인사역문에서의 인식·감정의 경험주체가 의사와는 관계없이 그러한 인식·감정을 경험하게 되는 것과 유사하다.

다음으로 우발적으로 일어나는 변화를 나타내는 자발동사가 기본동사일 경우, 사역주가 나타내는 사태는 원인사태가 되며 원인사역에 근접해간다.

    (97) 強い風が巨木を<u>倒れさせた</u>。

        강한 바람이 거목을 쓰러지게 했다.

    (98) 母の不注意がパンを<u>焦げさせた</u>。

        어머니의 부주의가 빵을 타게 했다.

(97)는 '강한 바람 때문에 거목이 쓰러졌다'라는 의미를, (98)은 '어머니의 부주의로 인해 빵이 탔다'라는 의미를 나타내며 이는 주격보어가 원인적 의미를 나타내는 어구로 바뀐 것이라고 할 수 있다. 자발사역의 주격보어에서 보이는 도구, 효능, 기능과 같은 의미가 아닌 원인으로 해석된다는 점은 원인사역문으로 근접해가고 있다는 증거로 볼 수 있을 것이다. 두 타입의 연속성을 나타내면 다음과 같다.

원인사역문과 자발사역문의 연속성

```
ゼリーを固まらせる――肘を強張らせる――――服を破けさせる
  [자발사역]       (신체명사)         (우발적)
                                   ―――呆れさせる-混乱させる
                                        [원인사역]
```

다음 예문처럼 신체명사를 취하는 자발사역문의 「ㅡヲ Vサセル」 부분이 인식·감정동사로 바뀔 수 있다는 점에서도, 자발사역문이 원인사역문에 근접해가는 모습을 찾아볼 수 있다.

(99)　僕は<u>体を</u>固く<u>こわばらせた</u>ままスクリーンの上のキキをじっと見ていた。 (ダンス, p.191) → 緊張する(긴장하다)

　　　나는 몸을 딱딱하게 경직시킨 채로 스크린 위의 키키를 꼼짝않고 보고 있었다.

(100)　しばらく<u>働かせて</u>いなかった指と<u>頭を</u>実際的なーそして出来ることなら無意味な物事に向けて酷使する。 (ダンス, p.42) → 考える(생각하다)

　　　한동안 움직이지 않았던 손가락과 머리를 실제적인, 그리고 가능하다면 무의미한 일에 혹사한다.

(101)　お茶をいれておくれ。少し<u>胸を落ち着かせ</u>なくては…。 (寒い, p.77) → 落ち着く(가라앉다)

　　　차를 끓여줘, 마음을 좀 진정시키지 않으면 안 되겠어.

(102)　何かいい手はないか、とその間も<u>頭をめぐらせて</u>いる。 (セーラー, p.122) → 考える(생각하다)

　　　뭔가 좋은 방법이 없을까, 하고 그 동안에도 머리를 굴리고 있다.

(103)　僕は前の車のテール・ランプにずっと<u>神経を集中させて</u>いた。 (ダンス, p.14) → 集中する(집중하다)

　　　나는 내 앞 차의 미등에 줄곧 신경을 집중시키고 있었다.

(99)의 「体をこわばらせる(몸을 경직시키다)」를 인식·감정동사인 「緊

張する(긴장하다)」로 바꿀 수 있다. 마찬가지로 (100)의 「頭を働かせる (머리를 쓰다)」는 「考える(생각하다)」로, (101)의 「胸を落ち着かせる(마음을 안정시키다)」는 「落ち着く(안정되다)」로, (102)의 「頭をめぐらせる (머리를 굴리다)」는 「考える(생각하다)」로, (103)의 자발사역 「神経を 集中させる(신경을 집중시키다)」는 인식·감정동사인 「集中する(집중하다)」로 바꿀수 있다.

사역이라는 문법 카테고리에는 공통적으로 원인사태와 결과사태 사이에 인과관계가 존재한다. 전형적인 사역문의 원인사태는 작용의 사태로, 지시, 허가, 방임 등과 같은 사역주의 행위에 의해 사역사태가 일어나게 된다. 이와는 반대로 원인사역문의 경우, 원인적 사태가 사역주의 위치에 놓이게 되고 그로 인해 사역사태가 일어나게 된다. 지금까지 무생주어의 사역문에 자발사역문과 원인사역문의 두 종류가 존재한다는 것을 확인하고, 원인사역문이 고유한 사역문의 한 카테고리로 존재함을 고찰하였다. 또한, 두 타입의 사역문이 차이점을 보이면서도 연속적인 근접 카테고리임을 밝히고, 중간적 타입으로 신체명사를 피사역자로 하는 자발사역문과 우발적 자발동사에서 파생된 자발사역문의 존재를 제시하였다.

2.3.6 의사사역-비사역행위

문장의 구조 및 파생형식 등 형태적 특징으로는 사역문이면서, 실질적인 사역행위가 행해지지 않는 문을 의사사역(擬似使役)이라 한다. 실제적인 사역행위가 존재하지 않음에도 불구하고, 사태의 발생이 사역주 자신에게 책임이 있다는 의미이다. 소위 「死なせる(죽게 하다)」와

같은 표현이 이에 속한다. 의사사역은 이미 실현된 사태에 대한 사역주의 감상을 나타낸다는 점에서는 방치사역과 유사하며, 방치사역이기 실현사태를 유지시키거나, 혹은 중단시키지 않는다는 소극적인 행위를 하는데 반하여, 의사사역은 실제적인 행위 자체가 존재하지 않는다는 점에서 다르다.

(104) お母さんが死んだとき、お父さんが私とお姉さんに向かってなんて言ったか知ってる? こう言ったのよ。『俺は今とても悔しい。俺はお母さんを亡くすよりはおまえたち二人を死なせたほうがずっとよかった』って。(ノル(上), p.133)

　　　어머니가 돌아가셨을 때, 아버지가 나와 누나한테 뭐라고 했는지 알아? 이렇게 말했어. "나는 지금 굉장히 분해. 나는 엄마를 잃느니 너희 둘을 잃는 편이 훨씬 나았어"라고 말야.

(105) ごめんなさいね。私が何も分からないもんだから、つい何でもあなたにやらせてしまって。(セーラー, p.199)

　　　미안해. 내가 아무것도 몰라서 나도 모르게 당신에게 하게 만들어서.

제7장
기본동사의 의미특징과 사역문

사역문의 다양한 의미·용법은 기저문의 동사의 종류와 깊은 관련성을 갖고 있다. 자동사와 타동사라는 형태적 차이에 따른 사역문의 바리에이션에 관하여 살펴보고, 의미적인 측면에서는 타동사와 재귀동사, 인식·감정동사의 사역문의 차이점을 기술하겠다. 더 나아가 형용사의 사역문의 분석을 통하여 상태술어의 사역화에 관한 논의를 진행하겠다.

자동사에는 유생주어자동사와 무생주어자동사가 있고, 무생주어자동사로부터는 사역문이 파생되지 않는다는 것이 일반론적 접근이다.[1] 유생주어자동사로부터는 사역문이 파생되며, 기저문에 대격이 포함되지 않으므로 사역문의 피사역자 즉, 동작주 마커로 「ヲ」격을 사용할 수 있어, 소위 말하는 「ヲ사역」과 「ニ사역」의 두 종류의 사역문이 파생된다.

---

1 무생주어자동사의 대부분은 자발동사에 해당하는데, 자발동사와 사역의 관계에 관해서는 11장에서 상세히 기술하겠다.

■1 동사의 자·타와 사역문

1.1 자동사의 사역형

유생주어자동사의 사역은 (a)와 같은 「ヲ사역문」과 (b)와 같은 「ニ사역문」의 파생이 가능하다. 전자는 사역주의 피사역자에 대한 강제성이 함의된다는 뉘앙스의 차이가 있다고 분석된다. 유생주어자동사 사역문의 이와 같은 바리에이션은 기본적으로는 통사적 이유에 기인한 것이다. 기저문에 「ヲ」격 보어가 포함되지 않기 때문에 사역문에 「ヲ」격 보어의 출현이 가능하고 피사역자인 동작주가 「ヲ」격을 취하게 되는 것이다. 그럼에도 불구하고, 타동사문에 있어서의 「ヲ」격 보어의 의미 특징이 승계되어, 「ヲ」격으로 마크된 피사역자는 사역주에게 어떠한 행위를 강제당하는 존재가 되는 것이다. 문의 통어적 동기와 타동사문의 대격 보어가 일방적으로 행위를 받는 단순한 대상이라는 의미적 특징을 이해한다면, 「ヲ사역문」이 나타내는 의미를 이해할 수 있을 것이다. 대조적으로 유생주어자동사의 「ニ사역문」의 경우는 사역문의 피사역자 마커인 「ニ격」이 갖는 동작주성이 그대로 남아 있어, 피사역자의 의지가 존중된다는 의미가 함의되는 것이다.

(1) a. コーチが選手を走らせた。　코치가 선수를 달리게 했다.
　　b. コーチが選手に走らせた。　코치가 선수에게 달리게 했다.
(2) a. お母さんが子供を遊ばせた。　어머니가 아이를 놀게 했다.
　　b. お母さんが子供に遊ばせた。　어머니가 아이에게 놀게 했다.

(3) a. 先生が<u>生徒を座</u>らせた。　　　선생님이 학생을 앉게 했다.

    b. 先生が<u>生徒に座</u>らせた。　　　선생님이 학생에게 앉게 했다.

　무생주어자동사의 사역형은 대응하는 타동사를 갖는 경우에는 기본적으로 사역문의 파생이 제한된다고 한다. 대응하는 타동사가 없는 무생주어자동사인 경우에는, 사역형이 타동사의 대리 역할을 한다고 보는 것이 일반적 설명이었다. 그러나, 유대(有対) 무생주어자동사의 경우에도 사역문이 성립된다.

(4) うん、これは美味しい。<u>焦げさせ</u>ず、それでいて香ばしさを引き出している。(01/10/31, www.cafe-suimei.com/uq3.html)

    응, 이거 맛있네. 태우지도 않고, 그러면서도 풍미를 이끌내고 있어.

(5) 花子が弟の肩を押して、弟の手に持っていたジュースを<u>こぼれさせた</u>。

    하나코가 동생의 어깨를 눌러서, 동생의 손에 들려 있던 주스를 쏟게 했다.

(6) その左胸部がゆっくりと、砂を<u>こぼれさせ</u>ながら開いた。(01/10/31, silver.fureai.or.jp/csfi/csfi2_4.html)

    그 왼팔 부분이 천천히, 모래를 쏟아지게 하면서 열렸다.

(7) 倒れかかっている木にロープをつなげてみんなで引っ張って、木を<u>倒れさせた</u>。

    쓰러져가는 나무에 로프를 연결해서, 모두가 힘을 합쳐 나무를 쓰러지게 했다.

(8) もし火がついているなら地面に<u>倒れさせ</u>、毛布などでくるみ、火が

消えるまで転がす。(01/10/31, www.10man-doc.co.jp/i/burn.html)
만약 불이 붙어 있다면 지면에 쓰러지게 해서, 담요 등으로 둘둘
싸서 불이 꺼질 때까지 굴린다.

(9) 季節は夏。熱い陽ざしが容赦なくアスファルトを<u>溶けさせ</u>、道行く人
は無口になり、……。
계절은 여름. 뜨거운 햇살이 가차없이 아스팔트를 녹게 하고, 지
나다니는 사람들은 말없이…….

상기 예문의 동사는, 「焦げる(타다)」는 「焦がす(태우다)」, 「こぼれる
(쏟아지다)」는 「こぼす(쏟다)」, 「倒れる(쓰러지다)」는 「倒す(쓰러뜨리
다)」, 「溶ける(녹다)」는 「溶かす(녹다)」와 같이 각각 대응하는 타동사
를 갖는 유대자동사이나 사역문이 파생되고 있다. 즉, 「こぼす(쏟다)」
와 같은 각각의 타동사가 갖는 의미영역과는 다른 「こぼれさせる(쏟게
만들다)」와 같은 사역형이 갖는 의미영역을 나타내는 문맥에서는 대응
하는 타동사를 갖는 자동사도 사역형의 파생이 가능해진다는 것이다.

1.2 타동사의 사역형

기본동사가 타동사인 경우의 사역문의 문 구조는 [使役主ガ 被使役
者ニ 対象ヲ Vサセル (사역주ガ 피사역자ニ 対象ヲ Vサセル)]와 같다.
즉, 피사역자 마커는 「ニ」격에 한정된다. 사역문의 의미도 전형적인
사역문의 의미·용법인 지시, 허가, 방임·방치의 사역문이 된다. 전형적
인 사역문이란 사역주의 언어적 행위에 의하여 피사역자로 하여금 사
역주가 원하는 바를 수행하게 하거나, 피사역자가 바라는 바를 허가하

거나, 이미 행해지고 있는 피사역자의 행위를 하도록 내버려두는 의미를 나타낸다.

(10) 哲君に一人で魚を食べさせたりしてごめんなさい。

데츠에게 혼자서 생선을 먹게 하거나 해서 미안해.

(11) 警察がいつここを調べさせるか分からない。

경찰이 언제 이곳을 조사하게 할지 모른다.

(12) 死ぬ前に、たった一度だけ書かせて下さい。……スがちゃんその奥さんの名前です。(斜陽, p.159)

죽기 전에, 단 한 번만이라도 쓰게 해 주세요. ……스가 그 부인의 이름입니다.

(13) 「それ、北原さんのお手紙?」「ええ、そうよ。」〈中略〉「まあ、そうなの。ちょっと読せて下さる?」(氷点(下), p.190)

「그거, 기타하라씨 편지?」「응, 그래.」〈중략〉「어머, 그래? 좀 읽게 해 주겠어?」

(14) そうした政代に、こんなことをさせておいていいか。(愛, p.265)

그렇게 한 마사요에게 이런 일을 시켜도 좋은 것인가?

(15) よく描けていますね。運転手なんかをさせておくのが惜いみたいだ。(赤(下), p.35)

잘 그렸네요. 운전수같은 걸 시켜 두기에는 아까운 것 같네.

타동사로부터는 사역주의 행위와 사역사태 성립 사이에 간접성이 존재하는 사역의 전형적인 의미가 살아 있는 사역문이 만들어지는 것이다.

2 동사의 의미와 사역문

사역문은 일부 무생주어 자동사를 제외한 대부분의 동사로부터 파생된다는 통어적 성격을 갖는다. 따라서 다양한 의미의 동사 그룹으로부터 파생되므로, 사역문의 의미 또한 다양하다. 여기에서는 기본 동사의 의미와 특정 사역문의 의미유형과의 연관성을 중심으로 기술하기로 하겠다.

2.1 타동사 사역문의 의미

타동사로부터 만들어지는 사역문은 전형적인 사역문의 의미특징인 사역행위의 간접성을 공통점으로 갖는다. 또한 사역주와 피사역자가 유정물로, 두 참여자의 역동적인 관계 속에서 다양한 사역의 의미가 실현된다. 기본적으로는 사역주의 힘이 우위에 있으나, 사역사태에 대한 동기가 피사역자에 있는 허가사역의 경우에는 보조동사 「シテクレル (해 주다)」가 쓰이는 경우가 많으며, 이미 행해지고 있는 사태에 대한 적극적인 저지를 하지 않는다는 의미의 방임·방치사역의 경우에는 보조동사 「シテオク(해 두다)」가 쓰이게 된다. 이는 사역문에 있어서의 사역사태를 일으키는 동기는 기본적으로 사역주에 있음을 나타내는 것으로, 지시사역의 경우는 보조동사의 도움이 필요 없다는 것이 그 증거라고 할 수 있다.

> (16) まさか夫が、七年も前から自分を憎み、佐石の子供を<u>育てさせて</u>
> いるとは、思いもよらぬことであった。(永点(上), p.236)

설마 남편이 7년이나 전부터 나를 미워해서 사이시 아이를 키우
게 했다고는 생각도 못한 일이었다.

(17) 香子が進み出ようとすると、「動かないで」と、辻井浜子の手にナ
イフがあった。「これを使わせないでちょうだい」(青春, p.268)

가오르코가 앞으로 나서려 하자, 「움직이지마」라고 외쳤고, 츠지
이 하마코의 손에 나이프가 있었다. 「이걸 쓰게 만들지 말아줘」

(18) 人にはさわらせないほどに後生大事にしている古い小さな写真を、
善吉はメモでも見るように無造作に指先で掴んでいる。(伸子, p.62)

다른 사람에게 만지게 하지 않을 정도로 매우 소중히 여기던 낡
은 작은 사진을 센키치는 메모라도 보듯이 아무렇게나 손끝으로
쥐고 있다.

(19) 休みの許可をとってあるのは今日までで、明日も休ませてほしい、
そう連絡するためだったが、ほんとうは紺子の声を聞きたいというの
が本音だったかも知れない。(赤(下), p.133)

휴가 허가를 받은 것은 오늘까지로, 내일도 쉬게 해 주세요, 라
고 연락하기 위해서였는데, 사실은 곤코의 목소리를 듣고 싶다
는 것이 본심이었는지도 모르겠다.

(20) この時間に大切な約束があるのなら、なぜ客を待たせておくんで
すか! (セーラー, p.80)

이 시간에 중요한 약속이 있다는 것이라면, 왜 손님을 기다리게
내버려 두는 것입니까?

(21) もっとも、このところ、事件のせいもあるのか、授業も多少だれ気
味で、生徒に教科書を読せておいて、自分は何かぼんやりしてま
うことがあり、……。(青春, p.259)

무엇보다 요즈음 사건 탓도 있는지, 수업도 다소 쳐지는 것 같고, 학생에게 교가서를 읽게 해 두고, 자기는 뭔가 멍해져 버리는 일이 있어서…….

2.2 재귀동사 사역문의 의미

원심적 운동을 나타내는 타동사와는 달리, 재귀동사는 구심적 운동을 나타낸다는 의미적 특징을 갖는 동사이다. 구심적 운동이란 주어인 동작주에게서 출발한 동작이 대상에게 영향을 미치지만, 동작의 결과 대상이 어떠한 형태로든 동작주에 귀속되는 운동을 가리킨다. 다른 말로 하면, 동작주의 동작이 동작주의 범위를 넘지 않는다는 것이다. 「ヲ」격보어를 취하더라도 「ヲ」격보어에 대하여 언급하는 것이 아니라, 동작주에 대하여 언급한다는 것이다. 이러한 독특한 의미특징을 갖는 재귀동사로부터 만들어지는 사역문의 의미로 이익부여가 있다.

> (22) 美味しいパスタを<u>食べさせて</u>くれますか。
>
> 맛있는 파스타를 먹여 줄래요?
>
> (23) 美味しいコーヒーを<u>飲ませて</u>あげよう。
>
> 맛있는 커피를 대접해 줄게.

재귀동사로부터는 사역행위의 간접성이라는 의미에서 비전형적 사역이라고 할 수 있는 직접사역의 의미를 나타내는 사역문이 만들어진다. 직접사역은 사역주의 사역행위가 직접동작을 동반한다는 의미에서 간접사역과 구별됨과 동시에 타동사에 근접하는 사역문이다.

(24) そして落ちついてきたらまた汗を拭いて、寝巻きを<u>着せて</u>、寝か

しつけたの。(ノル(下), p.246)

그리고 안정되자 땀을 닦고, 잠옷을 입혀서 재웠어.

(25) ああ、酒でも<u>飲まして</u>ね、おとなしくさせようと思ったんだ。(限り

なく, p.8)

아아, 술이라도 먹여서 얌전하게 만들려고 생각했거든.

(26) 長い間君一人に重荷を<u>背負わして</u>た。(92, 11/6, フジテレビ)

(27) 私でよかったらお話を<u>聞かして</u>くれませんか? (92, 12/10, フジテレビ)

나로 괜찮다면 이야기 들려주지 않을래요?

「サス」형 직접사역은 「サセル」형과는 달리, 직접사역의 의미만을 나
타낸다. 이것은 피사역자의 사태참여의 모습이 간접사역과는 달리, 유
정물로서의 최소한의 행위만이 존재한다. 그러나 피사역자가 「ニ」격
<u>으로</u> 마크되며, 피사역자의 유정물로서의 행위가 전제가 되어 사역사
태가 성립된다는 의미에서 사역문의 범주로 인정할 수 있는 것이다.

2.3 인식 · 감정동사 사역문의 의미

인식·감정을 나타내는 동사는 타동사와는 다른 의미적 특징을 보이
며, 독특한 사역문을 만든다.

(28) a. その匂いが花子に子供のことを<u>思い出させた</u>。

그 냄새가 하나코에게 아이 생각을 나게 했다.

b. 花子が子供のことを<u>思い出す</u>。

하나코가 아이 생각을 하다.

(29) a. 子供が花子を<u>笑わせた</u>。　　　아이가 하나코를 웃겼다.

b. 花子が<u>笑う</u>。　　　　　　　　하나코가 웃다.

형태적으로는 예문 (28)의 「思い出す(생각나다)」는 타동사이고 (29)의 「笑う(웃다)」는 자동사이지만, 사역문의 의미에서는 차이가 나지 않는다. (28), (29) 모두 지시사역도 허가사역도 방임사역도 아닌 원인사역이라는 의미용법에 속하는 것이다. 이와 같은 사실로부터 사역문의 분석 및 분류에 있어서 동사의 형태적 측면뿐만 아니라 의미적 측면을 고려할 필요가 있음을 알 수 있다. 인식동사로부터 다음과 같은 사역문이 만들어진다.

(30) 教師が生徒にその問題についてあらゆる角度から<u>考えさせ</u>ている。

교사가 학생에게 그 문제에 관해서 모든 각도에서 생각하도록 만들고 있다.

(31) 朱色の小花が梅か桜を<u>連想させ</u>、縁は蓮の花を<u>連想させる</u>。

빨간 색 작은 꽃이 매화나 벚꽃을 연상시키고, 초록색은 연꽃을 연상시킨다.

(32) 温泉が旅の疲れを<u>忘れさせて</u>くれる。

온천이 여행의 피로를 잊게 해 준다.

(33) それを使うことにより、犬を飼い主に<u>集中させる</u>。

이걸 사용함으로써 개를 주인에게 집중시킨다.

(34) 参考書が僕を迷わせる。

참고서가 나를 헷갈리게 만든다.

(35) この問題についてのマスコミの無関心が、日本の将来を案じさせる。

이 문제에 관한 매스컴의 무관심이 일본의 장래를 걱정하게 만

든다.

사역행위의 유형이라는 측면에서 동작동사 사역문과 인식동사 사역
문 사이에는 차이점이 존재한다. 인식동사에서 파생된 사역문의 피사
역자는 동작주가 아니라 경험자가 되는 것이다.[2]

감정동사는 인식동사와 같이 취급되는 경우가 많은데 인식동사와는
달리 추상적 행위와 함께 동작성을 띠는 경우가 있다. 감정동사 사역문
의 사역주는 인식동사 사역문의 경우와 마찬가지로 無生物(inanimate)
인 경우와 有情物(animate)인 경우가 있는데, 유정물이라도 동작주로
서의 역할을 하는 것이 아니라, 원인적 행위를 제공하는 역할을 하므
로 무생물인 경우와 유사한 역할을 하고 있다.

(36) 僕は毎日(いたずらをして)ママを困らせています。

나는 매일 (장난을 쳐서) 엄마를 곤란하게 만들었다.

(37) 僕は、ママに八つあたりして、泣かせてしまった。

나는 엄마에게 대들어서 울리고 말았다.

(38) その悩みが僕を深く落ち込ませる。

그 고민이 나를 심하게 주눅들게 만든다.

---

2 동작동사 사역문의 경우 피사역자가 동작주인 것과는 대조적이다.

(39) ロボパロはペットのように、人を<u>楽しませ</u>、元気づけてくれる。

로보파로는 펫처럼 사람을 즐겁게 해주고, 힘이 나게 만들어 준다.

(40) 交感神経が生体を<u>緊張させ</u>、活動性を高める。

교감신경이 생체를 긴장시키고 활동성을 높인다.

2.4 형용사 사역문의 의미

「サセル」형식은 상태성 술어를 사역화하는 형식으로 사용되지 않는다. 따라서, 형용사문의 사역화 마커로서「サセル」형식이 용인되지 않을 것이라고 예상할 수 있다.

(41) a. 塩が料理を<u>美味しくする</u>。

소금이 요리를 맛있게 한다.

   *b. 塩が料理を<u>美味しいようにする</u>。

(42) a. 子供がお母さんを<u>悲しくする</u>。

아이가 어머니를 슬프게 한다.

   b. 子供がお母さんを<u>悲しくさせる</u>。

아이가 어머니를 슬프게 한다.

   *c. 子供がお母さんを<u>悲しいようにする</u>。

   d. 子供がお母さんを<u>悲しませる</u>。

아이가 어머니를 슬프게 한다.

(41a)는 기저 술어「美味しい(아름답다)」의 사역문으로,「ヨウニスル」형인 (41b)는 용인되지 않는다. 문의 의미는「料理が美味しくなる(요리가 맛있어지다)」라는 결과를 만드는 것이「塩(소금)」이라는 의미를 나

타내므로, 원인사역문에 가까운 의미를 나타내고 있다. 원인사역문의 의미는 사람인 피사역자를 취하는 (42)에 있어서 그 의미가 보다 명확해 진다. 「悲しい(슬프다)」의 사역화문 (42a)와 그 동사형 「悲しむ(슬퍼하다)」의 사역문 (42d)가 거의 같은 의미를 나타내고 있다. 감정동사의 사역문이 원인사역의 의미를 나타내는 것은 일반적인 현상이므로, (42a)도 원인사역의 의미를 나타내고 있다고 할 수 있겠다. 단지, (41)과는 달리, 사람인 피사역자를 취하는 (42)의 경우, (42b)와 같은 사역문이 가능하다. (42a)와 (42b)는 의미 차이는 거의 없으나, 미묘하게 「サセル」가 함의하는 간접성이라는 점에서 (42b)가 보다 간접적 사역행위를 나타낸다고 하겠다.

이상은 イ형용사의 경우인데, 다음과 같이 ナ형용사의 경우도 사정은 다르지 않다.

(43) a. ミルクが骨を丈夫にする。

우유가 뼈를 튼튼하게 한다.

*b. ミルクが骨を丈夫なようにする。

(44)*a. 先生が生徒をしずかにする。

b. 先生が生徒をしずかにさせる。

선생님이 학생을 조용히 시킨다.

*c. 先生が生徒をしずかなようにする。

(45) 僕だって授業中はしずかにするよ。

나도 수업중에는 조용히 해.

(46) 夜になると、この辺もしずかになる。

　　　 밤이 되면, 이 주변도 조용해진다.

　(43b), (44c)와 같이, ナ형용사의 사역화 마커로「ヨウニスル」형은 용인되지 않음을 알 수 있다. (43a)는 (41a)와 같이,「骨が丈夫になる(뼈가 튼튼해 지다)」라는 상태를 만드는 원인이「ミルク(우유)」라는 의미를 나타내므로, 원인사역의 의미가 된다. 대조적으로, 사람인 피사역자를 취하는 (44a)는 비문이 되고, (44b)와 같은「しずかにさせる(조용히 시키다)」문만이 용인된다.「生徒がしずかにする(학생이 조용히 하다)」의 사역문이 (44b)인 것일 것이다. 이것은 (45)와 같이,「しずかにする(조용히 하다)」가 소위 말하는 유생주어 자동사에 상당하다고 볼 수 있으므로, 그 사역문은「しずかにさせる(조용히 시키다)」가 되는 것이다. 또한, 무생주어의 경우는, (46)과 같이「しずかになる(조용해지다)」라는 자동사 상당의 어구가 담당하는 것이다.

　다음 경우는 사물인 사역주와 사람인 피사역자 체제의 문인데, 모두 사역문으로 용인 가능하다.

　(47) a. 休憩が選手を元気にする。　　휴식이 선수를 기운 나게 한다.
　　　 b. 休憩が選手を元気にさせる。　휴식이 선수를 기운 나게 한다.

　(47a)와 (47b)의 의미 차이는 (42a)와 (42b)와 마찬가지로,「元気にさせる(기운이 나게 하다)」라는 문에 있어서의 사역행위가 보다 간접적이라는 것이다.

제3부

보이스 체계에
있어서의 사역

보이스는 좁게는 능동문과 수동문의 대립이라고 정의된다. 이에 더하여, 사역문, 가능문 그리고 수수문도 보이스의 범주로 볼 수 있다. 자동사와 타동사의 대립을 보이스 현상의 하나로 보는 견해도 있다. 자동사와 타동사가 대응관계를 갖고 대립하고 있다는 것은 일반론이다. 본서에서는 자동사의 연장선에 자발동사가 있으며, 타동사의 연장선에 사역동사가 있다고 본다. 즉, 보이스의 기본은 '자발-자동-타동-사역'과 같은 의미적 연결고리 상에서 연속적 관계와 대응 관계를 가지면서 유기적으로 존재하고 있다고 보는 것이다. 이러한 연속적 관계에서 바라봄으로써, 자발동사와 자동사 또는 자발성과 자동성의 연속성과 차이점을 분석해 낼 수 있고, 자동과 타동의 연속적 모습과 대응하는 모습, 그리고 타동과 사역의 연속성과 차이점 등을 분석해 낼 수 있는 것이다.

물론 타동사에서 파생되는 직접수동문과 자·타동사에서 파생되는 간접수동문의 경우, 자동성과의 연속선상에서 파악해야 할 것이다. 자동화의 한 축을 이루는 것이 수동문의 파생이고, 이와는 다른 축이 재귀성을 포함하는 자동성일 것이다. 즉, 보이스 안에는 다음과 같은 복합적인 축이 존재한다고 볼 수 있다.

① 사역과 자발의 대응 축
② 타동과 자동의 대응 축
③ 능동과 수동의 대응 축

여기에서 ①②의 두 축이 기본 근간이라 볼 수 있다. 수동은 기본적으로는 타동사로부터 파생되지만, 이미 파생이 이루어진 사역으로부터도 수동화가 가능한 점 등을 고려하고 자동사로부터 파생되는 간접수동까지 포함하여 생각하면, 수동은 자동과 타동, 사역을 포함하는 능동에 대립되는 개념이며 카테고리라고 볼 수 있다. 즉, ③의 능동과 수동의 축은 ①②와는 다른 차원의 축이라고 보아야 할 것이다.

사역과 타동이 근접 카테고리이고, 자발과 자동이 근접 카테고리라는 기본적 축 위에, 타동성으로부터 재귀성, 자동성으로의 자동화의 경로가 있고, 자동과 자발의 연관성과 그 연속선상에 가능이 자리하고 있는 것이다.[1] 사역화의 경로 또한 존재하여, 자동의 사역화와 자발의 사역화의 경로가 있다.[2] 또한 상태술어인 형용사술어문과 명사술어문을 동사술어문으로 바꾸는 경로도 사역화의 경로라고 할 수 있다. 이러한 관점에서 보이스 전체를 조망해 보면, 사역은 보이스 체계 안에서 강력한 역할을 수행하고 있음을 알 수 있다. 타동성(transitivity)이

---

1 자발과 가능의 관계에 관해서는 權(2015) 참조.
2 사역화에 관해서는 權(2010) 참조.

동작주와 사물의 관계에 관한 의미개념이라면, 사역성(causativity)은 보다 넓고 보다 상위 차원의 관계에 관한 의미개념이라고 할 수 있다. 즉, 어떠한 사태의 원인과 결과 관계를 사역성이라고 본다면, 원인에 올 수 있는 요소는 타동의 그것 보다 다양하다. 동작주가 되는 유정물 뿐만 아니라 사역주로서의 유정물과 어떠한 사태를 유발하는 원인적 사태와 사물 등도 사역주가 될 수 있다. 그렇기 때문에 형용사술어와 명사술어 조차도 동사술어로 만드는 사역화가 일어나는 것이다. 일상적 표현으로 말 한다면, 타동성과는 그 품의 크기와 깊이가 다르다고 할 수 있는 것이다.

제 3부에서는 이상과 같은 밑 그림을 염두에 두면서, 사역과 보이스의 각 카테고리와의 관계를 중심으로 기술해 나갈 것이다.

제8장

자·타동사 사역문

이 장을 시작으로 기저문의 동사의 통어적·의미적 특징과 파생된 사역문과의 관련성을 중심으로 기술하고자 한다. 자동사와 타동사의 사역문을 먼저 살펴보고, 대격보어를 취하는 경우에도 타동성을 나타내지 않는 재귀동사의 사역문에 관하여 살펴 볼 것이다. 자·타동사와 재귀동사 사역문의 비교분석을 할 것이고, 타동성이 낮아지는 경로 중재귀성과는 다른 경로로 생각되어지는 인식·감정동사의 사역문과의 비교분석도 할 것이다.

1 타동사와 자동사의 사역문

전형적인 타동사는 동작주를 주어로 가지며 대상에 대하여 완벽한 제어(control)를 실행한다. 이러한 타동사의 사역문은 타동 사태를 수

행하게끔 만드는 새로운 주어가 사역주로 도입된다. 사역주는 타동사의 동작주로 하여금 동작주의 컨트롤 하에 타동사태를 성립시키도록 만든다. 사역주의 동작주에 대한 행위는 다양한데, 주로 언어에 의한 지시를 통하여 사역사태를 일으키게 된다. 물론 사역주의 다양한 사역행위(働きかけ)를 나타내기 위하여 보조동사의 공기(共起)와 같은 보조적 수단이 취해지기도 한다. 사역문의 다양한 사역행위는 유정물인 사역주와 유정물인 동작주 즉, 피사역자라는 스스로의 의지에 의해서 어떠한 행위를 일으킬 수 있는 두 존재 사이에 역학관계가 존재하기 때문이다. 특히 타동사문으로부터 파생되는 사역문은 전형적 사역문이라고 할 수 있다. 사역문을 사역문답게 만드는 첫 번째 요소는 사역행위의 간접성이다. 사역행위의 간접성은 유정물인 두 존재가 관여하는 사태이기에 일어나는 현상이며, 타동사문과 사역문을 구별하는 중요한 요소이다.[1] 타동사는 「ドアを開ける(문을 열다)」, 「ボールを投げる(공을 던지다)」와 같이 전형적인 타동사태를 나타내는 동사와, 「タンスを移す(장을 옮기다)」, 「洗濯物を乾かす(빨래를 말리다)」와 같이 사역성 즉, 행위의 간접성을 함의하는 동사로 나뉜다.[2]

사역문으로 이야기를 돌리면, 타동사의 사역문은 통어적으로도 의미·용법적으로도 전형적 사역문을 파생시킨다. 유생주어 자동사로부터 만들어지는 사역문은 기본동사가 대상을 취하지 않는다는 사실 이

---

1 「兄が弟を叱る(형이 동생을 혼내다)」와 같은 타동사문의 경우도 유정물의 두 존재가 관여하는 사태이지만, 「叱る(혼내다)」라는 사태에 있어서의 「弟(동생)」는 주어인 동작주의 행위를 일반적으로 받는 대상에 불과하다. 스스로의 의지에 따라 행동하는 존재라는 의미는 갖고 있지 않은 것이다.
2 타동성과 사역성의 연속성에 관해서는 제 1부 1장에서 다루고 있다.

외에는 타동사 사역문과 유사하다.

제 6장에서 기술한 바와 같이, 전형적 사역표현에는 지시사역, 유도사역, 허가사역, 방임·방치사역이 있다. 이러한 의미·용법은 타동사와 자동사로부터 파생된다.

(1) それでも新潟のナホトカ航路を使って、組織の連絡係を<u>やらせてい</u>たんだが、ああ飲んだくれて、麻薬に溺れるようになったんじゃ、ものの役に立たない。(赤)

그래도 나호토카 항로를 이용해서 조직 연락책을 시키고 있었는데, 저렇게 술주정뱅이이고 마약에 쩔어서야 아무런 도움이 되지 않는다.

(2) 猫は明日の朝の十時に運転手に<u>取りにやらせる</u>よ。(羊)

고양이는 내일 아침 10시에 데리러 보낼게.

(3) いまもあれこれ関係者をたどって、片桐がモスクワのどこにいるのか、それを<u>探らせて</u>いるところです。

지금도 이런저런 관계자를 조사해서, 가타기리가 모스크바 어디에 있는 건지, 그것을 캐도록 하고 있는 참입니다.

이상은 지시사역<u>으로</u> 자동사와 타동사로부터 파생된다.

(4) そういう気構えで生きることは、今の社会の実情では、娘に荊棘の道を<u>歩かせる</u>ことになるかもしれませんが…。(寒)

그런 마음가짐으로 산다는 것은 지금과 같은 사회 실정으로는 딸에게 가시밭길을 걷게 만드는 일이 될지도 모르겠습니다만….

(5) しかし、事もあろうに、よりによって、ルリ子を殺した佐石の子を<u>育</u><u>てさせた</u>啓造を、夏枝は許せなかった。

그러나 하필이면, 루리코를 죽인 사이시의 자식을 키우게 만든 게 이조를 나츠에는 용서할 수 없었다.

(6) 男にまず<u>払わせて</u>、あとで返す。（ダンス・下）

남자에게 우선 지불하게 하고 나중에 갚는다.

(7) わざと<u>襲わせて</u>から出てくる気だったんでしょう。（青）

일부러 덥치게 만들고서 등장할 맘이었던 거죠?

이상은 유도사역으로, 사역문다운 전형적 사역문이라고 할 수 있다. 사역문을 분석해 보면, 의외로 사역행위가 무엇인지 명확하지 않은 경우가 많은데, 이들의 대부분은 유도사역으로 분류할 수 있을 것이다. 한국어로 번역하면 「게 만들다」로 번역되는 경우가 많다.

(8) そのかわり<u>電話をかけさせて</u>。（ダンス）

그 대신 전화를 걸게 해줘.

(9) 私はママに、幅のひろい<u>気楽な生活をさせて</u>あげたいのよ。（寒）

나는 엄마에게 폭이 넓은 맘 편안한 생활을 하게 해 드리고 싶은 거야.

이상은 허가사역의 의미·용법으로, 「テクダサイ(해 주세요)」「テアゲる(해 주다)」와 같은 보조동사를 통해서 허가의 의미를 명확히 전달하고 있다.

(10) もっとも、このところ、事件のせいもあるのか、授業も多少だれ気味で、生徒に教科書を<u>読ませて</u>おいて、自分は何かぼんやりしてしまうことがあり、〜。(青)

무엇보다 요즘 사건 탓도 있는지, 수업도 다소 쳐지는 것 같고, 학생에게 교과서를 읽게 해 두고서, 자기는 뭔가 멍하게 딴 생각을 하는 일이 있고, ~.

위 예문은 방임·방치사역으로 「シテオク(해 두다)」와 같은 보조동사와 공기하는 경우가 많다.

2 자동사 사역문의 특징

타동사와 자동사가 사역문의 의미·용법 상 유사점을 보이지만, 타동사와 자동사의 사역문은 구문적 특징이 다르다. 기본동사가 대상을 취하지 않기 때문에 피사역자 즉, 동작주 마커(marker)로 「ヲ」격과 「ニ」격을 선택할 수 있는 바리에이션이 생기는 것이다. 타동사 사역문과 자동사 사역문의 구문 패턴은 다음과 같다.

타동사 사역문 : [사역주ガ 피사역자ニ 대상ヲ Vサセル]
자동사 사역문 : [사역주ガ 피사역자ニ Vサセル]
　　　　　　　　　[사역주ガ 피사역자ヲ Vサセル]

대상을 취하지 않는 기본동사가 사역문이 되면, 피사역자가 「ヲ」격을 취할 수 있게 되는 것이다. 또한 사역문의 피사역자 마커인 「ニ」격으로 마크할 수도 있다. 따라서 두 가지의 자동사 사역문의 구문 패턴이 성립되는 것이다. 구문의 패턴과 격조사의 선택이라는 면에서는 이상과 같은 설명이 가능하다. 피사역자를 대격인 「ヲ」격으로 표시할 것인지 여격인 「ニ」격으로 표시할 것인지의 선택적 관계에 그치지 않고, 이 두 사역문은 의미를 달리한다. 이러한 의미 차이를 초래하는 원인에 관해서는 격조사의 기본적인 의미·용법에서 답을 얻을 수 있다.

2.1 대격 사역문

자동사로부터 파생되는 사역문의 피사역자를 대격으로 표시하는 경우, 사역주의 피사역자에 대한 강제성이 강조된다고 한다. 기저문에 대격보어가 없기 때문에 피사역자를 대격으로 마크할 수 있다는 통어적 동기에 더하여, 사역문의 피사역자 마커인 여격을 취하지 않고 대격을 취함으로써 피사역자에 대한 사역주의 사역행위를 강하게 나타내고 있는 것이다. 이와 같은 사역주의 사역행위의 강제성은 대격이 갖는 문법적 의미인 것이다. 대격은 타동사문에 있어서 동작주인 주어로부터 일방적인 행위를 받는 존재인 것이다. 대격보어가 설령 의미상 유정물이라 할지라도 의지를 갖고 행동하는 존재는 아닌 것이다. 그러므로, 대격보어는 일방적 행위를 받는 사물 또는 사물과 같은 존재가 되어, 사역문에서 피사역자 마커로 쓰이더라도 이러한 의미가 남아있는 것이다. 이러한 의미가 사역주의 피사역자에 대한 강제성이라는 사역문의 의미로 실현된다고 분석할 수 있는 것이다.

    (11) 食事中に<u>子供を立ち歩かせては</u>ダメです。

        식사 중에 아이를 걸어 돌아다니게 해서는 안 됩니다.

    (12) 死にかけた愛する<u>アホ旦那を</u>もう一度<u>歩かせ</u>たい。

        죽을 뻔한 사랑하는 바보 같은 남편을 다시 한 번 걷게 하고 싶다.

    (13) そのレストランは<u>子供を遊ばせ</u>ながらゆっくりランチができる。

        그 레스토랑은 아이를 놀게 하면서 여유롭게 런치를 즐길 수 있다.

    (14) <u>子供を夜遅く</u>まで<u>起きさせて</u>いる。

        아이를 밤 늦게까지 깨어 있게 하고 있다.

    (15) 田中さんが<u>子供を車から降りさせた</u>。

        다나카씨가 아이를 차에서 내리게 했다.

2.2 여격 사역문

자동사로부터 파생되는 사역문의 피사역자를 여격(dative)으로 표시하는 경우, 사역주가 피사역자의 의사를 존중하면서 사역사태를 성립시킨다는 의미가 함의된다. 이것은 사역문의 피사역자 마커인 여격으로 표시함으로써 피사역자의 유정물로서의 존재를 인정하면서 의도하는 사역사태를 성립시킨다는 전형적 사역문의 의미를 나타내고 있는 것이다. 이와는 대조적으로 대격 사역문은 전형적 사역사태로부터 다소 떨어져 있는 사태를 나타낸다고 하겠다. 그럼에도 불구하고 강제적 사역행위를 받아 어떠한 행위를 실행하는 장본인은 동작주인 피사역자이므로 여전히 사역문인 것임에는 틀림없는 것이다.

(16) 小学生に山道を歩かせる。

초등학생에게 산길을 걷게 한다.

(17) 女性に車道側を歩かせる。

여성에게 차도 쪽을 걷게 한다.

(18) 騒がしい友人にひたすら階段を降りさせてみた。

시끄러운 친구에게 계속 계단을 내려가게 해 보았다.

제9장

재귀동사 사역문

1 재귀동사와 사역문의 관계

1.1 재귀성과 재귀동사

재귀성(reflexivity)과 재귀동사에 관해서는 제 1부 3장에서 상세히 살펴보았다. 재귀성은 타동에 대립되는 개념이면서 타동성 저하(低下) 즉, 자동성의 한 경로로 파악할 수 있는 의미개념으로, 재귀동사도 그러한 의미를 나타내는 고유한 동사로 자리매김할 수 있다는 점에 관해서 기술하였다. 재귀성이 타동성에 대립되는 의미개념인 만큼 보이스의 여러 현상에 관여하고 있음을 짐작할 수 있다. 재귀동사로부터 만들어지는 사역문이 고유한 의미카테고리를 형성한다든지, 직접수동문이 파생되지 않는다든지 하는 통어현상을 일으킨다.

재귀동사에 관해서는 그 특수성으로 인하여 일본어학에서도 한국어학에서도 예외적 현상이라는 인상이 강한 것이 현실이다. 일본어학에서는 복타동사와 같은 용어로 그 특수성을 설명하려고 하였다.

(1) 花子は成人式に振袖を着た。
    하나코는 성인식에서 후리소데를 입었다.
(2) 花子はメガネをかけた。　　하나코는 안경을 썼다.
(3) 花子は帽子をかぶった。　　하나코는 모자를 썼다.

상기 예문에서와 같이, 탈착의와 같은 행위를 나타내는 동사가 여기에 속한다고 보고 있다. 그러나 다음과 같은 탈의 행위나 이와 유사한 행위도 재귀성을 나타낸다고 볼 수 있다. 즉, 동작주에 무엇인가 입혀지는 행위뿐만 아니라 탈의와 같은 행위까지도 재귀성을 띤다고 본다. 즉, 착탈의 동작에서 착탈의되는 대상에는 관심을 두지 않고, 착탈의 후의 동작주의 상태에만 관심이 집중되는 것이다. 그렇다면, 이것은 「ヲ」격보어를 취하지만 「ヲ」격 보어에는 무관심하면서 동작주체에 관심이 한정되는 행위를 나타내는 것이 재귀성이라고 해석할 수 있다.

(4) 花子は着物を脱いだ。　　　하나코는 기모노를 벗었다.
(5) 花子は靴を脱いだ。　　　　하나코는 구두를 벗었다.
(6) 花子は婚約指輪を外した。　하나코는 약혼반지를 뺐다.
(7) 花子は着物を脱いでいる。　하나코는 기모노를 벗고 있다.
(8) 花子は靴を脱いでいる。　　하나코는 구두를 벗고 있다.
(9) 花子は婚約指輪を外している。하나코는 약혼반지를 빼고 있다.

이러한 사실은 재귀동사의 아스펙트적 의미를 살펴보면 더욱 명확해 진다. 착의든 탈의든 입혀지거나 벗겨진 대상에 대한 관심은 없으며, 동작이 이루어지고 난 이후의 동작주의 상태에 관심이 두어져 있음을 알 수 있다. 특히 「シテイル(하고 있다/해 있다)」형의 해석을 보면, 동작진행과 결과지속 중 우선적 의미가 정해져 있지 않다. 문맥에 따라 동작진행과 결과지속의 의미로 해석되는 것이다. 이러한 아스펙트적 특징을 띠는 동사는 재귀동사 이외에는 없다. 즉, 재귀동사는 보이스적 관점에서 고유성을 인정할 수 있을 뿐 아니라, 아스펙트적 의미에서도 타동성이나 자동성 등과는 다른 독특한 현상을 보인다. 즉, 재귀성이라는 의미개념은 타동성과 더불어 문법 현상 전체에 영향을 미치는 중요한 의미개념임을 확인할 수 있는 것이다.

1.2 재귀동사의 사역문

한국어의 사역문을 만드는 형식은 한어동사 전용형식 「시키다」를 제외하고, 「이」형식과 「게 하다」형식의 두 가지가 있다. 「이」형식은 동사에 제한이 있으나, 「게 하다」형식은 동사의 제한이 없고 형용사를 사역화하는 형식이기도 하다. 「이」형식의 사역문은 제한된 동사로부터 파생되며, 그 제한된 동사의 의미특징이 재귀성을 띤다는 것은 이미 기술한 바 있다.

    (10) 엄마가 아기에게 분유를 먹였다.
    (11) 엄마가 아이에게 우유를 먹게 했다.
    (12) 엄마가 아기에게 옷을 입혔다.

(13) 엄마가 아이에게 옷을 <u>입게 했다</u>.

즉, 재귀성을 띠는 동사는 「이」형식의 사역문과 「게 하다」형식의 사역문을 모두 파생시킨다. 한 동사로부터 파생되는 두 사역문의 의미에 차이가 있음은 용이하게 예상할 수 있을 것이다. 「이」형식의 사역문은 사역주가 직접 행위를 실행한다는 의미가 있는 반면, 「게 하다」형식의 사역문의 사역주는 피사역자에게 지시하는 존재에 머물고 있어, 간접적 사역행위를 나타내는 전형적 사역문의 사역주인 것이다. 「이」형식의 사역문은 직접사역이라는 고유한 사역문의 카테고리를 형성하며 전형적 사역문과 통어적, 의미적 차이를 보인다. 이러한 사정은 일본어의 경우에도 해당된다. 단지 일본어의 사역문의 경우, 형식의 구분이 한국어만큼 명확하지 않다는 차이가 인정된다.

(14) 母が赤ちゃんにミルクを<u>飲ました</u>。
엄마가 아기에게 우유를 먹였다.
(15) 母が子供にミルクを<u>飲ませた</u>。
엄마가 아이에게 우유를 먹게 했다.
(16) 母が赤ちゃんに服を<u>着せた</u>。
엄마가 아기에게 옷을 입혔다.
(17) 母が子供に服を<u>着させた</u>。
엄마가 아이에게 옷을 입게 했다.

앞 두 예문은 직접사역 행위를 나타내는 경우로, 나머지 두 예문과

는 대조적이다. 이와 같이 한국어에서의 현상을 염두에 두고 살펴 볼 때, 재귀성을 띠는 동사에 착탈의 행위 이외에도 취식 행위 등도 넣을 수 있을 것이다.[1] 일본어의 경우, 「サス」형 사역문과 「サセル」형 사역문이 형태적 연속성을 갖는다는 점과, 「サセル」형 사역문이 직접사역도 나타낼 수 있다는 점에서 한국어와는 사정이 다르다고 할 수 있다. 그러나 분명한 것은 직접적 행위가 수행되는 사역문이 존재한다는 것이며, 직접사역의 의미를 나타낼 때 「サス」형식의 사역문이 파생된다는 사실이다.

2 재귀동사 사역문의 특징

재귀동사로부터 파생되는 사역문은 직접사역문이라는 독특한 의미 카테고리를 형성한다. 직접사역문은 다른 용어로 단형사역(short-term causative)이라 할 수 있는데, 한국어와 스페인어 등 범언어적으로 단형사역과 장형사역(long-term causative)이 다른 형식으로 나타내어지는 경우를 확인할 수 있다. 일본어의 경우에도 직접사역을 나타내는 사역문을 단형사역이라고 볼 수 있다. 대조적으로 전형적인 사역문을 장형사역이라고 하겠다.

단형사역은 형태적으로는 직접사역의 파생형식 「サス」형으로 생산적 파생이 이루어지므로 사역문의 카테고리로 인정할 수 있으며, 「サ

---

1 재귀성에 관해서는 權(1998)을 참조.

ズ」형은 사역형 「サセル」형과 타동사의 형태소 「as」형의 중간적 형태로 인정할 수 있다. 의미적으로는 사역주의 직접적 사역행위의 실현을 나타내어 전형적 사역문과 타동사문과의 중간적 성격을 띤다. 또한 통어적으로도 아래 예문에서 보듯이, 전형적 사역인 장형 사역문의 재귀대명사의 선행사는 주어인 사역주와 피사역자를 모두 가리킬 수 있는 반면, 단형 사역문의 재귀대명사의 선행사는 주어인 사역주 만을 가리킨다. 단형 사역문이 구문적으로 타동사문과 공통적 특징을 갖는다는 증거가 되는 것이다.

(18) 花子が子供に自分のコートを着せた。
하나코가 아이에게 자기 코트를 입혔다.
(19) 花子が子供に自分のコートを着させた。
하나코가 아이에게 자기 코트를 입게 했다.

2.1 한국어의 사역문

일반적으로 한국어의 사역문은 두 형태가 인정되고 있다. 하나가 「이」라는 접사를 첨가하는 파생형 즉, 단형사역이고, 다른 하나가 「게하다」라는 접사에 형식동사가 접속된 형태 즉, 장형사역이다. 그러나, 두 형태의 사역문이 함께 존재하는 이유 및 각각의 의미역할은 무엇인지에 관한 명확한 분석은 현재로서는 찾아보기 어렵다. 본서에서는 「이」사역문이 통시적으로 「게 하다」형의 세력의 확장으로 인하여, 현대어에서는 제한적으로 파생되고 있다는 분석을 지지하면서도, 공시적인 입장에서 보면, 제한적 파생도 명확한 규칙성을 갖고 존재하고 있

다고 분석할 수 있는 것이다. 또한, 일본어의 「サス」형인 단형사역의 사역문을 「サセル」형인 장형사역과는 의미적·구문적으로 구별되는 고유한 영역을 갖는 문법카테고리로 파악한다. 더불어, 한국어의 「이」형과 일본어의 「サス」형이 평행적 관계에 있음을 명확히 하고자 한다. 우선, 출발점이 되는 한국어의 두 형태의 사역문에 관하여 살펴보자.

일본어의 사역문은 「(s)ase」 또는 「(s)as/se」라는 접사에 의해 파생되는데, 한국어의 두 형태의 사역문은 장형사역과 단형사역이 파생의 방법을 달리한다.[2] 장형사역은 「접사(게) + 형식동사(하다)」의 조합으로 사역의 의미를 나타내며, 구문적 사역문이라고도 한다. 단형사역은 동사의 어미변화에 의한 형태이다. 본서에서 문제로 삼고자 하는 것은, 동일한 동사가 두 형태의 사역문을 파생시킨다는 것인데, 지금까지 두 형태의 사역의 존재이유 또는 어떠한 동사가 두 종류의 사역문을 갖고, 어떠한 동사가 그렇지 아니한가에 관한 고찰은 충분치 않은 것으로 판단된다. 단지, 통시적인 연구 분야에서 형태의 생성과 소멸, 세력 확장이라는 관점에서의 연구는 있어 왔다. 그러나, 공시적인 연구에 있어서, 현존하는 여러 형태들의 존재 의미와 그 관계의 분석도 중요한 연구분야일 것이다.

다음 예문과 같이, 모든 동사로부터 「이」형 사역이 파생되는 것은 아니다.

---

2 한국어의 사역문에는, 「이」사역과 「게 하다」사역, 「시키다」사역의 세 종류의 형태가 인정되고 있으나, 본서에서는, 하나의 기저동사로부터 「이」형과 「게 하다」형의 두 가지 사역형이 파생되는 경우가 있다는 점에 초점을 두어, 이 두 형태의 사역문을 분석의 대상으로 삼고자 한다.

(20) a. 어머니가 딸에게 옷을 <u>입히고</u> 있다.

　　 b. 어머니가 딸에게 옷을 <u>입게 했다</u>.

(21) a. 어머니가 딸에게 모자를 <u>씌웠다</u>.

　　 b. 어머니가 딸에게 모자를 혼자서 <u>쓰게 했다</u>.

(22) a. 어머니가 아기를 <u>재우고</u> 있다.

　　 b. 어머니가 아이를 혼자서 <u>자게 했다</u>.

(23) a.*어머니가 아이에게 상자를 <u>부수이었다</u>.

　　 b. 어머니가 아이에게 상자를 <u>부수게 했다</u>.

(24) a.*북풍이 겨울을 <u>느끼이었다</u>.

　　 b. 북풍이 겨울을 <u>느끼게 했다</u>.

　예문 (20), (21), (22)의 경우는 「이」사역인 (a)와 「게 하다」사역인 (b)가 모두 적격문이다. 그런데, 전형적인 타동사라 할 수 있는 (23)과 감정동사인 (24)의 경우는 「이」사역문이 비적합문이 된다. 이에 관하여, (20)의 기저동사 「입다」와 (21)의 「쓰다」의 의미적 특성인 재귀성이 영향을 미치고 있다고 보는데, 이 관점을 지지해 주는 다음과 같은 언어사실이 있다.

(25) a. 아이가 손을 <u>씻는다</u>.

　　 b. 어머니가 아이 손을 <u>씻기고</u> 있다.

　　 c. 어머니가 아이에게 손을 <u>씻게 했다</u>.

(26) a. 아이가 야채를 <u>씻는다</u>.

　　 b.*어머니가 아이에게 야채를 <u>씻기었다</u>.

　　 c. 어머니가 아이에게 야채를 <u>씻게 했다</u>.

(25a)와 같이 동작주의 신체부위인 「손을 씻다」의 경우는, (b)의 「이」형태의 사역문을 만들 수 있으나, (26a)의 「야채를 씻다」와 같이 동작주의 신체부위가 아닌 명사가 오면, (b)의 「이」형태의 사역문은 만들 수가 없다. 이 사실은 「이」사역형의 파생에 동사가 갖는 의미인 재귀성이 관계하고 있다는 것을 시사하는 것이다.

위의 검증에 의하여 한국어의 「이」형태의 사역형을 조사해 보면, 기저동사의 대부분에서 넓은 의미의 재귀성이 인정된다. 한국어에 있어서의 「이」형 사역문이 재귀성을 띠는 동사로부터 한정적으로 만들어진다는 사실은 일본어의 사역문의 분석에 있어서도 중요한 시사점을 제공해 주는 것이다.

2.2. 사역동사의 파생과 동사의 재귀성

본서에서는 사역동사[3]를 파생시키는 재귀동사는, 다음에 제시하는 3가지 의미소성을 갖는 동사를 말한다.[4]

(a) 운동의 방향성 : 구심적 운동을 나타낸다.
(b) 소유성 : 동작주와 대상이 소유관계에 있다.
(c) 가시성 : 동작이 시각적으로 확인가능하다.

---

3 사역동사란,「이」형과 「サス」형을 가리킨다. 「게 하다」형과 「サセル」형의 장형사역의 대조적인 관점에서, 단형사역이라 하는 경우도 있으나, 동일 카테고리이다.
4 로만스어·슬라브어계의 언어는, 접두사(se, sja)로 재귀성을 형태적으로 마크한다. 그러나, 한국어와 마찬가지로 일본어의 경우도, 재귀동사가 어떤 형태적인 특징을 갖고 나타나지 않는다. 따라서, 재귀성 및 재귀동사를 규정하기 위해서는 의미적인 규정을 거쳐, 제 통어현상에서의 검증을 거치는 과정이 필요할 것이다.

전형적인 재귀동사는 상기의 조건을 모두 만족시킨다. 「着る(입다), 被る(쓰다)」와 같은 동사들이 여기에 속하며, 종래에는 이들 동사만이 재귀동사로 인정되어 왔다. 이 동사들은 동작의 결과 동작주에 일어나는 변화의 결과까지 함의한다. 그러나, 필자의 견해로서, 「食べる(먹다), 聞く(듣다), 抱く(안다)」와 같은 동사도 상기의 의미소성을 만족하는 재귀동사라고 본다. 전자와의 차이점은 결과를 함의하지 않는다는 것이다.[5] 전자로부터 사역동사 「着せる(입히다), 被せる(씌우다)」가 파생된다. 한국어의 「먹다, 자다, 듣다, 안다」와 같은 동사로부터도 「먹이다, 재우다, 듣기다, 안기다」와 같은 「이」형 사역동사가 파생된다.

일본어에 있어서도 다음과 같은 현상을 관찰할 수 있다.

(27) 花子が赤ちゃんにミルクを<u>飲ませて</u>いる.

하나코가 아기에게 우유를 먹이고 있다.

(28) 花子が太郎に手を洗ってからミルクを<u>飲ませた</u>.

하나코가 타로에게 손을 씻고 나서 우유를 먹게 했다.

(27)에 있어서의 「花子(하나코)」의 피사역자에 대한 행위는 직접적인 동작에 의한 것임을 추측할 수 있고, (28)에 있어서의 「花子(하나코)」

---

5 필자는 재귀동사의 범위를 확대하고자 하는 입장인데, 그 근거중의 하나가 결과 함의에 관한 것이다. 타동사는, 재귀동사와는 대조적으로 대상으로 향하는 원심적인 운동을 나타내면서, 그 결과에 관해서는 개별동사가 갖는 의미로 파악한다. 마찬가지로, 재귀동사의 경우도, 결과함의에 관한 것은 개별동사의 문제이며, 재귀동사를 특징지우는 가장 중요한 요인은 운동의 방향성이 동작주를 중심으로 구심적이라는 것이다.

의 「太郎(타로)」에 대한 행위는 언어수단과 같은 간접적인 것임을 알 수 있다. 이와 같이 일본어에 있어서도 「サセル」에 의한 사역문이, 사역주의 행위의 성질이라는 점에서 중의적이라는 것을 알 수 있다. 이러한 현상이 나타나는 것은 동사가 갖는 의미인 재귀성에서 유래하는 것이며, 사역주의 피사역자(=동작주)에 대한 직접적인 행위는 「食べる(먹다), 握ぎる(쥐다), 寝る(자다), 聞く(듣다), 抱く(안다)」등 재귀성을 띠는 동사로부터 파생된 경우에 한하여 나타낼 수 있다. 이와 같은 동사는 「サセル」형 이외에 단형사역인 「サス」형 즉, 「食べさす(먹이다), 握らす(쥐이다), 寝かす(눕히다), 聞かす(들려주다), 抱かす(안겨주다)」와 같은 동사의 파생이 가능하다. 그러나, 전형적인 타동성을 띄는 동사의 사역문은 사역주의 직접적인 행위를 나타낼 수 없으며, 「サス」형 사역동사도 파생되지 않는다.

(29) a. 太郎が次郎にパンを作らせた。

　　　　타로가 지로에게 빵을 만들게 했다.

　　b. *太郎が次郎にパンを作らした。

(30) a. 太郎が次郎に花子を殴らせた。

　　　　타로가 지로에게 하나코를 때리게 했다.

　　b. *太郎が次郎に花子を殴らした。

즉, 일본어에 있어서도 재귀성 동사는 의미적, 형태적으로 두 가지 사역문이 파생되지만, 전형적인 타동성을 나타내는 동사는 「サセル」형 사역문만이 파생되는 것이다. 따라서, 일본어도 한국어와 마찬가지로

전형적 사역과 사역동사의 파생에 동사가 갖는 의미적 성질이 관여하고 있다는 일반론을 세울 수가 있다.

2.3. 단형 사역문의 특징

사역동사에 의한 단형 사역문(「이/サス」형)을 전형적 사역문(「게 하다/サセル」형)인 장형 사역문과 비교하여, 장형 사역문과는 명확히 구별되는 고유한 의미영역을 담당하고 있음을 검증하겠다. 또한, 그 특징에 관하여 형태적, 의미적, 통어적인 관점에서 분석하겠다. 우선, 한국어의 「이」형 사역문과 일본어의 「サス」형 사역문의 유사점과 차이점에 관하여 고찰해보자.

2.3.1 사역동사의 분포

1) 한국어의 「이」형 사역동사의 분포

여기에서는 한국어의 「이」형 사역문을 파생시키는 동사의 분포를 조사하고, 그 동사류의 카테고리를 정하며, 「게 하다」형만을 갖는 동사와의 차이점을 명백히 하겠다. 결론을 먼저 제시하면, 한국어의 「이」형은 앞에서 지적한 재귀성 동사에 한정되어 파생되지만, 「게 하다」형은 모든 동사로부터 파생된다.

[a] 입히다, 씌우다, 신기다, 채우다, 벗기다, 깎이다, 빗기다
[b] 먹이다, 잡히다, 쥐이다, 들리다, 보이다, 듣기다, 읽히다
[c] 앉히다, 세우다, 눕히다, 재우다, 걸리다, 놀리다, 울리다

[d] 손을 씻기다, 얼굴을 닦이다, 머리를 감기다

[a] 는 종래의 재귀동사, [b] 는 2항 재귀동사(재귀타동사), [c] 는 1항 재귀동사(재귀자동사), [d] 는 재귀용법으로부터 파생된 것이다.

> (31) 언제부터인지 모르게 스스로 송부인의 아침단장을 콩쥐가 하고 있었다. 씻기고 머리 빗기고 옷 갈아 입히는 일은 그 여자에게 있어선 아침마다 대사건이었다. (살아, p139)
>
> (32) 교실에서나 예배시간에 들려 준 낭랑한 목소리 속에는 지혜와 판단의 예민한 결의가 차 있어 방황하는 내 마음을 붙들어 주었다. (느티, p56)
>
> (33) 안이 아저씨를 끌어 앉히며 말했다. (무진, p73)
>
> (34) 하나코가 아이 손을 씻기고 있다.

한국어의 「이」형 사역동사는 (31)과 같이 재귀용법 구문에서도 나타난다. 즉, 보통은 타동성을 나타내지만, 목적격 보어에 동작주가 소유하는 것, 예를 들면, 신체의 일부 등을 나타내는 명사를 취하면 재귀구문이 되고, 「이」형의 사역동사가 파생되게 된다. 문장의 의미 변동에 따라 동사의 파생 여부가 변한다는 의미에서 한국어가 재귀성에 민감히 반응하고 있음을 엿볼 수 있다.

재귀성을 나타내지 않는 동사의 경우 「이」형의 사역동사의 파생이 불가능하다.

(35) 키 큰 아저씨는 담장을 <u>부수게 하고</u>, 아이들을 뜰에서 놀게 하였
다. (*부수<u>이</u>다)

(36) 오늘 날씨는 서울의 겨울을 <u>생각나게 했다.</u> (*생각나<u>이</u>다)

(37) 줄이 <u>끊어져</u> 풍선이 날아가 버렸다. (*끊어지<u>이</u>다)

전형적인 타동사 (35)와 인식·감정동사인 (36)으로부터는 「이」형이
파생되지 않고, 「게 하다」형만이 파생된다. 또한, 주어가 「-animate」인
자동사 (37)의 경우도 「이」형은 파생되지 않는다. 상기의 검증에 의하
여 한국어에 있어서의 「이」형 사역동사는 앞에서 논증한 바 있는 재귀
성을 띠는 동사로부터 파생된다는 것이 입증되었다.

2) 일본어의 「サス」형 사역동사의 분포

일본어에 있어서도 한국어와 마찬가지로 동사가 재귀성을 띠는 경
우, 「サス」형 사역동사가 파생된다.

[A] 着せる(입히다), かぶせる(씌우다), はかす(신기다), あびせる(씌우
다), 脱がす(벗기다), (髭を)そらす(수염을 깎이다)[6]

[B] 食べさす(먹이다), 飲ます((유동식을)먹이다), 握ぎらす(쥐이다), 持
たす(들리다), つかます(잡히다), 取らす(잡히다), 見せる(보이다),
聞かす(들리다)

---

6 「着せる(입히다), 浴びせる(끼얹다)」등은 [セル(seru)] 형이지만, [サス(sasu)] 형과 의
미적 동질성을 갖고 있다. 사역동사의 형태를 [サス(sasu)] 로 대표하여 표기하기로
한다.

[C] 座らす(앉히다), 立たす(세우다), 寝かす(눕히다), 歩かす(걸리다), 走らす(달리게 하다), 遊ばす(놀리다), 泣かす(울리다), 笑わす(웃기다), 行かす(보내다)

[A]는 전형적인 재귀동사, [B]는 2항 재귀동사, [C]는 1항 재귀동사로부터 파생된 사역동사이다.

(38) そして落ちついてきたらまた汗を拭いて、寝巻きを着せて, 寝かしつけたの。(ノル(下), p.246)

그리고 안정되자 또 땀을 닦고, 잠옷을 입혀서, 잠재웠어.

(39) 食べさしているぞ!……　何かものを食べさしていましたね〜(参加者の行動に대한 司会者の発言) (92/12/29, 후지방송)

먹이고 있잖아! 뭔가를 먹이고 있었죠!

(40) こうなると、子供をどこに遊ばしていいのかね。(어린이 유괴사건 증가에 대한 ~ 화제) (92/11/2, 마이니치방송)

이렇게 되면, 아이들을 어디에서 놀리면 좋겠어요?

(41) ちびがぐずついているもんですから、寝かしつけてからきます。
(93/8/19, 아사히 방송)

꼬마가 보채기 때문에, 재우고 나서 오겠습니다.

(42) 小川さんのそのすてきな手握らしてくれないかな。(93/8/28, 아사히방송)

오가와씨의 그 멋진 손 잡혀줄래요?

(43) 彼がね、狂ってね、僕の顔を世界中に知らすって。(93/8/20, 読売テレビ)

그 사람이 미쳐서 내 얼굴을 온 세계에 알린대.

「着る(입다)」는 동작주의 동작이 결국 동작주 자신에게 돌아오는 구심적 동작을 나타내므로 재귀동사라 볼 수 있다. 원래, 동작이 타자에게 미치지 않고 유정의 주어에 머무르는 동작을 나타내는 동사는 그동작을 다른 유정물에게 하게 할 때에는 동사의 문법적 형식은 「サセル」형을 사용하지만, 상기와 같은 사역주의 직접동작에 의한 행위의경우는 그 역할을 사역동사가 맡아 하게 된다. 즉, 이러한 동사는 「着る(입다)/着せる(입히다)/着させる(입게 하다)」라는 동사 체계를 갖고 있으며, 「着せる(입히다)」는 사역주의 타동적 행위, 즉, 직접적 행위를 나타내고, 「着させる(입게하다)」는 사역주의 간접적 행위를 나타내고 있는 것이다. 일본어에 있어서의 이러한 현상은 소위 전형적인 재귀동사에 한정되는 현상은 아니고, 광의의 재귀동사에 대하여 공통적으로 보이는 현상이다. 단순하게 목적격보어를 취하는 동사라는 것만으로 타동사로 분류되는 [B]와 같은 동사로부터도 「着せる(입히다)」와 같은 사역동사가 파생된다. 동작이 궁극적으로 동작주 자신에게 돌아오는 동작을 나타낸다는 의미에 있어서 전형적인 재귀동사와 공통되고 있다. 전형적인 재귀동사에 있어서도 소위 대상을 함의하면서도 동작의 실현에 있어서 그 대상인 명사는 동작주에 어떠한 형태로든 종속되고, 이것이 결과로 남아 제3자에게 확인된다고 할 수 있다. 본서에 있어서 2항 재귀동사라는 동사도 같은 설명을 부여할 수 있으나, 단지 대상격의 명사가 궁극적으로 동작주에 종속됨을 명확히 확인할 수 있는가 하는 점에서 차이가 있다. 즉, 「服を着る(옷을 입다)」에 있어서의 「服(옷)」

의 대상격으로서의 독립성의 정도와 「ご飯を食べる(밥을 먹다)」에 있어서의 「ご飯(밥)」의 대상으로서의 독립성의 정도에는 그다지 차이가 없다고 생각된다. 1항 재귀동사는 목적격 보어를 취하지 않으나, 그 움직임 속에 동작주의 신체부위가 함의되어 있어, 목적격 보어의 독립성이 낮아져 가는 연장선상의 것으로서 재귀동사로 판단할 수 있다. 「サス」형은 전형적인 것을 제외하면 그 파생이 불안정하다고는 하나, 「サセル」형을 취할 때에도 의미적으로는 사역주의 피사역자(=동작주)에 대한 행위는 직접적인 행위도 나타낼 수가 있다. 이러한 현상은 재귀성을 띠지 않는 동사의 사역문에서는 나타나지 않는다. 즉, 비재귀성 동사의 「サセル」형은 간접적인 행위밖에 나타낼 수가 없다.

그런데 한국어에서는 보통 타동성을 나타내고, 「이」형 사역형을 파생시키지 않는 동사라도 신체명사를 목적격 보어에 두면 「이」형 사역동사가 파생되는 현상을 볼 수 있었는데, 일본어에서는 어떤지 살펴보자.

    (44) 野菜を洗う(야채를 씻다) / *野菜を洗わす / 野菜を洗わせる

    (45) 手を洗う(손을 씻다) / *手を洗わす / 手を洗わせる

일본어에서도 타동사가 신체명사를 취함으로써 재귀적 의미를 나타낼 수는 있으나, 그러한 조건이 원인이 되어 타동성을 나타낼 때에 파생시키지 않았던 사역동사를 파생시키는 현상은 보이지 않는다. 그러나, 다음과 같은 담화에서 「肩を作らす(어깨를 만들다)」를 가능케 하는 것은 어떠한 요인이 관여하기 때문인지 살펴보자.

(46) フルペンで肩を作らすのもね、考えて作らせないとね、困るわけです。

(93/7/31, 야구중계, 요미우리방송)

불펜에서 어깨를 만드는 것도, 생각해서 만들지 않으면, 곤란한
겁니다.

만약 「肩を作らす(어깨를 만들다)」가 일반적으로 용인된다고 한다
면, 일본어에 있어서도 한국어와 같은 현상을 보이는 것이 된다. 바로
동작주 자신의 신체의 일부를 목적격보어로 취하기 때문에 허용되는
현상이라고 한다면, 한국어와 같은 현상이 일어나고 있음을 인정할 수
있게 되는 것이다. 그러나 더욱 더 일반성 높은 검증이 필요하며, 현
시점에서의 단정은 어렵다.

재귀성을 띠지 않는 전형적인 타동성을 나타내는 타동사와 인식·감
정동사, 자발동사와 같은 경우는 사역동사의 파생을 허용하지 않는다.

(47) *太郎が次郎にかべを壊さした。

　　타로가 지로에게 벽을 *깨이었다.

(48) *太郎が次郎を悲しました。　　타로가 지로를 *슬프이었다.

(49) *風がた糸を切れさした。　　바람이 줄을 *끊이었다.

위의 검증에 의하여 일본어의 「サス」형 사역동사의 파생은 동사가
갖는 재귀성이 그 원인임을 밝혔다.

이상 기술한 바와 같이, 일본어의 「サス」형 사역과 한국어의 「이」형
사역은 재귀용법에서 차이를 보인다 해도, 재귀성을 갖는 동사로부터

파생된다는 점에서 공통되며, 사역주의 직접동작에 의한 행위를 나타
낸다는 점에 있어서도 동질적이라고 할 수 있다.

2.3.2 단형 사역문의 의미적 특징

「サス」·「이」형의 단형 사역문은, 「サセル」·「게 하다」형의 장형 사역
문과의 비교 및 타동사문과의 비교에 있어서 고유한 의미영역을 가지
며, 다음과 같은 의미적 특징을 갖는 것이다.

1) 사역주의 사역행위의 성질

양 언어의 단형 사역문과 장형 사역문은 사역주의 피사역자에 대한
사역행위의 성질이라는 점에서 차이를 보이며, 또한 동작을 직접 행한
다는 점에서 타동사문과 공통점을 가지면서도 사역문으로서의 색채를
유지하고 있다. 「입다」와 같은 동사는 대격보어를 취하므로 타동사로
인식되고 있으나, 「부수다」와 같은 타동사와는 달리, 동작이 동작주
자신에게 돌아온다. 타인에게 직접 옷을 입혀 준다는 의미는 「입다」로
는 나타낼 수 없다. 또한 타인에게 간접적으로 사역행위를 하여 옷을
입도록 할 때에는 「입게 하다」로 나타낸다. 이와 같이 「이」사역은 사
역주의 직접적인 사역행위를 나타내고, 간접적인 사역행위는 「게 하다」
가 나타낸다. 한국어에 있어서는 사역주의 사역행위의 성질의 차이가
다른 형태의 사역형으로 나타나는 것이다.[7] 일본어도 「サス」형 사역문

---

7 한국어의 「이」형 사역은, 간접적인 사역행위를 나타내기도 한다는 의견도 있다.
  이것은, 「게 하다」형 사역이 시대적으로 나중에 출현하여 세력이 확장되면서 간접
  용법을 담당하게 되었다는 사실과 관련이 있는 듯 하다. 즉, 원래 「이」형이 사역문

은 파생의 측면에서 보면 「サセル」형 만큼 생산적이지는 않다. 그러나, 「サセル」형 사역문이 간접사역과 직접사역 양 쪽의 의미를 나타낼 수 있는 동사인 경우, 직접사역의 의미를 나타낼 때 「サス」형이 파생될 수 있고, 직접사역의 의미를 담당하게 된다.

(50) 참으로 어울리는 가발을 <u>씌워</u> 주었다. (살아, p9)
(51) 바람이 차가우므로 아이에게 털모자를 <u>쓰게 했다</u>.

(50)은 「쓰다」의 「이」형이고, 사역주의 사역행위는 직접적이다. (51)은 아이에게 지시하여 모자를 쓰게 한다는 의미이며, 사역행위가 간접적이다. 이와 같은 현상은 전형적인 재귀동사에서 파생된 사역문 뿐만 아니라, 다른 재귀성을 띠는 동사에서도 볼 수 있다.

(52) 손을 씻은 후 점심을 <u>먹게 했다</u>.
(53) 하나코를 보조의자에 앉히고 밥을 <u>먹였다</u>.
(54) 하나코에게 모짜르트를 <u>들려</u> 주었다.
(55) 타로에게 한글강좌를 <u>듣게 했다</u>.

의 직접·간접용법을 모두 담당하던 것을, 「게 하다」형에게 간접용법을 넘겨준 것이라 고 본다면, 「이」형이 원래 갖고 있던 의미의 흔적이 남아 있어, 현재에도 간접적 의미를 느끼게 하는 것일 것이다. 일본어의 경우는, 「サセル」형이 「サス」형보다 먼저 출현한 것이라고 볼 수 있으며, 현재에도 「サセル」가 직접·간접용법을 모두 갖고 있다. 일본어의 이러한 사실도 위의 설명을 뒷받침해 줄수 있을 것이다.

이상의 검증으로부터 「게 하다」형은 사역주의 사역행위가 간접적이라는 사실과, 사역의 의미용법이 다양하여 지시, 허가, 방임 등을 나타낼 수 있으나, 「이」형은 직접적인 사역행위만을 나타낸다는 것을 알 수 있다. 다음과 같이 일본어에서도 이와 같은 사실을 확인할 수 있다.

(56) 「徹くんにさかなをひとりで食べさせたりしてさ。」(氷点(上), p.166)
철이에게 생선을 혼자 먹게 해서.

(57) 食べさしているぞ! 何かものを食べさしていましたね! (참가자의 행동에 대한 사회자의 발언, 1992/12/19, 후지방송)
먹이고 있네요! 뭔가를 먹이고 있었죠!

(58) 長い間君一人に重荷を背負わしてた。(1992/11/6, フジテレビ)
오랫동안 당신에게만 무거운 짐을 지웠어.

(56)은 장형사역으로 사역주의 간접적 사역행위를 나타낸다. (57)과 (58)은 단형사역으로 직접적 사역행위를 나타낸다.

다음으로 타동사문과 단형 사역문과의 대조에 관해서는 일본어를 대상으로 설명하고자 하나, 한국어에서도 동일하다고 볼 수 있다. 전형적인 타동성을 나타내는 타동사문과 단형 사역문은 동작주인 주어를 취한다는 점에서 공통점을 지니고 있어 동작주에 의한 힘의 이동, 즉, 대상에 대한 행위가 존재한다. 그러나, 타동사문 중에서 항을 3개 취하는 3항 동사문과 단형 사역문을 비교해 보면, 3항 동사문은 여격보어의 도움 없이 동작이 성립하는데 반하여, 단형 사역문의 경우는 여격보어 즉, 피사역자의 동작에 의존하지 않으면 동작이 성립되지 않는다.

(59) 太郎が母に花束を送った。

타로가 어머니께 꽃다발을 보냈다.

(60) お母さんが尚子に服を着せた。

어머니가 나오코에게 옷을 입혔다.

(59)의 꽃다발을 보내는 행위는 여격보어의 동작과는 무관하게 성립되지만, (60)의 옷을 입히는 동작은 옷이 입혀지는 동작을 거부하지 않고 조력한다는 피사역자의 최소한의 움직임을 필요로 한다. 이와 같이, 단형 사역문의 사역주의 사역행위는 동작주로서의 직접적인 행위를 나타낸다는 점에서 타동사문에 가까우면서도, 유정물로서의 피사역자의 어떠한 동작을 필요로 한다는 점에서 장형 사역문의 성격을 유지하고 있다고 할 수 있다.

2) 피사역자의 움직임의 성질

사역주의 사역행위의 모습이 장형 사역문과 단형 사역문에서 다르다고 한다면, 그 사역행위를 받는 피사역자(=동작주)의 동작의 모습에도 차이가 있을 것이다. 장형 사역문의 경우, 동작주는 사역주의 간접적인 사역행위를 받아서 자신의 의지에 따라 동작하는 동작주성을 함의하고 있다. 반면, 단형 사역문의 경우는, 사역주에 동작주성이 있어 동작주에 있어서의 동작주성은 동사에 따라서 단계적이라고 볼 수 있다. 즉, 사역주의 동작적 사역행위를 받으면서도 동작주로서의 동작을 나타내는 경우와, 거의 동작주로서의 성격을 잃어 버리고 단순한 타동사문의 대상의 성질에 가까운 경우까지, 여러 가지 모습일 것이다. 후자의 단형 사역문은 타동사문과 유사하다고 할 수 있겠다.

    (61) 花子が子供にくつを自分では<u>かせた</u>.

    하나코가 아이에게 신발을 스스로 신게 했다.

    (62) 花子が子供にミルクを<u>飲まし</u>ながら, そのことを考えていた.

    하나코가 아이에게 우유를 먹이면서, 그 일을 생각하고 있었다.

    (63) 花子がマネキンに服を<u>着せた</u>.

    하나코가 마네킹에게 옷을 입혔다.

  (61)은 장형 사역문으로 동작주인 「子供(아이)」는 사역주의 지시 등에 의해 스스로 동작을 실행하고 있으나, (62)의 단형 사역문의 경우는, 사역주의 동작적 사역행위를 받으면서, 사역주의 행위를 거부하지 않고 유정물로서의 자신의 의지로 사역행위 성립에 도움을 주고 있다. 그러나, (63)과 같은 단형사역의 경우는 동작주의 의지적인 움직임은 전혀 인정되지 않고, 모든 동작이 사역주의 동작적인 사역행위에 의해서 실행되고 있다. 이와 같은 형태의 문장은 타동사문에 상당히 가까운 의미를 나타내고 있다고 하겠다. 그러나, 이 「着せる(입히다)」라는 사역동사는 대격보어로서 「マネキン(마네킹)」이 아닌 의지적인 존재를 취할 수도 있어, 그 때에는 (43)과 같이 동작주의 의지적인 움직임이 요구되게 된다. 오히려, (44)와 같은 경우가 특이한 경우라고 하겠다. 즉, 사역주의 동작에 의한 사역행위를 받으면서도 동작주(=피사역자)의 의지적인 움직임도 필요로 하는 모습이, 단형 사역문에 있어서의 피사역자의 전형적인 모습이라고 할 수 있겠다.

단형 사역문의 의미적 특징으로 부언하고자 하는 것은, 장형 사역문이 다양한 의미용법을 나타낼 수 있다는데 대하여, 단형 사역문은 직접적인 동작에 의한 사역행위의 의미밖에 나타낼 수가 없다. 전형적인 사역문을 파생시키는 다양한 의미용법은, 사람과 사람의 관계에 의해 펼쳐지는 의미의 바리에이션이다. 이와 같은 의미의 다양성이 나오지 않는 것은 사역주와 동작주의 성격이 장형사역과는 다르다는 것을 의미하고 있다. 즉, 사역주가 동작주에 대하여 동작주의 의지를 존중한 태도를 취하지 않고, 자신에게 향해지는 사역주의 사역행위를 자신이 갖고 있는 기능에 위탁하여 행동하는 존재이기 때문일 것이다.

2.3.3 단형 사역문의 구문적·통어적 특징

단형 사역문이 갖는 의미적인 요인에 의한 구문적 현상에 관하여 살펴보기로 하자. 구체적으로는 재귀대명사와 공기할 때의 의미해석상의 문제, 이중사역의 문제, 수동문의 성립의 가부라는 점을 중심으로 검증하고, 언어 내적 특징과 언어 간의 차이점에 관하여 기술하겠다. 그 전에 단형 사역문과 장형 사역문이 취할 수 있는 구문 패턴의 차이에 대하여 언급해 두기로 하겠다.

1) 구문패턴의 차이

다음 사역문이 취할 수 있는 구문패턴 중에서 「サセル」·「게 하다」형은 모든 구문패턴을 취할 수 있지만, 「サス」·「이」형은 선택적이다.

	사역주	피사역자	대격보어	동사형태
a	人ガ 사람이	人ニ 사람에게	人ヲ 사람을	Vサセル V계하다
b	人ガ 사람이	人ニ 사람에게	物ヲ 사물을	Vサセル/サス V계하다/이
c	人ガ 사람이	人ヲ(ニ) 사람을(에게)	−	Vサセル/サス V계하다/이
d	人ガ 사람이	物ヲ 사물을	−	Vサセル V계하다
e	物ガ 사물이	人ニ 사람에게	物(人)ヲ 사물을	Vサセル V계하다
f	物ガ 사물이	物ヲ 사물을	−	Vサセル V계하다

단형 사역문이 취하는 구문패턴을 보면, 우선 사역주가 사물인 경우는 제외되고, 피사역자(=동작주)로서도 사물은 취하지 않는다. 즉, 단형 사역문은 패턴 [b]와 [c] 이외의 문형은 취하기 어렵다. 동작주로서 「ひと(사람)」밖에 나타나지 않는다는 것은 단형 사역문을 파생시키는 재귀동사가 유정물 동작주를 취한다는 의미소성을 갖는데 기인하는 것이라 하겠다. 단형 사역문의 사역주의 사역행위는 항상 직접적이고, 그러한 동작이 가능한 것은 유정물 중에서도 사람이므로, 사역주는 「ひと(사람)」에 한정되는 것이다. 이 점에서 언어 간의 차이점은 없다.

2) 재귀대명사의 지시대상

장형 사역문이 사역문의 전형이며, 단형 사역문이 전형에서 멀어져 타동사문과의 중간에 위치한다고 볼 수 있는데, 이것은 재귀대명사 「自分(자기)」의 선행사의 해석으로부터도 증명된다.

(64) a. 하나코는 타로에게 자기(하나코/타로) 방에서 옷을 <u>입게 했다</u>.

b. 花子は太郎に自分(花子/太郎)の部屋で服を<u>着させた</u>.

(65) a. 하나코는 타로에게 자기(하나코/?타로) 방에서 옷을 <u>입혔다</u>.

b. 花子は太郎に自分(花子/?太郎)の部屋で服を<u>着せた</u>.

(66) a. 하나코는 타로에게 자기(하나코/*타로) 방에서 그것을 <u>이야 기했다</u>.

b. 花子は太郎に自分(花子/*太郎)の部屋でそのこを<u>話した</u>.

(67) a. 하나코는 타로를 자기(하나코/*타로) 방에서 <u>때렸다</u>.

b. 花子は太郎を自分(花子/*太郎)の部屋で<u>なぐった</u>.

(64)의 「サセル/게 하다」형의 「自分/자기」는 사역주와 동작주 양쪽을 가리킬 수가 있으나, 타동사문의 (66)과 (67)의 「自分/자기」는 동작주인 「하나코」의 해석밖에 나오지 않는다. 단형 사역문의 (65)의 「サス/이」형의 경우는 우선적인 해석으로는 「花子/하나코」로 해석되나, 피사역자인 「太郎/타로」의 해석이 불가능 하다고 단언할 수는 없다. 구문의 차이가 재귀대명사의 지시 대상의 차이를 초래하는 것이다. 이 점에서도 양 언어 간의 차이점은 보이지 않는다.

3) 수동문의 용인도

단형 사역문의 피사역자는 사역주의 사역행위의 스코프(scope)의 내측에 속하지만, 3항문의 여격보어는 주어의 사역행위의 스코프의 외측에 있다. 이는 각각의 수동문에서 검증할 수 있다. 2항의 타동사문은 동작주의 동작이 대상을 강하게 함의하므로 그 수동문도 용인도가 높다. 3항문의 주어의 동작의 스코프는 목적격 보어까지이며, 여격 보어 까지는 미치지 않는다고 생각된다. 단형 사역문과 같이 3항을 취하는 타동사문과 비교하면서, 그 수동문의 용인도에 대하여 일본어를 중심 으로 살펴 보자.

(68) a. 太郎が箱を<u>つぶした</u>。　　타로가 상자를 부쉈다.

　　b. 箱が(太郎に)<u>つぶされた</u>。　상자가 (타로에게) 부숴졌다.

(69) a. 太郎が花子に花束を<u>送った</u>。

　　타로가 하나코에게 꽃다발을 보냈다.

　　b. ?花子が太郎に花束を<u>送られた</u>。

　　하나코가 타로에게 꽃다발을 보내졌다.

　　c. 花束が太郎から花子に<u>送られた</u>。

　　꽃다발이 타로로부터 하나코에게 보내졌다.

(70) a. 太郎が花子にそのことを<u>話した</u>。

　　타로가 하나코에게 그 사실을 이야기했다.

　　b. ?花子が太郎にそのことを<u>話された</u>。

　　하나코가 타로에게 그 사실을 이야기해 졌다.

　　c. そのことは太郎から花子に<u>話された</u>。

　　그 사실이 타로로부터 하나코에게 이야기되었다(전해졌다).

(71) a. 太郎が花子に帽子を<u>かぶせた</u>.

　　타로가 하나코에게 모자를 씌웠다.

　　b. 花子が太郎に帽子を<u>かぶされた</u>.

　　하나코가 타로에게 모자를 씌워졌다.

c. 帽子が太郎から花子に<u>かぶされた</u>.

모자가 타로로부터 하나코에게 씌워졌다.

(68)의 수동문의 용인도가 높은데 반하여, 능동문의 여격을 주어로 하는 (69b)와 (70b)는 용인도가 낮다. 능동문의 대격보어를 주어로 하는 각각의 (c)의 수동문은 용인된다. 이것은 능동문에 있어서의 동작주의 힘의 스코프가 대격보어에는 미치지만, 여격보어에는 미치지 않는다는 것을 증명하는 것이다. 이에 반하여, (71)의 단형 사역문은 사역주의 사역행위가 피사역자에게도, 대격보어에도 미치고 있기 때문에 수동문이 용인된다고 볼 수 있어, 3항 타동사문과 단형 사역문의 차이가 수동문이라는 테스트에 의하여 명백히 드러났다고 할 수 있다.

그러면 전형적인 사역문인「サセル」형의 수동문과「サス」형의 수동문을 비교해 보자.

(72) a. お母さんが花子に本を<u>読ませた</u>。

어머니가 하나코에게 책을 읽게 했다.

b. 花子がお母さんに本を<u>読ませられた</u>。

하나코가 어머니에게 책을 읽힘을 당했다.

(73) a. お母さんが花子に本を<u>読ました</u>。

어머니가 하나코에게 책을 읽혔다.

b. 花子がお母さんに本を<u>読まされた</u>。

하나코가 어머니에게 책을 읽혀졌다.

장형 사역문의 수동문은 용인도가 높으나, 단형 사역문의 수동문의 경우는 (a)의 능동문의 사역주를 여격보어 위치에 두면 다소 부자연스러운 문이 된다. 수동문은 동작주를 여격보어로 강격시키고, 문에는 나타내지 않고 생략되는 경우가 많다. 따라서, (68b)도 동작주가 나타나지 않는 편이 자연스럽고, 그 연장선상에 (73b)의 문제도 관련되어 있다. 즉, 수동문은 동작을 받는 자를 주격의 위치에 두고 동작주의 존재를 배경으로 밀어내는 기능을 갖고 있다는 것이다. 단형 사역문도 그 제한에 걸린다, 다시 말하면 단형 사역문이 타동사문의 성격을 띠고 있기 때문에 생기는 현상이라고 말할 수 있다.

(74) a. 太郎が薬を飲んだ。

　　　타로가 약을 먹었다.

　　　/ *薬が(?太郎に)飲まれた。

　　b. 花子が太郎に薬を飲ました。

　　　하나코가 타로에게 약을 먹였다.

　　　/ 太郎が(?花子に)薬を飲まされた。

　　c. 花子が太郎に薬を飲ませた。

　　　하나코가 타로에게 약을 먹게 했다.

　　　/ 太郎が花子に薬を飲ませられた。

(75) a. 太郎が荷物を持っている。

　　　타로가 짐을 들고 있다.

　　　/ *荷物が(?太郎に)持たれている。

　　b. 花子が太郎に荷物を持たした。

　　　하나코가 타로에게 짐을 들렸다.

／ 太郎が(?花子に)荷物を持たされた。

c. 花子が太郎に荷物を持たせた。

하나코가 타로에게 짐을 들게 했다.

／ 太郎が花子に荷物を持たせられた。

위 예문에서, 단형 사역문의 수동문 (b)는 기저문의 동작주를 배경으로 감추지 않는 문이 부자연스러운 문이 되는데 반하여, 장형 사역문의 수동문은 기저문의 사역주를 표시하지 않은 편이 부자연스럽게 느껴진다. 예를 들면, (75)의 경우 (b)의 단형 사역문의 동작주는 「花子(하나코)」이지만 문장의 주어로서 「太郎(타로)」가 존재하기 때문에 동작주가 아닌 「太郎(타로)」에게 초점을 맞추기 위하여 동작주인 「花子(하나코)」가 배경화되는 현상이 일어난다고 분석할 수 있겠다. 이에 반하여, (c)와 같이 기저문에 있어서의 피사역자(=동작주)에 초점을 맞추는 경우는, 그 수동문의 「太郎(타로)」는 초점이 맞추어져 있음과 동시에 동작주이기 때문에 초점이 분산되는 현상이 일어나지 않는다. 더구나, 장형 사역문은 간접적인 사역행위에 의하여 동작주를 지배하기 때문에 수동문에 있어서의 「飲ませられる(마심을 당하다)」행위는 그것을 강요한 사역주를 문에 나타낼 필요가 있다고 분석할 수 있겠다. 그 때문에 「花子に(하나코에게)」가 표현되지 않으면 오히려 부자연스러운 수동문이 된다고 볼 수 있겠다. 다음 예문에서도 단형 사역문의 수동문은 동작주가 배경화된 것을 확인할 수 있다.

(76) ぼくは睡眠薬を飲まされ、海に沈められることになっていたが、

(赤(上), p182)

나는 수면제가 먹여져, 바다에 가라앉히도록 되어 있었는데,

(77) その子のつくり話を半年間山ほど<u>聞かされて</u>、一度も疑わなかった
のよ。(ノル, p225)

그 아이가 지어낸 얘기를 반년 간 수없이 듣고, 한 번도 의심하
지 않았거든.

타동사문의 동작주는 수동문이 되면 배경화되는 경향이 있고, 사역
문의 사역주는 배경화되지 않는 경향이 있다고 할 수 있다. 다시 말하
면, 「サス」형의 단형 사역문이 타동사문적인 성격을 갖고 있기 때문에,
이러한 현상이 일어난다고 할 수 있겠다. 이상, 단형 사역문과 장형
사역문이 수동화되었을 때의 문장으로서의 용인도라는 테스트를 통하
여, 단형 사역문이 장형 사역문과도 타동사문과도 다른 현상을 보여,
단형 사역문이 형태적으로 뿐만 아니라 문법적으로도 고유한 영역을
갖고 있음이 검증되었다고 하겠다.

4) 이중사역의 성립

이중사역 성립의 가부라는 점에서는 일본어와 한국어 사이에 차이
점이 보인다. 한국어의 두 가지 사역은 파생방법을 달리하고 있다. 「이」
형은 동사의 어간에 사역접사 「이」를 연결시켜 파생시키고, 「게 하다」
형은 「동사(형용사)의 어간 + 게 + 하다」의 연합으로 사역문을 파생시
킨다. 이와 같이 파생의 경로가 다르므로 다음과 같은 이중 사역문도
만들 수 있다.

(78) 하나코가 파출부를 불러 아기에게 우유를 <u>먹이게 했다</u>.

　일본어의 경우, 단형과 장형이 「동사의 어간 + (s)as/(s)e, (s)ase」와 같이, 동일한 파생방법을 취하므로 이중사역은 불가능하다. 이점에서는 한국어와 차이를 보인다. 한국어의 「입히게 하다」의 구조는 「着せ·させる」와 같은 구조이다. 이 이중사역의 의미는 일본어에서는 장형인 「着させる」가 맡고 있다.

　이상, 일본어의 「サス」형의 단형 사역문이 한국어의 「이」형과 같이 재귀동사로부터 파생되고, 전형적인 사역문과도 타동사문과도 다른 의미를 나타내며, 단형 사역문으로서 고유한 문법카테고리를 갖고 있음을 분석하여 제시하였다. 양 언어 간의, 사역문의 테두리 안에서, 그리고 타동사문과의 비교에 있어서, 단형 사역문을 총괄적으로 검증하였다.

○
○○
○

1 인식·감정동사

　자·타동사의 구분이라든가 수동문, 사역문 등 태에 관한 연구는 형태적, 의미적, 통어적 분석을 통하여 각 범주을 정의하고 분석하여 분류하는 과정을 통하여 문법의 체계를 규명해 간다. 자동사의 전형적 타입과 타동사의 전형적 타입에 관해서는 지금까지 많은 논의가 이루어져 왔다. 예를 들면, 사역문에 관한 논의에 있어서 기저문의 동사와 관련해서는 그것이 타동사인지 자동사인지에 따라 사역문의 특징을 규정하기도 한다.

　　(1) 花子が子供に食器をを<u>運ばせた</u>。
　　　　하나코가 아이에게 식기를 나르게 했다.

(2) 花子が子供に一時間歩かせた。

하나코가 아이에게 한 시간 걷게 했다.

(3) 花子が子供を一時間歩かせた。

하나코가 아이를 한 시간 걸렸다.

예문 (1)은 타동사 「運ぶ(옮기다)」의 사역문이고 (2), (3)의 예문은 자동사 「歩く(걷다)」의 사역문이다. 자동사 사역문의 경우, 피사역자인 「子供(아이)」의 의지를 존중한 「ニ」사역문과 피사역자에게 강제하는 의미인 「ヲ」사역문의 두 가지 사역문 생성이 가능하고 다른 의미영역을 담당하게 된다. 그러나 위와 같은 자・타동사의 차이와 같은 형태적 특징을 근거로 하는 설명이 한계가 있는 경우가 있다.

(4) a. その匂いが花子に子供のことを思い出させた。

　　　그 냄새가 하나코에게 아이를 생각나게 했다.

　　b. 花子が子供のことを思い出す。

　　　하나코가 아이를 생각한다.

(5) a. 子供が花子を笑わせた。　　아이가 하나코를 웃게 했다.

　　b. 花子が笑う。　　　　　　하나코가 웃다.

형태적으로는 예문 (4)의 「思い出す(생각나다)」는 타동사이고 (5)의 「笑う(웃다)」는 자동사이지만 사역문의 의미에서는 차이가 나지 않는다. (4), (5) 모두 지시사역도 허가사역도 방임사역도 아닌 원인사역이라는 의미용법에 속하는 것이다. 이와 같은 사실로부터 사역문의 분석

및 분류에 있어서 동사의 형태적 측면뿐만 아니라 의미적 측면을 고려할 필요가 있음을 알 수 있다.

본서에서는 형태에 치우지지 않고 의미적 분류로서의 인식·감정동사를 분석하고 이를 기저동사로 하는 사역문에 관하여 기술하고자 한다. 사역문의 의미 카테고리만을 염두에 둔 이전의 의미용법 연구에 그치지 않고 통어적 특징 및 통어현상을 분석, 제시함으로써 인식·감정동사의 사역문을 고유한 범주로서 확립하고자 한다.

인식·감정동사는 형태적으로는 대격보어를 취하는 경우도 있으나 의미적으로는 타동성을 나타내지 않는다. 이러한 의미에 있어서 인식·감정동사는 타동성이 낮아져가는 한 경로에 위치하는 동사라고 할 것 있을 것이다. 저타동성의 다른 한편의 경로로서 재귀성 동사를 상정할 수 있다. 즉, 재귀적 의미를 띰으로써 저타동성으로 향하는 경로와 구체적 행위에서 추상적 행위로 행위의 성질이 변화되면서 저타동성으로 향하는 경로가 있다고 보고, 인식·감정동사는 후자에 속하는 것이라고 보는 것이다.

인식·감정동사 안에는 감정동사가 포함되어 있는데, 감정동사와 인식동사는 의미적으로 다소 차이를 보인다. 즉, 행위의 구체성과 추상성이라는 관점에서 보자면 감정동사는 구체적 행위의 측면과 정신 작용적 행위의 측면이라는 양면적 동사라 할 수 있다. 이와는 대조적으로 인식동사는 추상적 정신활동의 측면만을 갖는 동사인 것이다.

> (6) 花子は<u>笑って見せた</u>。　　하나코는 웃어 보였다.
> (7) *花子は<u>考えて見せた</u>。　　하나코는 생각해 보였다.

인식동사 「考える(생각하다)」는 「シテミセル(해 보이다)」라는 표현과는 공기하지 않는다. 반면 구체성을 띠는 감정동사인 「笑う(웃다)」는 자연스러운 문으로 인정된다.

이와 같이 인식·감정동사를 의미적 기준에서 정의하면, 타동성이라는 관점에서는 저타동성의 한 축을 이루는 동사로 볼 수 있으며, 인간의 감정의 표현이나 인식행위를 나타내는 동사라고 할 수 있다. 인식·감정동사는 다음과 같다.

■ 인식동사

考える(생각하다), 思い出す(생각나다), 思う(생각하다), 思案する(궁리하다), 連想する(연상하다), 集中する(집중하다), 忘れる(잊다), 確かめる(확인하다), 願う(원하다), 混乱する(혼란되다), 案じる(걱정하다), 知る(알다), 分かる(이해하다), まちがえる(착각하다), 迷う(주저하다), おぼえる(외우다)

■ 감정동사

落ち込む(기분이 가라앉다), おびえる(두려움에 떨다), おそれる(두려워하다), 怒る(화내다), おどろく(놀라다), 悲しむ(슬퍼하다), かわいがる(귀여워하다), 感じる(느끼다), きらう(싫어하다), 恋する(사랑하다), 困る(곤란하다), 淋しがる(외로워하다), しょげる(의기소침해하다), 好く(좋아하다), 耐える(견디다), 楽しむ(즐기다), 泣く(울다), ひがむ(비뚤어지다), びっくりする(놀라다), ほほえむ(미소짓다), むくれる(뾰로통해지다), 喜ぶ(기뻐하다), 笑う(웃다), 苛立つ(안절부절못하다), あきれる(질리다), 緊

張する(긴장하다)

2 인식·감정동사의 사역문

사역문은 지시사역, 허가사역, 방임사역, 유도사역과 같은 전형적인 유형과 직접사역, 조작사역 그리고 원인사역, 자발사역과 같은 비전형적인 유형으로 나눌 수 있다. 인식·감정동사에서 파생되는 사역문은, 전형적 사역문이 갖는 2 사태성의 특징을 보이지 않는다는 점에서 비전형적 사역문의 유형으로 분류할 수 있다. 필자는 원인사역으로 분류되는 사역문 중에는 의미적·통어적 유형이 다른 부류가 있음을 인정하고 이를 자발사역으로 분류한 바 있다. 원인사역에 관해서는 종래에는 사역주가 사물인 경우에 원인사역이 성립된다고 하는 기술에 그치고 있다. 여기에서는 자발사역의 고찰을 참고로 삼으면서 사역문의 기본동사의 의미 유형적 특징이 사역문에 어떻게 반영되고 있는지 볼 것이다. 또한, 다른 유형의 사역문 즉, 전형적 사역문 및 비전형적인 사역문인 조작사역, 비사역행위 등[1]과의 비교·분석을 통하여 인식·감정동사의 사역문의 의미적 특징을 살펴보기로 하겠다.

기본동사가 동작동사에서 파생된 지시사역 (8), (9)와 인식·감정동사의 사역문을 비교해 보면 다음과 같은 점에서 차이를 보인다.

---

1 조작사역, 비사역행위 등의 의미·용법의 분류는 權(1994)에 의함.

(8)　母が太郎を買い物に行かせた。

어머니가 타로를 장보러 보냈다.

(9)　a. 母が太郎に買い物に行くように指示する。

어머니가 타로에게 장보러 가도록 지시했다.

b. 太郎が買い物に行く。　　　　타로가 장보러 가다.

(10)　北風が、(私に)、古里の冬を思い出させた。

북풍이 (나에게) 고향의 겨울을 생각나게 했다.

(11)　a. 北風が吹く。　　　　　북풍이 불다.

b. (私が)古里の冬を思い出す。　　(내가)고향의 겨울을 생각하다.

(12)　私が、北風のために/北風で古里の冬を思い出す。

내가 북풍으로 인해서 고향의 겨울을 생각하다.

인식·감정동사의 사역문 (10)은 (11a, b)와 같이 사태를 분리할 수 있다. 그러나 (9)와 같이 명확하게 두 사태가 분리되지 않는다. (10)의 기저문 (11b)에 있어서 사역문의 사역주의 역할을 보충하여 문을 만들면 (12)와 같은 문이 될 것이다. (12)는 「내가 북풍으로 인해서 고향 겨울을 떠올리다」라는 뜻으로 사역주는 원인적 요인으로 관여하고 있음을 알 수 있다.

權(1994)에서는 인식·감정동사의 사역문의 특징으로 사역주가 사람이 아닌 사물임을 제시하고 있는데, 이상의 분석을 통하여 보듯이 전형적인 사역문과 인식·감정동사의 사역문은 의미뿐만 아니라 통어적 특징에서도 차이를 보이고 있음을 알 수 있다.

다음으로 감정동사의 사역문에 관하여 살펴보면 다음과 같다.

(13) 太郎が花子を<u>笑わせた</u>。　　　타로가 하나코를 웃겼다.

(14) a. 太郎がそうさせた。　　　　타로가 그렇게 했다.

　　 b. 花子が笑う。　　　　　　하나코가 웃다.

　감정동사의 사역문 (13)의 경우는 사역주의 사역행위 사태와 피사역
자의 행위가 분리 가능하다는 점에서 지시사역과 같은 전형적 사역과
유사성을 갖는다. 그러나 지시사역의 사역주의 행위와 비교하면 감정
동사의 사역주의 사역행위는 실질적으로 피사역자로 하여금 「笑う(웃
다)」라는 행위를 하도록 하기위한 의도성이 포함되어 있는지에 관해서
명확하지 않다. 사역주 「太郎(타로)」의 행위가 원인이 되어 「花子が笑
う(하나코가 웃다)」라는 사태가 촉발되었다고 볼 수도 있다. 이 경우는
인식동사 사역문의 의미에 근접하게 된다. 혹은 「太郎(타로)」가 의도
적으로 「花子(하나코)」의 행위를 이끌어 내고자 하였을 수도 있다. 그
러나 이때에도 피사역자가 전면적으로 스스로의 행위를 제어하고 있
다고는 볼 수 없다. 즉, 사역주의 사역행위에 의해서 어떠한 자극을
받아 피사역자의 행위에 이르게 되는 것이다. 이러한 점에서는 인식동
사 사역문보다는 지시사역에 근접하면서도 지시사역과도 차이를 보이
게 된다. 이하 기본동사의 의미특징에 따라 인식동사와 감정동사를 분
리하여 그 사역문을 살펴보기로 하겠다.

2.1 인식동사의 사역문

인식동사로부터 다음과 같은 사역문이 파생된다.

(15) 教師が生徒にその問題についてあらゆる角度から<u>考えさせて</u>いる。

교사가 학생에게 그 문제에 관해서 모든 각도에서 생각하게 한다.

(16) 朱色の小花が梅か桜を<u>連想させ</u>、緑は蓮の花を<u>連想させる</u>。

붉은 색 작은 꽃이 매화나 벚꽃을 연상시키고, 녹색은 연꽃을
연상시킨다.

(17) 温泉が旅の疲れを<u>忘れさせて</u>くれる。

온천이 여행의 피로를 잊게해 준다.

(18) 新技術が使い手を<u>混乱させる</u>。

신기술이 사용자를 혼란하게 만든다.

(19) それを使うことにより、犬を飼い主に<u>集中させる</u>。

그것을 사용함으로써 개를 견주에게 집중시킨다.

(20) 参考書が僕を<u>迷わせる</u>。참고서가 나를 혼란하게 만든다.

(21) 授業は何かを教え、<u>分からせ</u>、理解させるだけではない。

수업은 무엇인가를 가르치고 깨우치게 하고 이해시키는 것만이
아니다.

(22) この問題についてのマスコミの無関心が、日本の将来を<u>案じさせる</u>。

이 문제에 관한 매스컴의 무관심이 일본의 장래를 점하게 만든다.

동사의 의미를 기준으로 인식동사를 분류한다 해도 의미적·통어적
으로 특징이 다른 경우가 있고, 사역문으로 파생되어도 격 패턴이라는
구문 형태적 특징이나 사태 간 분리도 등, 구문적 특징이 다른 경우가
있을 수 있다. 이하, 의미적 특징과 구문적 특징을 나누어 고찰하기로
하겠다.

2.1.1 의미적 특징

인식·감정동사는 동작을 나타내는 동사와는 달리, 추상적 의미를 나타낸다.[2] 이 추상성이라는 관점에서 보면, 인식동사와 감정동사는 동작동사가 갖지 못하는 추상성을 갖는다는 점에서 공통되지만, 추상성의 내용에 있어서 차이를 보인다. 감정동사로 분류되는 「笑う(웃다)」는 동작과 감정행위가 복합된 행위를 나타낸다고 할 수 있다. 그러나, 인식동사는 동작의 측면이 거의 인정되지 않는 추상적 인식행위를 나타낸다고 할 수 있겠다.

추상적 행위를 하게 만드는 인식동사의 사역문의 경우, 사역주는 무생물이라는 의미적 특징을 갖는다. 설령 사역주가 표면상 유정물이라 해도 피사역자에게 동작을 하게끔 만드는 존재로서 기능하는 것이 아니라, 피사역자의 추상적 행위를 야기시키는 원인적 요인으로 작용하고 있다고 보아야 한다.

(23) 教師が生徒にその問題についてあらゆる角度から<u>考えさせて</u>いる。
(20)[3]
교사가 학생에게 그 문제에 관해서 모든 각도에 생각하게 한다.

---

2 인식·감정동사는 형태적으로는 대상격(ヲ격)을 취하는 경우가 있다해도 타동성이라는 관점에서 보면 저타동성을 나타내는데 이는 동작동사가 나타내는 행위의 구체성에 대립되는 의미개념인 추상성을 띰으로써 타동성에서 멀어지고 있다고 볼 수 있다.
3 앞에 제시된 예문을 재 게시하는 경우, 편의상 새로운 번호를 부여하고 예문 끝에 원 번호를 괄호 안에 표기하기로 한다.

(24) 男たちは、女子大生にモデルになれると思わせ、現金を騙し取った。

남자들은 여대생에게 모델이 될 수 있다고 생각하게 만들어 현금을 갈취했다.

(25) 教師が生徒に校庭を走らせた。

교사가 학생에게 교정을 달리게 했다.

상기 예문의 사역주는 「教師(교사), 男たち(남자들)」로 표면상으로는 유정물이나 「교사의 교수법, 남자들의 감언이설」이 원인적으로 작용하여 피사역자의 행위를 이끌어 내고 있는 것이다. 이러한 사역행위는 동작동사 사역문 (25)의 사역행위가 피사역자의 동작을 직접적으로 일으키고 있는 것과는 비교된다. 또한, (25)의 한국어역이 「달리게 하다」인데 반하여, (23)은 「모든 각도에서 생각하게 만들다/ 생각하도록 하다」로 번역되고 (24)는 「여대생에게 모델이 될 수 있다고 생각하게 만들다/ 생각하도록 유도하다」와 같이 번역되는 것이 자연스럽다. 이와 같이 사역행위의 유형이라는 측면에서 분석하여도 동작동사 사역문과 인식동사 사역문 사이에는 차이점이 존재한다. 그리고 피사역자는 동작주가 아니라 경험자가 되는 것이다.[4]

2.1.2 구문적 특징

인식동사 사역문은 격 패턴에서 차이를 보여, 전형적 사역문 유형과 타동사문 유형으로 나뉜다.

---

4 동작동사 사역문의 경우 피사역자가 동작주인 것과는 대조적이다.

① [～ガ ～ニ (～ヲ) Vサセル] 패턴

② [～ガ ～ヲ Vサセル] 패턴

(23)의 「考えさせる(생각하게 하다)」와 (24)의 「思わせる(생각하게 하다)」는 ①의 격 패턴을 나타내고, (16)에서 (22)는 ②의 격 패턴을 나타낸다. 전자의 경우는 유정물인 사역주가 유정물인 피사역자에게 행하는 행위를 나타내는 전형적 사역문의 격 패턴이다. 따라서 「考える(생각하다), 思う(생각하다)」와 같은 인식동사는 문 표면상 유정물인 사역주가 유정물인 피사역자에게 어떠한 영향을 미치고, 피사역자는 원인적 사역행위에 의해서 인식행위를 촉발당한다는 의미의 사역문을 만들게 되는 것이다. 후자의 경우는 자동사 사역문의 격 패턴과 같다고 할 수 있으나, 이것은 타동사문의 격 패턴과도 같아서 사역문의 의미를 분석해 봄으로써 비로소 인식동사 사역문의 본질을 파악할 수 있을 것이다.

(26) 男たちは、女子大生にモデルになれると思わせ、現金を騙し取った。
(24)
남자들은 여대생에게 모델이 될 수 있다고 생각하게 만들어 현금을 갈취했다.

(27) マリポサ・グローブは、古の森を思わせる。
마리포사 글로브는 옛날의 숲을 생각하게 한다.

(28) 新技術が使い手を混乱させる。(16)
신기술이 사용자를 혼란하게 만든다.

(29) 参考書が僕を迷わせる。(18)

　　참고서가 나를 혼란하게 한다.

　(26)의 격패턴은 [～ガ ～ニ (～ヲ) Vサセル]로 전형적 사역문의
격 패턴과 같고, (27), (28), (29)의 경우는 [～ガ ～ヲ Vサセル] 패턴으
로 자동사 사역문의 격 패턴과 같다. (26), (27)은 둘 다 인식동사「思う
(생각하다)」의 사역문이나, 다른 격 패턴을 보인다. 그러나, (26)의 사
역문의 사역주「男たち(남자들)」은 전형적 사역문의 사역주와는 달리
피사역자에게 그렇게 하도록 지시하는 존재이기 보다는 사역주의 어
떠한 행동이 원인적으로 작용하여 피사역자로 하여금 그렇게 인식하
도록 하는 역할을 하고 있다. 이는 사역주가 무정물인 (27)의 사역주와
유사성을 갖는 것이다. 즉, 격 패턴의 [～ガ ～ニ (～ヲ) Vサセル]라
해도 전형적 사역문과는 다른 의미특징을 나타내고 있다고 하겠다.
(28), (29)는 [～ガ ～ヲ Vサセル] 패턴을 갖는데, 다음과 같이 기저문
과의 관계를 중심으로 살펴보자.

　(30) a. 新技術が使い手を混乱させる。(28)

　　　 b. (新技術の(複雑さの)ために) 使い手が混乱する。

　　　　 (신기술의 복잡함 때문에) 사용자가 혼란을 겪는다.

　(31) a. 参考書が僕を迷わせる。(29)

　　　 b. (参考書のせいでかえって) 僕が迷う。

　　　　 (참고서 탓에 오히려) 내가 혼란을 겪는다.

인식동사 사역문에서 기저문을 추출한 것이 (b)의 예문인데, 사역문의 사역주의 역할이 드러나도록 괄호 안에 의미를 보충한 것이다. (30b), (31b)에서 보듯이, 사역문에서의 사역주는 기저문에 있어서는 원인적 요인으로 작용하고 있음을 알 수 있다. 이에 대하여 동작동사의 사역문이면서 인식동사 사역문과 같은 격 패턴을 보이는 (32), (33)의 경우는, 각각의 (b)와 같이 동작주를 마크할 수 있는 격조사인 「デ(로)」, 「ニヨッテ(에 의해서)」로 표지할 수 있다는 사실에서 알 수 있듯이, 행위자로서 사태에 참여하고 있는 것이다.[5] 사역주의 행위를 원인절로 보충한 각각의 (c)는 부자연스러운 일본어가 된다.

(32) a. コーチが選手を走らせる。

코치가 선수를 달리게 한다.

b. (コーチの指示で/によって) 選手が走る。

(코치 지시로) 선수가 달린다.

c. (*コーチのせいで) 選手が走る。

(33) a. 太郎が車を走らせる。

타로가 차를 달리게 한다.

b. (太郎の操作で/によって) 車が走る。

(타로의 조작으로) 차가 달린다.

c. (*太郎のせいで) 車が走る。

---

5 동작주를 마크(mark)하는 격조사에는 「ガ, ニ, ニヨッテ, カラ, デ」가 있다. 「ニ, ニ
  ヨッテ, カラ」는 수동문의 동작주 마커(marker)로 표지되고, 사역문의 경우는 「ニ, ヲ」
  가 동작주의 마커로 쓰인다. 「デ」의 경우는 「今回のプロジェクトは, 私たちでやります
  (이번 프로젝트는 우리가 할게요)」와 같이 쓰여서 동작주를 마크한다.

다음으로 사역문의 전형에서는 벗어난 조작사역을 나타내는 (33)과 인식동사 사역문 (30)을 비교하면서 격 패턴 상으로는 같은 유형인 타동사문과 비교분석해 보기로 하자.

  (34) a. 太郎がおもちゃをこわした。

         타로가 장난감을 고장냈다.

      b. (太郎のこわしたので) おもちゃがこわれた。

         (타로가 고장내서) 장난감이 고장났다.

      c. (太郎のせいで) おもちゃがこわれた。

         (타로 탓으로) 장난감이 고장났다.

  (35) a. 花子がドアを開けた。

         하나코가 문을 열었다.

      b. (花子が開けたので) ドアが開いた。

         (하나코가 열었기 때문에) 문이 열렸다.

      c. (*花子のせいで) ドアが開いた。

         (*하나코 탓으로) 문이 열렸다.

(35), (35)는 모두 타동사를 술어동사로 하는 타동사문인데, (34)는 「こわす(kow-s-u)」로 표기한 바와 같이, 타동사의 형태소가 [s]인 경우이고, (35)는 「あける(ak-e-ru)」와 같이 타동사 형태소가 [e]인 경우이다. 전자의 형태소는 사역의 형태소인 「(s)ase」에 형태적으로 가까울 뿐만 아니라, [s]를 포함하는 타동사의 의미는 사역의 의미에 가까운 의미를 나타내고 있다고 볼 수 있다. 각각의 (b)는 대응하는 자동사문으로 타동사에서의 동작주의 의미를 보충한 것인데 모두 적격문이다.

이는 타동사와 자동사의 관계에서 예상 가능한 결과라고 할 수 있다. 그런데 사역의 의미에 근접해 있는 (34)의 경우는 대응하는 자동사문에서 행위자의 역할을 원인적으로 해석하여 보충한 (c)가 적합문인 것과는 대조적으로 (35c)의 경우는 부자연스러운 문이 된다. 이는 (34a)의 타동사문이 의미적으로 사역성을 띠고 있는 반면 (35a)의 타동사문은 순수한 타동의 의미만을 나타내고 있기 때문이라고 분석할 수 있다.

이상의 분석에서 알 수 있듯이, 타동사문과 같은 격 패턴을 갖는 인식동사 사역문이라 해도 타동사문과는 차이점을 보이고 있다. 또한, 타동사문 중에서도 사역의 의미를 띠는 타동사문이 인식동사 사역문과 유사한 언어현상을 보이는 것은 흥미로운 결과라고 할 수 있겠다. 이는 사역문과 타동사문이 연속적 관계에 있으면서도 고유한 범주로 자리매김하고 있음을 증명해 주는 언어현상 데이터로 그 가치를 인정할 수 있을 것이다.

2.2 감정동사의 사역문

감정동사는 인식동사와 같이 취급되는 경우가 많은데 인식동사와는 달리 추상적 행위와 함께 동작성을 띠는 경우가 있다. 감정동사 사역문에 관하여 의미적 특징과 통어적 특징으로 나누어 분석해 보기로 하자.

2.2.1 의미적 특징

감정동사 사역문의 사역주는 인식동사 사역문의 경우와 마찬가지로

無生物(inanimate)인 경우와 有情物(animate)인 경우가 있는데, 유정물이라 해도 동작주로서의 역할을 하는 것이 아니라, 원인적 행위를 제공하는 역할을 하여 무생물인 경우와 유사한 역할을 하고 있다.

    (36) 僕は毎日(いたずらをして)ママを困らせています。

        나는 매일 (장난을 쳐서) 엄마를 곤란하게 만들고 있습니다.

    (37) 僕は、ママに八つあたりして、泣かせてしまった。

        나는 엄마에게 짜증을 내서 울리고 말았다.

    (38) その悩みが僕を深く落ち込ませる。

        그 고민이 나를 깊이 가라앉게 만든다.

    (39) ロボパロはペットのように、人を楽しませ、元気づけてくれる。

        로보파로는 펫처럼 사람을 즐겁게 만들고 기운나게 해 준다.

    (40) 交感神経が生体を緊張させ、活動性を高める。

        교감신경이 생체를 긴장시키고 활동성을 높인다.

(36), (37)의 사역주 「僕(나)」는 표면상으로는 유정물이나, (38)의 사역주 「その悩み(그 고민)」와 그 역할은 유사하다고 할 수 있다. 이 점에서는 인식동사 사역문의 경우와 공통된다고 하겠다. (39)의 사역주 「ロボパロ(로보파로)」는 로봇이므로 애니메이트성을 갖고 있다고는 할 수 있으나 여전히 동작의 행위자로서가 아니라 원인적 존재로서의 역할을 하고 있다. (40)의 사역주 「交感神経(교감신경)」의 경우는 신체의 자율신경인데 애니메이트성이 인정된다는 점에서는 유정물이라고 할 수 있으나, 이 경우 역시 동작의 행위자로서 기능하고 있는 것은 아니다.

감정동사 사역문의 피사역자의 의미특징을 (44)의 인식동사 사역문과 비교하면서 살펴보기로 하자.

(41) そのアーティストは私たちを驚かせ続ける。

그 아티스트는 나를 계속 놀라게 만든다.

(42) その女優は個性派ビューティーで周囲をアット驚かせる。

그 여배우는 개성파 뷰티로 주위를 깜짝 놀래킨다.

(43) その悩みが僕を深く落ち込ませる。(38)

그 고민이 나를 심히 우울하게게 만든다.

(44) マリポサ・グローブは、古の森を思わせる。(27)

마리포사 글로브는 옛날의 숲을 생각하게 한다.

(44)는 「マリポサ・グローブが(私たちに)古の森を思わせる(마리포사가 (우리들에게) 태고의 숲을 생각하게 만든다)」와 같은 의미를 나타낸다고 볼 수 있는데, 피사역자 「私たち(우리들)」는 동작동사 사역문의 경우와는 달리, 전적으로 능동적 행위를 하는 존재라 하기 보다는 사역주의 어떠한 원인적 행위라는 자극에 의해서 인식행위라는 반응을 하게 되는 존재라고 볼수 있다. 감정동사 사역문의 경우 (41)의 「私たち(우리들)」, (42)의 「周囲(の人たち)(주위(의 사람들))」, (43)의 「僕(나)」와 같은 피사역자는 사역주의 원인적 행위에 촉발된 감정의 경험자로서의 역할을 하는 존재이다. 그리고 인식행위와 다른 점은 「驚く(놀라다), 落ち込む(우울해지다)」와 같은 행위가 동작의 측면을 갖는다는 것이다. 즉, 인식동사의 그것에 비하면 외부적으로 나타나는 동작이 일

어날 가능성을 배제할 수 없다는 것이다. 이러한 동작의 측면이 비교적 드러나기 쉬운 감정동사로는 「泣く(울다), 笑う(웃다)」를 들 수 있다.

2.2.2 구문적 특징

인식동사는 전형적 사역의 격 패턴과 같은 [～ガ ～ニ (～ヲ) Vサセル] 패턴을 갖는 경우가 있지만, 감정동사의 격 패턴은 [～ガ ～ヲ Vサセル] 패턴만이 인정된다. 사역주의 의미소성이 유정물·무생물에 상관없이 한 패턴만 보이는 것이다.

(45) みんな(が)笑顔で私を緊張させないようにしてくれた。

　　　모두가 웃는 얼굴로 나를 긴장시키지 않도록 해 주었다.

(46) ロボパロはペットのように、人を楽しませ、元気づけてくれる。(44)

　　　로보파로는 펫처럼 사람을 즐겁게 만들고 기운나게 해 준다.

(47) その悩みが僕を深く落ち込ませる。(38)

　　　그 고민이 나를 깊이 가라앉게 만든다.

(45), (46)의 사역주는 사람이거나 사람에 가깝게 만들어진 로봇이므로 행위자로서의 의미소성을 갖는 반면, (47)의 사역주는 사물이다. 그러나, 전자의 유정물도 행위자로서 기능하고 있지 않으며, (47)과 마찬가지로 사역사태를 일으키는 원인적 존재로 작용하고 있다.

(48) a. みんなが私を緊張させる。

　　　모두가 나를 긴장시킨다.

b. (みんなの期待/視線のせいで) 私が緊張する。

(모두의 기대/시선 탓으로) 내가 긴장한다.

(49) a. その悩みが僕を<u>落ち込ませる</u>。

그 고민이 나를 가라앉게 만든다.

b. (その悩みのために) 僕が落ち込む。

(그 고민 때문에) 내가 자신 없어진다.

(50) a. ロボットが人を<u>楽しませる</u>。

로봇이 사람을 즐겁게 만든다.

b. (ロボットの行動を見て) 人が楽しむ。

(로봇 행동을 보고) 사감이 즐긴다.

c. (ロボットのために) 人が楽しむ。

(로봇 때문에) 사람이 즐긴다.

(51) a. 花子がドアを<u>開けた</u>。

하나코가 문을 열었다.

b. (花子が開けたので) ドアが開いた。

(하나코가 열었기 때문에) 문이 열렸다.

c. (*花子のために) ドアが開いた。(40)

감정동사 사역문 (a)의 기저문에 사역주의 의미역할을 보충하여 표시한 것이 (b)이다. (48)과 (49)의 사역주는 원인적으로 해석되는 한편 (50)의 경우 로봇이 어떠한 행위를 함으로써 사람들을 즐겁게 해 준다는 의미로 해석되어 사역주의 역할이 다소 다르다. (50)은 타동사문과 대응하는 자동사문의 관계를 나타낸 (51)과 유사성을 띠고는 있으나,

(50c)와 (51c)를 비교해 보면 감정동사의 경우는 원인적 해석이 허용되는데 반하여, 타동사문의 경우는 원인적 해석이 허용되기 어렵다. 이 점은 타동사문의 동작주의 행위가 대상에 직접적으로 영향을 미치는데 대하여 감정동사 사역문의 사역주의 행위는 간접성을 띠고 있기 때문일 것이다. 이러한 점에서 감정동사 사역문이 타동사문과 차별되는 사역문으로서의 의미특징을 유지하고 있음을 알 수 있다.

인식동사 사역문과는 달리 감정동사 사역문은 피사역자로 신체부분을 나타내는 명사를 취하는 경우가 있다.

> (52) 腕の筋肉を<u>緊張させ</u>、リラックスさせる。
>
> 팔 근육을 긴장시키고 릴렉스시킨다.
>
> (53) 花草は見る人の目を<u>楽しませて</u>くれる。
>
> 화초는 보는 사람의 눈을 즐겁게 만들어 준다.
>
> (54) 血糖値が気持を<u>落ち込ませる</u>。
>
> 혈당치가 기분을 가라앉게 만든다.

인식동사 사역 「思い出させる(생각나게 하다)」와 「考えさせる(생각나게 하다)」의 경우 신체명사를 대격이나 여격으로 취한 다음과 같은 문은 비문이 된다.

> (55) *木枯らしが故郷のことを頭に<u>思い出</u>させる。
>
> (56) *そのことが頭を<u>考えさせる</u>。

이와 같은 현상은 인식동사가 나타내는 의미가 신체의 특정 부위에 대한 구체성을 띠지 않는 반면, 감정동사의 경우는 동작성을 유지하기 때문에 신체의 특정 부위에 대한 행위가 이루어 질 수 있다고 인식하기 때문일 것이다. 사역주와 피사역자의 관계라는 관점에서 살펴보면, 인식동사보다 감정동사가 자극과 반응관계에 가깝다는 증거이기도 하다.

　이상의 논의에서 본 바와 같이, 인식·감정동사의 사역문은 동작동사의 사역문과는 다른 의미적·구문적 특징을 보이는 고유한 사역문 카테고리로 인정할 수 있을 것이다. 의미적·구문적 특징을 간략히 표로 제시하면 다음과 같다.

		감정동사 사역	인식동사 사역	전형적 사역
구문적 특징	격패턴	~ガ ~ヲ V	~ガ ~ニ~ヲ V ~ガ ~ヲ V	~ガ ~ニ~ヲ V
	사태간 관계	의존적 (유발-반응)	의존적 (유발-반응)	독립적 (지시-수행)
의미적 특징	사역주의 의미소성	무정물 (유정물)	무정물	유정물
	사역주의 의도성	無(일부 有)	無	有
	사역주의 의미역할	원인요소	원인요소	지시자
	피사역자의 의미역할	감정의 경험자	인식의 경험자	사태수행의 동작주

제11장
자발동사 사역문

1 자발사역문

사역문에는 사역 사태에 관여하는 참여자의 다양성이라는 점에서 다양한 의미 타입의 사역문이 포함되어 있다. 본서의 자발사역문은 그러한 다양한 타입의 사역문 중에서 구문적·의미적으로 고유한 특징을 지니는 사역문의 한 타입으로, 기저문의 동사가 자발동사인 문을 가리킨다.

한편 자발동사 또는 자발문에 대해서, 자발동사를 기저동사로 하는 문은 사역문의 파생이 불가능하다는 것이 언급되어 왔는데 다음과 같은 현상이 그 예이다.

(1)*a. 夜を明けさせる。

　　 b. 夜が明ける。　　　　　날이 밝다.

(2)?a. 木を<u>倒れさせる</u>。

 b. 木が<u>倒れる</u>。　　　　나무가 쓰러지다.

(3)?a. ジュースを<u>こぼれさせる</u>。

 b. ジュースが<u>こぼれる</u>。　주스가 쏟아지다.

(4) a. 涙を<u>あふれさせる</u>。　눈물이 흐르게 하다.

 b. 涙が<u>あふれる</u>。　　　눈물이 흐르다(넘치다).

　(1b)부터 (3b)의 자발문으로부터는 (a)와 같은 사역문이 파생 불가능하거나 또는 적격성이 매우 떨어지게 된다고 여겨져 왔다. 하지만 (4)에서처럼 '눈물'과 같은 명사가 「ヲ」격 명사로 올 경우에는 사역문이 가능해진다.

　자발동사의 사역문 파생의 가능 여부에 관한 기존의 논의에서는 사역화의 가능 여부에 초점이 맞춰져, (1)과 (2), (3)의 적격성의 차이나 사역화 가능한 경우와 불가능한 경우의 조건에 대한 언급이 보이지 않는다. 또한 실제 예문에서의 검증이 이루어지고 있지 않은 경우가 많고, 문맥을 고려한 분석과의 결과적 차이가 배제되어 온 경향이 있다.

　먼저 자발문을 기저문으로 하는 사역문을 대상으로 사역화의 가능 여부를 조사하고, 사역문의 파생이 불가능한 경우, 그 원인을 분석하여 자발사역문의 성립 조건을 고찰한다. 또한 사역의 구조 속에서 자발사역문의 의미원형을 추출, 자발사역문과 타동사역문을 비교분석한다.

　자발사역문에 대한 고찰 이전에 자발의 정의와 자발문의 의미타입의 분류를 제시해 두기로 하겠다.[1]

---

1 자발성과 자발문에 관해서는 본서 제1부 4장 자발성에서 상세히 기술하고 있으므

자발이란 어떤 것(대상)이 스스로 변화를 일으킬 힘 또는 내면적 성질을 갖추고 있고, 비의도적인 사태가 발생한 결과로 인해 상태변화가 일어나는 사태를 말한다. 단, 비의도적으로 발생한 사태라는 것은 저절로 발생한 경우와, 우발적으로 발생한 사태도 포함하는 개념이다.

자발문의 의미타입

사태 타입	의미 타입	동사구의 예	대응하는 동사 타입	동작주의 사태 참여	변화의 소재
[A] 저절로 일어 나는 사태	1) 자연현상	/夜が明ける, 陽が暮れる, 秋が深まる, 曇る, 晴れる /雪が積もる, 家が埋もれる	없음	초자연적 존재	없음
	2) 생리현상	/喉が乾く, 体が震える, 涙が涸れる, 目が覚める /涙が溢れる, 顔がこわばる /足がしびれる, 歯がしみる, 鼓動が早まる	-as- -ase- 없음	참여/ 신체부분의 소유자	소유자의 변화
	3) 심리현상	/照れる, 惹かれる /惚れる, あきれる, 慣れる /気が抜ける, 腹がたつ	없음 -ase- -u/e-	참여/ 경험주체	경험자의 변화
	4) 지각현상	/思われる, 見える, 聞こえる /偲ばれる, 感じられる	- ∅ -	참여/ 지각주체	지각자의 변화
	5) 형상 상태의 변화	/ゼリーが固まる, 魚が焼ける, 岩が砕ける, ドアが閉まる /服が乾く, 洗剤が溶ける, カーテンが揺れる, 汗がにじむ	-e/ ∅ - -as-	참여	대상의 변화
[B] 우발적 으로 일어 나는 사태	1) 파괴적 상태변화	/紐が切れる, 服が破ける, 箱が潰れる /花瓶が壊れる, 木が倒れる	- ∅ /s- -s-	참여	대상의 변화
	2) 형상 상태의 변화	/水がこぼれる, 電気が消える /魚が焦げる, 服が濡れる	-e/s- -as-	참여	대상의 변화

(동사구 예는 번역하지 않음)

로, 여기에서는 간단히 기술하기로 하겠다.

2 자발사역문의 파생

자발사역문이란 자발문을 기저문으로 하는 사역문을 가리키는데, 타동사문을 기저문으로 하는 타동사 사역문과는 대립적으로 사용한다. 기존의 연구에서는 사역화가 가능한 자발동사와 사역화가 불가능한 자발동사로 나누는 논의가 보이지만, 본서에서는 다음의 가설을 세워 대부분의 자발문에서 사역문이 파생될 수 있음을 검증한다.

■ 가설

자발문은 다음 [1], [2] 의 경우를 제외한 대부분의 경우, 사역화가 가능하다. 그러나 [1], [2] 의 경우에서도 문맥이 주어지면 사역화가 가능해진다. 즉, [1] 의 경우는 초자연적 존재의 관여, [2] 의 경우는 우발성의 배제에 의한 사역문의 파생이 가능하게 된다.

[1] 자연현상을 나타내는 자발사태는 사역화되기 어렵다.

夜を明けさせる。　　　　秋を深まらせる。
날이 밝게 하다.　　　　　가을이 깊어가게 하다.

[2] 우발적 사태를 나타내는 자발문은 사역화되기 어렵다.

コーヒーをこぼれさせる。　　木を倒れさせる。
커피를 쏟게 하다.　　　　　나무를 쓰러지게 하다.

위 조건에 따라 파생된 자발사역문은 타동사문과는 다른 의미 영역을 담당한다. 타동사문은 동작주의 대상에 대한 직접적인 동작을 나타내지만, 자발사역문은 동작주의 대상에 대한 간접적인 작용을 나타낸다.

2.1 자발문의 사역문 파생 가부

자발동사의 사역화에 관한 기존의 연구에서는 다음과 같이 판단되는 것이 일반적이다.

(5) a. 夜が明ける。　　　　　날이 밝다.

　　b.*夜を明けさせる。

(6) a. 足が痺れる。　　　　　다리가 저리다.

　　b.*足を痺れさせる。

　　c. 足を痺れきらせる。　　다리를 저리게 하다.

(7) a. 涙があふれる。　　　　눈물이 넘치다.

　　b. 涙をあふれさせる。　　눈물이 넘치게 하다.

(8) a. 花子はあきれた。　　　하나코는 어이가 없다.

　　b. 花子をあきれさせた。　하나코를 어이없게 하다.

(9) a. 昔のことが偲ばれる。　옛날 일이 그리워지다.

　　b.*昔のことを偲ばれさせる。

　　c. 昔のことを偲ばせる。　옛날 일을 그리워하다.

(5a)는 자연현상을 나타내는 자발적 사태를 나타내기 때문에, 사역문 (b)는 비문이 된다. (6a)는 자율신경의 기관에 의한 생리현상으로 사역화는 불가능하다. (7), (8)은 사역화가 가능하고, (9)와 같은 「(a)re」형 자발문은 사역문의 파생이 불가능하다.

(10) a. パンが焼ける。　　　빵이 구워지다.

　　 b. *パンを焼けさせた。

　　 c. パンを焼いた。　　　빵을 굽다.

(11) ?母はわざわざパンが焦げるまで焼けさせておいた。

　　어머니는 일부러 빵이 탈 때까지 구워지도록 놔두었다.

　(10a)의 「焼ける(구워지다)」는 (c)의 「焼く(굽다)」라는 대응하는 타동사를 갖고 있기 때문에, (b)의 사역형 「焼けさせる」은 파생 불가능한 것으로 여겨져 왔다. 하지만 (11)과 같은 문맥에서는 사역문의 판단이 (10b)보다는 나아진다. 이와 같은 현상에 대한 설명이 필요하다. 문맥을 배제한 문에서의 사역화와 문맥이 주어졌을 때의 사역화의 판단의 차이를 알아보기 위해서 다음 예문을 분석해보자.

(12) a. 魚がこげる。　　　　생선이 타다.

　　 b. ?魚をこげさせた。　　?생선을 타게 했다.

　　 c. 魚を焦がした。　　　생선을 태웠다.

(13) うん、これは美味しい。焦げさせず、それでいて香ばしさを引き出している。(01/10/31, www.cafe-suimei.com/uq3.html)

　　응, 이거 맛있네. 타게 하지도 않고, 그러면서도 풍미를 이끌어 내고 있어.

　(12)의 「焦げる(타다)」라는 동사는 보통 우발적으로 생기는 사태를 나타내어 의도적인 행위에 의한 상태변화를 나타내지 않기 때문에 사역화되기 어려운 동사에 속한다. 그러나, (13)과 같이 우발성이 배제되

고 의도성이 부가된 문맥에서는 사역문이 파생된다. 「焦がす(태우다)」
보다 「焦がせる(타게 하다)」로 표현하게 되면, 책임회피의 뉘앙스가 느
껴지는 것은 자발사역문이 간접적으로 일어나게 된 사태를 나타내기
때문인 것이다.

    (14) a. ジュースが<u>こぼれる</u>。　　　주스가 쏟아지다.

        b. *ジュースを<u>こぼれさせる</u>。

        c. ジュースを<u>こぼす</u>。　　　　주스를 쏟다.

    (15) ?花子が弟の肩を押して、弟の手に持っていたジュースを<u>こぼれさ</u>
<u>せた</u>。

        하나코가 동생의 어깨를 밀어서, 동생의 손에 들려 있던 주스를
쏟게 했다.

  (14a)의 「こぼれる(쏟아지다)」도 (13)과 같이 우발성의 의미를 함의
하는 자발동사이다. 그러나, 사태를 일으킨 이의 의도성이 명백한 (15)
에서는 사역문에 대한 적격성의 판단이 더 좋아진다. 다음의 (16), (17)
와 같은 실제 예문도 보인다.

    (16) 人間がいかにずる賢いかという話ですな。皿の水を<u>こぼれさせ</u>、
100%の出せない相手に勝って嬉しいか? (01/10/31, www1.odn.
ne.jp/~motodoc/paddock/dokusho/dokusho_02.html)

        인간이 얼마나 교활하고 영리한가에 대한 이야기군요. 접시의
물을 쏟게 해서, 100% 제힘을 다 내지 못하는 상대에게 이기니까
기쁜가요?

(17) その左胸部がゆっくりと、砂をこぼれさせながら開いた。 (01/10/
31, silver.fureai.or.jp/csfi/csfi2_4.html)

그 왼팔 부분이 천천히, 모래를 쏟아지게 하면서 열렸다.

위의 두 예에서도 동사가 본래 지니고 있는 우발성이 배제되고 의도성이 함의되어 사역화가 가능해진 것이다.

(18) a. (台風で)木が倒れた。 태풍으로 나무가 쓰러졌다.

　　b.*台風が木を倒れさせた。

(19) ?太郎は誤って舞台の柱を倒れさせてしまった。

타로는 실수로 무대의 기둥을 쓰러지게 하고 말았다.

(20) 倒れかかっている木にロープをつなげてみんなで引っ張って、木を
倒れさせた。

쓰러져가는 나무에 로프를 연결해서, 모두가 힘을 합쳐 나무를
쓰러지게 했다.

(18a)의 「倒れる(쓰러지다)」도 본래 우발성이 함의된 자발동사인데, (b)의 사역문은 비문으로 판단되는 경우가 많다. (19)와 같은 문맥에서는 사역문의 적격성이 높아지고, 우발성이 사라지고 자발사역 사태를 일으킨 이의 의도성이 명백하게 드러나게 되면 (20)과 같이 자연스러운 사역문이 된다.

자발동사의 한 종류로 심층격에 장소격을 취하는 타입이 있다. 예를 들어 (21a)의 「にじむ(배다)」와 같은 동사가 그 예인데, 심층에 「손바닥에」 또는 「이마에」와 같은 장소격을 상정하는 것이 가능하다.

(21) a. 汗が<u>にじむ</u>。　　　　　땀이 배다.

　　 b. 汗を<u>にじませる</u>。　　　땀을 쥐게 하다.

(22) 取材班は<u>掌に汗を滲ませ</u>ながら想うのであった。(01/10/31, www.

　　 jda.go.jp/library/secur/2001/07/ituki.htm)

　　 취재반은 손에 땀을 쥐어가며 생각하는 것이었다.

(23) a. 水が<u>しみる</u>。　　　　　물이 스며들다.

　　 b. 水を<u>しみらせる</u>。　　　물을 스며들게 하다.

(24) 化粧水をCタイプの<u>コットンにしみらせ</u>、顔全体に、軽くつけます。

　　 (01/10/31, www2.odn.ne.jp/shieri/nikibi.html)

　　 화장수를 C타입의 솜에 스며들게 해서, 얼굴 전체에 가볍게 바

　　 릅니다.

　 (24)의 경우와 같이, 자발사역 사태를 일으키는 이가 무언가를 하는
행위와「솜에 화장수가 스며들다」라는 사태 사이에 간접성이 인정되
는 경우도 자발사역문이 성립된다.

　 본서에서의 가설에 따라 자발문의 사역화를 다시 분석해보자. (25)
부터 (27)까지는 자발동사의 사역문이 성립하지 않는 예로 제시되고
있는 것이다.

(25) a. 鉄を<u>溶かす</u>。　　　　　철을 녹이다.

　　 b. *鉄を<u>溶けさせる</u>。

(26) a. 粘土を<u>固める</u>。　　　　점토를 굳히다.

　　 b. ??粘土を<u>固まらせる</u>。

(27) a. 木を<u>倒す</u>。　　　　　　나무를 쓰러트리다.

　　 b. *木を<u>倒れさせる</u>。

그러나, 다음과 같은 실제 예들을 찾을 수 있다.

(28) 季節は夏。熱い陽ざしが容赦なくアスファルトを<u>溶けさせ</u>、道行く
　　 人は無口になり、……。(01/10/31, www.bb.wakwak.com/~sa
　　 mi/niki00/0007a.htm)

　　 계절은 여름. 뜨거운 햇살이 가차없이 아스팔트를 녹게 하고, 지
　　 나다니는 사람들은 말없이…….

(29) 渋柿に含まれたタンニンが蛋白質を<u>固まらせ</u>、時間の経過とともに
　　 発色の度合いを強めると言う特長を生かし、(01/10/31, npo.house
　　 110.com/sickhouse/vo1003/005.html)

　　 떫은 감에 포함된 탄닌이 단백질을 굳게 해서, 시간이 경과함에
　　 따라 발색 정도를 강하게 한다는 특징을 살려서…….

(30) もし火がついているなら地面に<u>倒れさせ</u>、毛布などでくるみ、火が
　　 消えるまで転がす。(01/10/31, www.10man-doc.co.jp/i/burn.h
　　 tml)

　　 만약 불이 붙어 있다면 지면에 쓰러지게 해서, 담요 등으로 둘둘
　　 싸서 불이 꺼질 때까지 굴린다.

(31) 奇跡的にあなたの自動車を<u>倒れさせず</u>、支えることに成功したの
　　 です。(01/10/31, www5d.biglobe.ne.jp/~negiMAD/0040.html)

　　 기적적으로 당신의 자동차가 쓰러지지 않도록 지탱하는 일에 성
　　 공한 것입니다.

(25)에서 사역화되지 않는다고 여겨졌던 「溶けさせる(녹게 하다)」는 (28)과 같이 성립하고, (26)의 「固まらせる(굳게 하다)」도 (29)와 같이 사역화가 가능하며, (27)의 「倒れさせる(쓰러지게 하다)」도 (31)의 예문에서 별다른 어려움 없이 성립한다.

또, (32)에서 (35)와 같이, 대응하는 타동사가 존재하는 자발동사의 경우, 사역형이 파생되지 않는다는 논의가 있다.

(32) 沸く/沸かす/??沸かせる
　　　끓다/끓이다

(33) 乾く/乾かす/??乾かせる
　　　마르다/말리다

(34) 切れる/切る/*切れさせる
　　　잘리다/자르다

(35) 抜ける/抜く/*抜けさせる
　　　빠지다/빼다

상기의 예에서는 사역형의 파생이 불가능한 것으로 판단되고 있지만, (36)부터 (39)와 같이 반례를 찾아볼 수 있다.

(36) まずお湯を沸かせ、沸騰してきたら、こねてまるめた白玉を入れます。
　　　(01/11/02, www.age.ne.jp/x/yuri6/cake/thank/thank3.htm)
　　　우선 물을 끓도록 해서, 끓기 시작하면 반죽해서 둥글게 빚어둔 새알을 넣습니다.

(37) 常温で乾かせていると、水分が葉、木の実にしみ込んで、しおれてしまう場合がありますので注意しましょう。

(01/10/31, www.niji.or.jp/home/yume/rejin.htm)

상온에서 마르게 하면, 수분이 잎과 나무열매에 스며들어서 시들어버리는 경우가 있으므로 주의해 주세요.

(38) chikageさん、リンク切れさせちゃって申し訳ありませんでした。

(01/11/02, www.geocities.co.jp/Stylish/1532/geobook0006.html)

chikage씨, 링크를 끊어지게 해서 죄송합니다.

(39) 悪戯の延長だと言わんばかりに僅かな乱れを抱えるのみで、身に纏われたままの翼の夜着の胸元を握り締めつける指先は、その力の強さから、白く色を抜けさせていた。

(01/11/02, www.ax.sakura.ne.jp/~kaya/st4.html)

장난의 연장이라고 말하기라도 하듯이 약간 흐트러졌을 뿐, 몸에 걸쳐진 채로 있는 날개 잠옷의 가슴부분을 움켜쥐는 손 끝은 그 힘의 강도로 인해 하얗게 색이 빠져 있었다.

(36)에서는 「お湯を沸かせる(물을 끓게 하다)」가 파생되고, 「お湯を沸かす(물을 끓이다)」와 유사한 사태를 나타내는 것으로 보인다. 단, 물을 끓이는 사태를 일으킨 동작주의 행위, 예를 들어 「鍋に水を入れ、ガスレンジにかけ、火を入れる(냄비에 물을 넣고, 가스렌지를 켜서 불을 붙인다)」와 같은 행위와 「お湯が沸く(물이 끓다)」라는 사태 사이에는 간접성이 존재한다. 「ドアを叩き、ドアが叩かれる(문을 열고, 문이 두드려지다)」와 같은 관계를 직접성이라고 한다면, 「お湯を沸かせる(물을 끓게 하다)」라는 사태의 그것은 간접성으로 볼 수 있을 것이다.

(37)의 '식물을 말리는' 사태도 「常温においておく(상온에 놓아두다)」라는 행위와 「植物が乾く(식물이 마르다)」라는 사태 사이에도 간접성이 인정된다. (38)의 「リンクを切れさせる(링크를 끊어지게 하다)」라는 사태도, 화자의 행위가 「chikageさんのリンクが切れる(chikage씨의 링크가 끊기다)」라는 사태를 간접적으로 일으킨 것임을 나타내고 있다.

선행연구에서의 사역형의 파생 여부에 대한 판단은 일본어 화자로서의 내성에 의존하고 있고, 앙케이트 조사를 실시한 경우에도 실제 예를 이용하지 않고 작문에 의해 이루어진 것이기 때문에 문맥이 무시되고 있다. 그러나, 앞에서 증명된 것처럼, 실제 예문에서는 대응하는 타동사가 있는 자발동사도 사역형의 파생이 가능한 것이다.

이상의 검증으로부터 결론을 내리면, 자발동사의 사역화가 불가능한 것은 동작주의 의도적 행위가 결여되어 있는 경우이다. 즉, 자발적 변화를 일으키는 것이 그 사태를 제어할 수 없는 경우에 사역화는 불가능하다는 것이다. 제어 불가능한 경우는 다음과 같이 두 가지로 생각해볼 수 있다.

[1] 동작주(인간)의 관여 자체가 불가능한 경우
  : 자연현상(cannot control)
[2] 대상의 변화 사태가 우발적인 경우
  : 우발적 사태(no-controlled)

[1]은 (40a)와 같이 자연현상을 나타내고 동작주의 관여 그 자체가 불가능한 경우로, 자연현상은 인간이 제어할 수 없기 때문에 사역화는

불가능하다. [2]는 (41a)와 같이 자발적 사태에 의한 대상의 변화를 의도하지 않았음에도 불구하고, 그것이 하나의 사건으로써 우발적으로 발생한 경우이며, 그 자발사태를 제어하는 것이 불가능하다기 보다 제어가 든지 않기 때문에 발생한 사태라고 말할 수 있을 것이다. 이 경우에도 사역화의 파생은 불가능하다.

(40) a. 陽がくれた。(8の再掲) 해가 졌다.

　　 b. *陽をくれさせた。

(41) a. 電球が切れた。(12の再掲) 전구가 나갔다.

　　 b. *電球を切れさせた。

(42) ゼウスは3日も太陽を昇らせず、アルクメーネと過ごします。

　　 (02/01/19, http://www.levy5net.com/odashima/home03.html)

　　 제우스는 3일이나 태양을 떠오르게 하지 않고, 아르크메네와 지냈다.

(43) 自分の地形が奪われても、状況が苦しくなれば結局能力の意味はなし。クレイモア……高速回転でデッキ切れさせ、大型で何度も突撃すれば好し。

　　 (01/10/31, http://www.enjoy.ne.jp/~urasima/column1.htm)

　　 자신의 지형을 빼앗겨도, 상황이 어렵지 않다면 결국 능력의 의미는 없다. 클레이모어 … 고속회전으로 배 갑판을 끊어지게 하고, 대형으로 몇 번이고 공격하면 될 것이다.

　자연현상을 나타내는 자발문에서도 (42)와 같이 초자연적 존재가 동작주에 위치할 경우, 사역문의 파생이 가능하다. (43)의 기저동사「切

れる(끊어지다)」와 같은 우발성을 띠는 자발동사도 우발성이 배제되어
의도성이 부가되면 사역문의 파생이 가능하다.

2.2 자발사역문의 성립 조건

자발동사의 사역화가 불가능한 요인의 분석에서 자발사역문의 성립
조건이 추출되는데, 자발사역문의 성립에는 다음과 같은 의미소성이
관련된 것으로 생각할 수 있다.

■ 자발사역문의 성립에 관한 의미소성
[1] 자발사태에 대한 동작주의 관여 가능 여부
[2] 대상의 성질 : 변화하기 위한 에너지 유무
[3] 동작주의 대상에 대한 작용 성질 : 직접적/간접적

[1]의 의미소성에 의해 자연현상을 나타내는 자발문과 우발적 사태
를 나타내는 자발문에서는 사역문의 파생이 제한된다. [2]는 기저문인
자발문의 대상 내부에 어떠한 상태에서 다른 상태로 변화할 수 있는
에너지를 갖추고 있어야 한다는 것이다. [3]은 자발사태를 일으키는 동
작주의 대상에 대한 작용이 간접적일 경우, 자발사역문이 성립할 수
있다는 것이다.

(44) 熱い陽ざしがアスファルトを溶けさせる。
　　　뜨거운 햇살이 아스팔트를 녹게 한다.

(45) タンニンが蛋白質を固まらせる。

탄닌이 단백질을 굳게 한다.

(46) (私たちが)自動車を倒れさせず、支える。

(우리가) 자동차를 쓰러지지 않게 지탱한다.

(47) (私が)リンクを切れさせる。

(내가) 링크를 끊어지게 한다.

(44)와 (45)는 저절로 일어나는 사태 중 형상·상태의 변화에 속하는 자발동사의 사역문으로, 사역주인 「陽ざし(햇볕)/タンニン(탄닌)」의 사역사태에 대한 관여가 인정된다. 즉, 대상인 「アスファルト(아스팔트)/蛋白質(단백질)」은 변화하기 위한 내적 성질을 갖추고 있으며, 동작주인 「陽ざし(햇볕)/タンニン(탄닌)」이 「溶ける(녹다)/固まる(굳다)」라는 사태에 간접적으로 작용하고 있는 것이다. (46)과 (47)의 기저동사 「倒れる(쓰러지다)/切れる(잘라지다)」는 우발성을 함의하고 있어, 우발적으로 일어나는 사태라는 의미유형에 속한다. 우발적으로 일어나는 사태는 누군가의 제어로부터 벗어나면서 일어나는 사태이기 때문에 그러한 자발사태를 의도적으로 일으킬 수는 없고, 따라서 기본적으로는 사역문이 불가능한 동사이다. 하지만 기저동사가 지니는 우발성이 없어지게 되면 사역화가 가능해진다. (46)과 (47)의 문맥에서는 「倒れる(쓰러지다)/切れる(잘라지다)」에서 그러한 우발성이 제거되어 있다. (46)의 경우, 어떠한 사건으로 인해 쓰러져가던 자동차에 어떤 조치를 취함으로써 쓰러지는 것을 막고 있는데, 대상의 자동차는 변화해가고 있는 상태이기 때문에 변화하려고 하고 있고, 사역주인 「私たち(우리들)」는

쓰러진 상태를 향해 나아가고 있던 자동차를 멈추는 데에 어떠한 간접적인 작용을 하고 있다. (47)의 「リンクが切れる(링크가 끊기다)」라는 사태는 우발적으로 일어난 것이지만, 끊어진 상태가 되지 않도록 관리하는 책임이 있는 네트워크 관리자인 「私(나)」의 자발사태에 대한 작용은 인정되기 때문에 사역문의 파생이 가능해진다.

3 자발사역문의 의미유형

3.1 자발사역문의 의미 스키마

여기에서는 타동사에서 파생되는 타동사역문과 자발사역문을 비교하고, 유사점과 차이점에 대하여 기술하기로 한다. 또한 자발사역문의 의미타입을 하위분류하여 의미 스키마를 제시하고, 그 유사점과 차이점을 도식으로 제시할 것이다.

타동사역문의 사건 타입을 의미 스키마로 도식화하면 다음 그림의 상단 오른쪽 그림과 같이 된다. 타동사역문은 사역주의 피사역자인 동작주에 대한 간접적인 작용에 의해, 동작주가 자신의 완전한 컨트롤 하에서 대상에 대한 동작을 행하고, 그 결과 사역주가 의도한 사태를 수행시키는 것이다. 이에 반해, 상단 왼쪽의 자발사역문의 의미 스키마에서는 사역주의 피사역자에 대한 간접적인 작용이 계기가 되어 자발사태가 일어나게 되지만, 동작주의 동작은 대상의 성질에 의존하면서 사태를 성립시키고 있다. 즉, 동작주가 대상을 완전하게 컨트롤할 수 없고, 그 동작도 자발적 변화를 일으키는 데에 간접적으로 작용하고 있다.

자발사역문의 의미 스키마

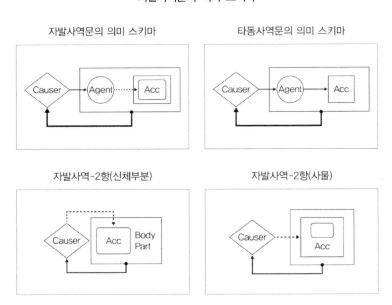

자발사역문 중에서 사역주와 피사역자, 대상이라는 3항을 취하는 문 이외에 2항을 취하는 사역문이 다수 존재한다. 그 중에서도 대상의 위치에 신체부분을 취하는 타입이 하단 왼쪽에 위치한 의미스키마로 나타내어지는 자발사태이다. 신체부분(body part)은 손, 발과 같이 신체부분의 소유자가 완전히 제어 가능한 것과 자율신경과 같이 소유자의 의지에 의해서 완전히 컨트롤할 수 없는 것으로 나뉘는데, 자발사역문의 대상에는 자율신경과 같은 신체부분이 많이 나타난다. 자율신경은 단독으로는 독립적인 기능을 할 수 없지만, 소유자를 통해서 전해지는

외부로부터의 자극에 대해 기능에 의존해가면서 스스로 어떠한 반응을 나타내는 존재이다. 이러한 점이 자발사역문의 대상격의 위치에 신체명사가 많이 나타나는 원인이라고 분석할 수 있다.

> (48) ホルモンバランスを崩れさせ、それがニキビを引き起こしてしまう。
>   (01/10/31, www.ktv.co.jp/ARUARU/search/aruhada/hada4.htm)
>   호르몬 체계를 무너지게 해서, 여드름이 생기게 한다.
> (49) 猛毒であり、僅かな量で体を痺れさせ、……。
>   (01/10/31, www.e-net.or.jp/user/rumin/essay-x/geo-9810.html)
>   맹독이며, 극히 적은 양으로 몸을 마비시켜서…….
> (50) 涙をこぼれさせる。   눈물을 흘리게 한다.

(48)은 주체가 취한 행위라는 자극에 의해, 몸 안의 호르몬 밸런스가 무너지는 사태를 나타내고 있다. 이와 같은 구상적(concrete)이지 않은 「ホルモンバランス(호르몬 밸런스)」와 같은 것도 신체부분에 넣을 수 있을 것이다. (49)에서는 「몸」, (50)에서는 「눈물」이 대상격으로 취해지고, 둘 다 자극에 대한 반응이라는 사태를 나타내고 있다. 이 타입의 자발사역문은 하단 왼쪽의 의미 스키마에서 나타내고 있는 것처럼, 사역주의 대상에 대한 작용이 간접적으로 이루어진다. 즉, 사역주의 행위는 대상이 상태변화에 도달하는 결과를 일으키는 간접적인 요인에 그치는 것이다. 또한 대상은 대개의 경우, 어떠한 기능을 갖고 있는 존재이다.

2항을 취하는 자발사역문의 또 다른 타입은 대상으로 보통의 사물을 취하는 문이다. 이 타입은 하단 오른쪽의 도식에서 나타내고 있는 것처럼, 전자와는 다른 의미 스키마를 지니고 있다. 대상의 자리에 오는 것은 어떠한 기능을 갖고 있지는 않지만 변화로 나아가는 성질을 지니고 있는 존재이며, 사역주의 작용은 간접적이고 대상의 변화하는 성질에 의존하여 사역사태를 수행시킨다.

(51) メールボックスを<u>溢れさせ</u>、規模によってはメールサーバ自体をダウン。
   (01/10/31, www4.justnet.ne.jp/~k-kouda/security/security.html)
   메일 박스를 가득 차게 해서, 규모에 따라서는 메일 서버 자체를 다운.

(52) <u>海草も水も</u>いっぺんに鍋に入れて、炊いて<u>固まらせて</u>いく方法もあるけど、……。
   (01/10/31, www.santoku-net.co.jp/santi/okiuto/)
   해초도 물도 한번에 냄비에 넣고 익혀서 굳어지게 하는 방법도 있지만…….

(53) <u>ミスリルの剣を</u>粉々に<u>砕けさせ</u>、吹雪は倍以上の大嵐と変貌して、跳ね返ってきた。
   (01/10/31, sinkirou.net/mm/MM06.htm)
   미스릴 검을 조각조각 부서지게 하고, 눈보라는 그 이상의 큰 폭풍으로 변모하여 되돌아왔다.

(51)은 스팸메일 같은 것이 인터넷 상의 메일 박스에 발송되는 것을 차단하지 않고 '넘치는' 상태로 만들었다는 사태를 나타내고 있다. (52)는 열풍에 말리는 행위를 함으로써, 해초를 '굳어진' 상태에 이르게 하

는 사태를 나타내고 있다.

3.2 자발사역문의 의미 유형

이상의 고찰에서 자발동사를 기저동사로 하는 사역문을 분석한 결과, 자발사역문의 의미 원형(prototype)을 추출할 수 있었다. 모든 의미 특징을 갖고 있다면 자발사역문의 전형으로 인정다. 타동사를 기저동사로 하는 사역문과 비교하면서 살펴보자.

	자발사역문의 의미 원형	타동사역문의 의미 원형
사역주의 작용	간접적 작용	간접적 작용
동작주의 작용	간접적 작용	직접적 작용
대상의 변화	자발적 변화	수동적 변화

사역주의 피사역자에 대한 작용은 타동사역문에서도 자발사역문에서도 간접적으로 이루어진다. 사역주의 간접적인 작용은 사역문이 지니는 기본적인 성질이다. 피사역자인 동작주의 대상에 대한 작용은 타동사역문에서는 직접적인 동작이나, 자발사역문에서는 간접적이다. 타동사역문의 대상의 변화는 동작주의 행위를 일방적으로 수용하여 수동적 변화를 입게 되나, 자발사역문의 대상의 변화는 동작주의 간접적인 행위에 촉발되어 자발성을 띠면서 변화해 간다.

타동사문과 유사한 문의 패턴을 지니는 2항 자발사역문의 경우, 사역주의 대상에 대한 간접적인 작용과 대상의 자발적 변화라는 의미특징을 추출할 수 있을 것이다.

자발사역문의 특징을 결론적으로 말하자면, 동작주의 간접적인 작용에 의해 사역사태가 일어난다는 점에서 사역문의 범주에 속하는 것이고, 피사역자의 대상에 대한 간접적인 작용과 대상의 자발적 변화라는 점에서는 다른 사역문과 구별되는 고유한 카테고리로 분류된다고 하겠다.

최근 일본어학에서는 자발을 태(Voice)로 인정할 수 있는가에 대한 논의를 비롯하여, 자동사의 하위분류에 대하여 관심이 모아지고 있다. 영어학과의 대조연구에서는 자발동사의 사역화에 대해 관심이 좁혀져, 사역화 가능 여부에 의한 자동사의 분류가 시도되고 있다. 본서에서는 權(2001)의 자발문에 대한 분석을 기본으로, 자발문에서 사역문이 파생되는 조건을 제시하였다. 선행연구에서는 사역화가 불가능하다고 여겨졌던 자발동사에서도 사역문이 파생된다는 것을 실제 예를 통해서 나타내고, 사역문 파생의 조건을 충족시킨다면 일반적으로는 사역화되지 않는 자발동사에서도 사역문이 파생된다는 것을 검증하였다. 본서의 논리에 따른다면, 기본적으로 사역화되지 않는 자발문의 의미 타입으로는 자연현상을 나타내는 문과 우발성을 띠는 문이 있지만, 이러한 타입들도 초자연적 존재의 관여, 우발성의 배제를 통하여 사역문을 만들 수 있다.

또한, 자발사역문의 의미 원형을 추출하여 분석함으로써 자발사역문이 사역문의 카테고리에 속하면서도 타동사역문과는 다른 독특한 의미 영역을 가진다는 것을 밝힐 수 있었다.

제12장

사역을 둘러 싼 보이스 체계

1 일본어의 보이스 체계

보이스는 좁게는 수동문과 능동문의 대립이라고 정의된다. 제 3부 도입부에서도 기술한 바와 같이, 보이스의 기본은 「자발−자동−타동−사역」과 같은 의미적 연결고리 상에서 연속적 관계, 그리고 대응적 관계를 가지면서 유기적으로 존재하고 있다고 할 수 있다. 이 연속선상에서 자발과 자동의 연속성과 차이점을 분석해 낼 수 있고, 자동과 타동의 연속적 모습과 대응하는 모습, 그리고 타동과 사역의 연속성과 차이점 등을 분석해 낼 수 있다.

물론 타동사에서 파생되는 직접수동문과 자·타동사에서 파생되는 간접수동문의 경우, 자동성과의 연속선상에서 파악해야할 것이다. 자동화의 한 축을 이루는 것이 수동문의 파생이고, 이와는 다른 축이 재귀성을 포함하는 자동성일 것이다. 즉, 보이스 안에는 다음과 같은 복합적 축이 존재한다고 볼 수 있다.

① 사역과 자발의 축

② 타동과 자동의 축

③ 능동과 수동의 축

여기에서 ①②의 두 축이 기본 근간이라 볼 수 있다. 수동은 기본적으로는 타동사로부터 파생되지만, 이미 파생이 이루어진 사역으로부터도 수동화가 가능한 점 등을 고려하고 자동사로부터 파생되는 간접수동까지 포함하여 생각하면, 수동은 자동과 타동, 사역을 포함하는 능동에 대립되는 개념이라고 볼 수 있다. 즉, ③의 능동과 수동의 축은 ①②와는 다른 차원의 축이라고 보아야 할 것이다. 일본어의 보이스 체계 전체를 다음과 같이 조망할 수 있을 것이다.

1.1 보이스 하위 카테고리 관계도

보이스에 속하는 하위 카테고리가 상호 연속되고 대립되고 있는 관계도를 나타내면 다음과 같다.

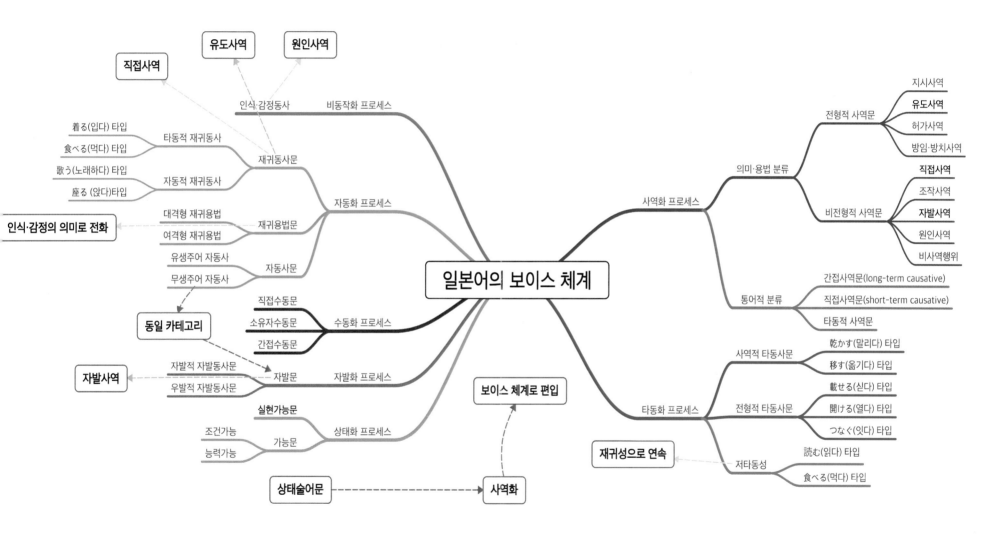

일본어의 보이스 체계

유도사역

원인사역

직접사역

인식·감정동사   비동작화 프로세스

着る(입다) 타입
食べる(먹다) 타입   타동적 재귀동사
歌う(노래하다) 타입
座る (앉다)타입   자동적 재귀동사   재귀동사문

자동화 프로세스

대격형 재귀용법
여격형 재귀용법   재귀용법문

인식·감정의 의미로 전화

유생주어 자동사
무생주어 자동사   자동사문

동일 카테고리

직접수동문
소유자수동문   수동화 프로세스
간접수동문

자발적 자발동사문
우발적 자발동사문   자발문   자발화 프로세스

자발사역

실현가능문

조건가능
능력가능   가능문   상태화 프로세스

상태술어문   사역화

보이스 체계로 편입

사역화 프로세스

의미·용법 분류

전형적 사역문   지시사역
유도사역
허가사역
방임·방치사역

비전형적 사역문   직접사역
조작사역
자발사역
원인사역
비사역행위

통어적 분류   간접사역문(long-term causative)
직접사역문(short-term causative)
타동적 사역문

타동화 프로세스

사역적 타동사문   乾かす(말리다) 타입
移す(옮기다) 타입

전형적 타동사문   載せる(싣다) 타입
開ける(열다) 타입
つなぐ(잇다) 타입

재귀성으로 연속   저타동성   読む(읽다) 타입
食べる(먹다) 타입

1.2 일본어의 보이스 체계 요약

그림 [일본어의 보이스 체계]에 관한 설명을 간단히 기술해 두겠다. 보이스의 기본 체제를 형성하고 있다고 인정되어 온 능동과 수동의 관계와 동사의 파생을 동반하지 않고[1] 의미적 대립을 보이는 자동사와 타동사의 관계가 근간을 이루고 있음은 종전의 견해와 다름이 없다. 이 책의 논의의 큰 줄기인 사역이 보이스 체계에서 어떻게 위치하고 기능하고 있는지를 보기로 하자. 사역에는 다음과 같은 기능이 인정된다.

1) 자·타동사문의 사역화

2) 재귀동사문의 사역화

3) 자발문의 사역화

4) 인식·감정동사문의 사역화

5) 상태술어문의 사역화

위의 기능 중, 자·타동사문의 사역화에 관한 내용은 기존 연구에서 주로 다루어 온 것으로, 전형적 사역문을 만드는 경로이다. 본서에서의 새로운 관점을 통해서 새롭게 제시된 내용은 다음과 같다. 동사의 의미적 분류를 철저히 함으로써, 이로부터 파생되는 새로운 사역문의 의미·용법을 기술할 수 있었다.

---

1 자동사로 또는 타동사로의 파생, 양극화 파생 등, 자·타동사의 성립과 관련된 파생에 관해서는 문의 파생으로는 보지 않기로 한다.

1) 재귀동사문에서 파생되는 사역문의 특징 기술

: 직접사역문의 의미·용법 제시, 재귀동사문 파생 간접사역문의 의미·용법으로 유도사역 제시.

2) 자발문에서 파생되는 자발사역문의 제시

: 우발적 자발사역문의 제시, 자발사역문과 원인사역문의 차이 분석.

3) 인식·감정동사문에서 파생되는 사역문의 분석

: 인식동사문과 감정동사문 파생 사역문의 차이 제시.

4) 상태술어문의 사역화에 관한 기술

: 보이스 체계 밖에 위치하는 상태술어문을 동사화시켜, 보이스 체계 안으로 편입하는 기능도 사역화에 의해 이루어 짐.

5) 사역과 자발의 대립적 개념 정립

: 자·타동성보다 넓은 스펙트럼의 의미 개념으로 정립.

6) 근접 카테고리와의 연속성과 차별성을 명확히 제시

: 타동사와 사역의 관계 정립, 자동과 자발의 관계 정립, 자동과 재귀의 관계 정립, 간접사역과 직접사역의 관계 정립 등.[2]

---

2 그림 [일본어의 보이스 체계]에는 자동화 경로에 관한 내용이 기술되어 있으나, 사역과의 관련성이라는 중심 줄기 이외의 내용은 여기에서 상세기 기술하지 않았다. 그러나, 자·타동성의 대립 외에, 자동화의 경로의 종류에 관해서 표시하고 있다. 자동화 경로에는 재귀성에 의한 저타동성의 경로, 추상화에 의한 저타동성의 경로(인식·감정동사), 수동화 경로, 상태화 경로가 있다. 또한, 재귀용법문의 동사에는 타동사와 사역동사 및 사역형의 차이가 있어, 이와 관련하여 사역이 관련되고 있다. 자동사문과 수동문의 관계, 수동문과 가능문의 관계, 가능문과 자발문의 관계 또한 관계도 안에서 위치로 표시하였다. 자동화 관련 내용은 기회를 달리하여 기술하기로 하겠다.

사역과 타동이 근접 카테고리이고, 자발과 자동이 근접 카테고리라는 기본 축 위에, 타동성으로부터 재귀성, 자동성으로의 자동화의 경로가 있고, 자동과 자발의 연관성과 그 연속선상에 가능이 자리하고 있는 것이다.[3] 사역화의 경로 또한 존재하여, 자동의 사역화와 자발의 사역화의 경로가 있다.[4] 또한 상태술어인 형용사 술어문과 명사 술어문을 동사 술어문으로 바꾸는 경로도 사역화의 경로라고 할 수 있다. 이러한 관점에서 보이스 전체를 조망해 보면, 사역은 보이스 체계 안에서 강력한 역할을 수행하고 있음을 알 수 있다. 타동성(transitivity)이 동작주와 사물의 관계에 관한 의미개념이라고 한다면, 사역성(causativity)은 보다 넓고 보다 상위 차원의 관계에 관한 의미개념이라고 할 수 있다. 즉, 어떠한 사태의 원인과 결과 관계를 사역성이라고 본다면, 원인에 올 수 있는 요소는 타동의 그것 보다 다양하다. 동작주가 되는 유정물 뿐만 아니라 사역주로서의 유정물과 어떠한 사태를 유발하는 원인적 사태와 사물 등도 사역주가 될 수 있다. 그렇기 때문에 형용사 술어와 명사 술어 조차도 동사 술어로 만드는 사역화가 일어나는 것이다. 일상적 표현으로 말 한다면, 타동성과는 그 품의 크기와 깊이가 다르다고 할 수 있는 것이다. 이하 근접 카테고리 간의 연속적 관계와 대립 관계에 관해서 기술해 가겠다.

---

3 權(2015)에서는 자발과 가능의 관계를 연속적으로 파악하고, 상태성, 시간 한정성, 자기 제어성을 기준으로 하여, 가능문을 능력 가능문, 조건 가능문, 실현 가능문으로 분류하고 있다. 이 논문에서는 실현 가능문을 자발문과의 경계에 위치하는 카테고리로 보고, 가능문과 자발문의 공통점과 차이점에 관해서 기술하였다.
4 權(2010)에서는 종래의 사역문의 연구에서는 본격적으로 다루어지지 않았던 상태성 술어의 사역화에 관하여 기술하고 있다. 한국어와 일본어의 대조언어학적 관점에서 상태성 술어의 타입과 사역형식과의 상관관계에 관해서 분석하였다.

2 동사 간 대응 관계

2.1 자동사와 타동사의 대응

일본어의 동사는 공통 어근으로부터 자동사와 타동사가 파생되어 짝을 이루고 있는 경우가 많다. 대응하는 타동사 짝을 갖는 자동사의 경우는 자발의 의미를 나타내는 경우가 대부분이다. 또한 대응하는 자동사 짝을 갖는 타동사는 타동성이 높다는 공통점을 갖고 있다. 타동성이 높은 타동사는 대상에 대하여 구체적이고 직접적인 영향을 미치게 되어 그 대상의 변화가 명확하다. 세계 지식적으로 볼 때, 명확한 변화가 눈앞에서 일어나게 되면, 변화된 그 대상 즉, 사물이 부각되기 쉽다. 따라서 그 대상을 주어로 하는 자동사의 출현이 용이해지는 것일 것이다.

(1) 花子が花を折った。	하나코가 꽃을 꺾었다.
(2) 花が折れた。	꽃이 꺾였다.
(3) 花子が箸を落とした。	하나코가 젓가락을 떨어뜨렸다.
(4) 箸が落ちた。	젓가락이 떨어졌다.
(5) 花子が石を投げた。	하나코가 돌을 던졌다.

(1), (3)의 「折る(꺾다)」, 「落とす(떨어뜨리다)」와 같은 타동사는 대상에 변화를 일으키는 행위를 나타내는 타동성이 높은 동사이다. 따라서 그 대상인 「花(꽃)」, 「箸(젓가락)」에 일어난 변화는 용이하게 파악되는 것이다. 그 결과 (2)(4)와 같은 자동사의 출현이 용이하게 되어 기본

동사로 존재하기 쉬운 것이다. 자동사 짝을 갖지 않는 (5)의 「投げる(던지다)」와 같은 동사는 대상인 「石(돌)」의 이동이라는 변화의 측면은 함의하지만, 대상 그 자체에 변화가 일어난다고 보기는 어렵다. 따라서 이러한 타동사는 그 대상을 주어로 하는 자동사가 존재하지 않는다고 설명할 수 있다.

2.2 자발동사와 사역형의 대응

자동사와 타동사가 대응하는 경우, 타동사가 나타내는 사태는 동작주가 보통의 상태에서 쉽게 제어할 수 있다. 따라서 대상은 동작주의 행위를 받아 영향을 입는 수동적 존재에 지나지 않는다. 이와는 달리, 다음에서 제시하는 바와 같이, 자발의 의미를 나타내는 동사의 주어인 대상은 단순히 동작주의 행위을 받는 존재가 아니라, 내적 변화의 가능성을 지니고 있다. 그 변화를 촉발시키는 행위는 단순한 타동적 동작에 의해서 일어나지 않는다.

 (6) 玉ねぎが<u>腐った</u>。   양파가 썩었다.
 (7) 玉ねぎを<u>腐らせた</u>。 양파를 썩혔다.

자동사 「腐る(썩다)」는 대응하는 타동사가 없기 때문에 이를 사역형 「腐らせる(썩히다)」가 타동사의 역할을 대신하고 있다고 보는 것이 일반론이다. 그러나 좀 더 심도 있게 분석하면, 「腐る(썩다)」는 자발의 의미를 나타내는 자발동사이고 자발적 사태를 일으킬 수 있는 에너지는 타동사의 동작주의 행위와 같은 직접적인 동작에 의해서는 촉발되기 어렵다. 자발동사의 주어 「玉ねぎ(양파)」에 내재되어 있는 변화 가능성이 간접적 사역적 사태 즉, 시간적 경과라는 간접성과 방치라는 사역주의 행위에 의해 촉발되어 변화가 일어나게 되는 것이다. 따라서 대응하는 타동사가 없는 것은 우연의 공백이 아니라, 사역형으로 대응하고 있는 것이다. 즉, 자발동사의 대응 축은 타동사가 아니라 사역형이고 자발성에 대립하는 것은 사역성이라고 보는 것이 논리에 맞는 것이다.

이와 같은 관점에 서서 바라보면, 타동사에는 전형적인 타동성을 나타내는 동사와 타동성이 낮아지는 경로에 있는 타동사가 존재하는 한편으로, 타동성에서 사역성으로 연속되는 경로에 있는 동사 부류도 있다고 인정해야 할 것이다. 사역성을 띠는 타동사는 사역형 동사로 연속되어 가는 경로의 경계 지점에 존재하고 있다고 말할 수 있는 것이다. 예를 들면, 자동사 「壊れる(부서지다)」, 「倒れる(쓰러지다)」와 같이 대응하는 타동사 「壊す(부수다)」, 「倒す(넘어뜨리다)」가 존재하는 경우, 「壊れさせる(부서지게 하다)」, 「倒れさせる(쓰러지게 하다)」와 같은 사역형은 파생되지 않는다는 것이 일반적 견해이다. 그러나, 문맥에 따라 「壊れさせる(부서지게 하다)」, 「倒れさせる(쓰러지게 하다)」와 같은 사역형의 파생이 가능한 경우가 있다. 이것은 「壊れる(부서지다)」, 「倒れる(쓰러지다)」에 내재되어 있는 자발성이라는 의미특징이 만들어 내는 결과라고 해석할 수 있을 것이다.

▐3▌ 근접 동사 간의 관계

3.1 자발동사와 자동사

자동사는 유생주어를 주어로 취하는 능격자동사(ergative intransitive verb)와 무생주어를 주어로 취하는 대격자동사(accusative intransitive verb)로 크게 나뉘어진다. 본서의 재귀자동사는 크게 나눈다면 유생주어 자동사 그룹에 속한다고 볼 수 있다. 본서에서의 자발동사는 대격자동사에 속한다고 볼 수 있는 것으로, 대부분의 경우 대응하는 타동사를 갖는 유대(有対) 자동사이다.

(8)　花瓶が壊れている。　　　　꽃병이 깨져 있다.

(9)　野菜が腐っている。　　　　야채가 썩어 있다.

(10)　メリゴランドが回っている。　회전목마가 돌고 있다.

(11)　飛行機が飛んでいる。　　　비행기가 날고 있다.

(12)　学生が座っている。　　　　학생이 앉아 있다.

(13)　子供が歩いている。　　　　어린이가 걷고 있다.

자동사 (8)은 대응 타동사「壊す(부수다)」를 갖는 자동사인데, 타동사 형태소로「s」를 취하고 있으며 의미적으로도 사역성을 띠고 있고 있다. (9)의「腐る(썩다)」는 자발동사로 저절로 일어나는 사태를 나타내고 있으며 대응하는 타동사를 갖지 않는다. (10), (11)은 자동사로 주어에 오는 존재가 스스로 움직일 수 있는 의지적 존재는 아니지만, 동사가 나타내는 사태를 일으킬 수 있는 기능 또는 특성을 내재적으로

갖고 있다. 대상으로서의 주어가 내부적 변화를 입는 사태를 나타내는 자발동사와는 달리, 주어가 유생물은 아니지만 스스로 움직임의 주체가 될 수 있는 존재라는 의미에서 차이가 있다. (12), (13)은 재귀자동사로 동작주인 주어가 스스로 움직임을 일으키는 의지적 존재임과 동시에 그 움직임의 변화 즉, 자세의 변화를 감당하는 존재이기도 하다. 타자에 대한 행위가 일어나지 않는다는 점에서 세 그룹의 동사는 공통적 의미를 띤다.

3.2 자동사와 재귀동사

본서에서는 형식상으로 대격보어를 취하는 경우를 재귀타동사라 하고, 대격보어를 취하지 않는 경우를 재귀자동사로 분류하고 있다. 이것은 편의상의 분류인데, 재귀성 자체가 타동성과는 대립적인 개념으로 대격보어를 취하는 경우라도 동작주의 행위의 결과가 동작주 자신으로 돌아오는 동작을 나타내므로 결과적으로는 자동성과 유사하다고 볼 수 있다.

    (14) 花子がベンチに<u>座って</u>いる。　　하나코가 벤치에 앉아 있다.

    (15) 花子が床に<u>屈ん</u>でいる。　　하나코가 바닥에 웅크리고 있다.

    (16) 花子がベンチに<u>腰を下ろし</u>ている。

        하나코가 벤치에 앉아 있다.

    (17) 花子が床に<u>腰を屈め</u>ている。

        하나코가 바닥에 웅크리고 있다.

(14), (15)는 일반적으로 자동사문으로 분류되는 경우가 많으나, (14)와 (16), (15)와 (17)은 의미적으로 차이가 거의 없음을 알 수 있다. (16), (17)은 재귀동사문이므로 (14), (15)도 재귀성을 나타낸다고 할 수 있으므로 본서에서는 이들 동사를 재귀자동사로 분류한다.

재귀자동사와도 다르고 자발동사도 아닌 다음과 같은 동사를 본서에서는 자동사로 분류한다.

(18) ボールが<u>転がって</u>いる。　　공이 구르고 있다.
(19) 鐘が<u>鳴って</u>いる。　　　종이 울리고 있다.
(20) ドアが<u>開いて</u>いる。　　문이 열려 있다.

자동사와 재귀자동사는 동사가 나타내는 움직임의 주체라는 점에서 공통적이지만, 주체의 유정성에 있어서는 차이를 보인다. 자동사의 주어는 무생의 존재인 반면 재귀자동사의 경우는 유생의 존재라는 것이다.

3.3 재귀동사와 타동사

다음 예문 (21)은 타동사문이고 (22)는 재귀동사문으로 두 문의 의미의 차이가 확연하다. (22)의 대격보어는 주어인 동작주의 신체부분이므로 동작주의 행위가 타자에 미치지 않고 동작주체로 돌아온다.

(21) 花子が<u>食器を洗って</u>いる。　　하나코가 식기를 씻고 있다.
(22) 花子が<u>手を洗って</u>いる。　　하나코가 손을 씻고 있다.
(23) 花子が<u>本を運んで</u>いる。　　하나코가 책을 옮기고 있다.

(24) 花子が<u>本を読ん</u>でいる。　　하나코가 책을 읽고 있다.

(23)은 타동성을 나타내는 문이고, (24)의 경우도 (23)과 마찬가지로 타동성을 나타내는 듯 보이며, 종래에는 타동사로 분류되어 왔다. 본 서에서는 (24)의 「読む(읽다)」와 같이 대격보어를 취하기는 하나, 동작주의 행위가 타자에게 미치는 것이 아니라 동작주에게 무형의 형태로 나마 돌아오는 의미를 나타내는 동사를 재귀타동사 그룹으로 분류한다.[5] 형태적 특징에 의한 자동사와 타동사의 구분과 같은 일반론으로 정착된 분류는 통어적 현상의 통일적인 설명에 걸림돌이 되기도 한다. 동사가 취하는 형태적 기준에 의한 분류보다는 보어와 동사의 조합이 나타내는 의미를 기준으로 하는 분류가 여러 문법현상의 설명에 유용할 것이다. 대격보어를 취한다는 의미에서는 동일 그룹으로 분류되어 왔던 동사가 의미적 기준에 의하면 상반된 성격을 띠고 있어 상이한 통어현상을 보이게 되는 것이겠다.

3.4 인식 · 감정동사와 재귀동사

타동성이 저하되어 가는 연속선상에 재귀성이 있다고 본다면, 재귀성은 일종의 자동화 현상의 하나라고 볼 수 있다. 재귀성은 구체적 동작이 동작주에게 귀속되는 구심적 행위의 실현이라 하겠는데, 인식·감정동사는 행위의 추상화에 의한 타동성 저하의 경로에 있다고 볼 수

---

5 이와 관련된 재귀타동사에 관해서는 3장에서 기술한 바 있으므로 여기에서는 생략하기로 한다.

있다. 저타동성 현상이라는 관점에서는 인식·감정동사와 재귀동사는 공통적이다. 그러나, 행위의 의미특징이 동작과 인식이라는 차이를 갖고 있다. 동작의 특징은 에너지의 발산이 가시적으로 이루어지는 것이다. 반대로 비동작의 특징은 인식주체의 내부적 행위로 타자에게 드러나기 어려운 것으로 인식행위가 비동작에 속한다. 이러한 의미에서는 동작과 인식의 중간적 유형이 감정이라고 볼 수 있다. 일반적으로 인식·감정동사를 동일 그룹으로 묶어 설명하는 경우가 많기도 하고, 사역현상에 있어서 유사한 특징을 보이기도 하므로, 감정동사는 인식동사에 가까운 것으로 보아도 무방할 것 같다.

(25) 花子は母のことを考えている。
　　하나코는 어머니를 생각하고 있다.
(26) 花子は息子のことで悲しんでいる。
　　하나코는 아들 일을 슬퍼하고 있다.
(27) 花子は娘の言葉に笑ってしまった。
　　하나코는 딸의 말에 웃어버렸다.

　(25)는 인식동사이고 (26), (27)은 감정동사이다. (25)와 (26)은 주어인 경험주[6]의 상태가 외견상 현저하게 드러나지 않는 반면, (27)의 감정동사는 동작을 동반하는 감정행위이다.

　다음 예문과 같이 재귀용법문의 형식을 취하면서 인식·감정동사의 의미를 나타내는 경우가 있는데, 이것은 신체를 이용한 행위가 인식이

---

6 인식·감정동사의 주체는 경험주이다.

나 감정을 표현할 수 있기 때문이다. 또한 두 카테고리의 의미가 연속적 관계에 있다는 증거이기도 할 것이다.

(29) 花子は姉のことで<u>腹を立て</u>ている。

하나코는 언니 때문에 화를 내고 있다.

(30) 花子は<u>耳をそばたてて</u>いる。

하나코는 귀를 쫑긋 세우고 있다.

3.5 사역형과 타동사

타동사의 전형적 의미와 관련해서는 1장에서 기술한 바 있다. 일반론에 있어서 가장 타동적인 동사로 다루어져 온 동사 중에는 사역성을 띠는 동사가 존재하며 이에 대해서도 기술한 바 있다. 타동의 형태소 「s」와 「as」를 취하는 타동사에는 사역의 의미가 함의되어 있다.

(31) 太郎がブロックを<u>壊した</u>。　[kowa-s-u]

타로가 블록을 부쉈다.

(32) 太郎がシャツを<u>汚した</u>。　[yogo-s-u]

타로가 셔츠를 더럽혔다.

(33) 太郎がスープを<u>冷ました</u>。　[sam-as-u]

타로가 스프를 식혔다.

(34) 太郎が魚を<u>焦がした</u>。　[kog-as-u]

타로가 생선을 태웠다.

(31), (32)는 형태소 「s」를 취하는 동사로 동작주인 주어가 사태를 충분히 제어하지 못하는 사태를 나타낸다는 의미에서 전형적 타동성에서 다소 멀어져 있는 경우이다. (33), (34)는 형태소 「as」를 취하는 동사로 타동 사태가 성립되려면 대상의 내면적 성질에 의존하지 않으면 안 된다는 의미에서 타동성에서 다소 멀어져 있으며, 동시에 사역의 의미에 접근해 있다고 하겠다. 두 유형 모두 Klaiman(1991)에서 언급되어 있듯이, 통상적 힘의 상태에서 동작주가 사태를 충분히 제어하고 있지 못하다고 볼 수 있다. 그러나 동작주가 에너지의 근원이며 직접적 동작이 대상에 미치고 있다는 점에서 타동성을 띠고 있다고 보는 것이다. 두 그룹의 형태소 「s」와 「as」는 사역의 형태소 「(s)ase」와 공통요소를 갖고 있어, 의미적 연속성과 더불어 형태적 연속성을 보이고 있는 것이다.

4 수수표현과 사역문

이 장에서는 사역이 보이스 체계 안에서 다른 문법범주와 상호 관련성을 가지면서 기능하고 있는지에 관해서 살펴보았다. 타동사, 재귀동사와 같은 동사 카테고리로 구분 지을 수 있는 경우 이외에도 보조동사를 동반하는 표현도 보이스 현상 안에서 설명되어야 할 것이다. 특히, 수수표현은 기본 의미인 행위의 수수에 관한 의미를 나타내면서도, 수동적 의미와 사역적 의미를 나타내는 등 다른 카테고리와의 관련성을 보인다.

(35) 花子は先生に作文を<u>ほめてもらった</u>。

하나코는 선생님에게 작문을 칭찬해 받았다.

(36) 花子は先生に作文を<u>ほめられた</u>。

하나코는 선생님에게 작문을 칭찬받았다.

(37) 私は母に息子の面倒を<u>見てもらった</u>。

나는 엄마에게 아들 돌보기를 해 받았다.

(38) 私は母に息子の面倒を<u>見させた</u>。

나는 엄마에게 아들 돌보기를 하게 했다.

(35)의 수수표현은 (36)과 같은 수동문과 유사한 의미를 나타내고 있는데, (37)의 수수표현은 (38)과 같은 사역문과 유사한 의미를 나타낸다. (35)의 수수표현은 (39)의 사역문으로는 전환되기 어려우며, (37)의 수수표현도 (40)의 수동문으로 전환되지 않는다. 즉, 「シテモラウ」문은 행위의 수수의 의미 이외에, 수동적 의미의 「シテモラウ」문과 사역적 의미의 「シテモラウ」문이 있음을 알 수 있다.

(39) *花子は先生に作文を<u>ほめさせた</u>。

(40) *私は母に息子の面倒を<u>見られた</u>。

그러나, 수동문 혹은 사역문으로의 전환이 가능하다 해도, 다음과 같이 「シテモラウ」문과 사역문은 미묘한 의미의 차이가 인정되기도 한다.[7]

---

7 여기에서는 수동적 「シテモラウ」문에 관해서 자세한 기술은 피하기로 한다.

(41) 私は母に息子の面倒を見てもらっているので、いつも感謝している。

　　　나는 엄마에게 아들 돌보기를 해 받고 있기 때문에, 항상 감사하

　　　고 있다.

(42) 私は母に息子の面倒を見させているので、いつも悪いと思っている。

　　　나는 엄마에게 아들 돌보기를 시키고 있기 때문에, 미안하게 생

　　　각하고 있다.

　(41)의 「シテモラウ」문은 이익 수수의 의미를 나타내고 있어서 「感謝
する(감사하다)」라는 후속 표현이 자연스러운 반면, 사역문 (42)의 경
우는 엄마로 하여금 그러한 사태를 하도록 시켰다는 사역의 의미를 나
타내므로 「悪い(미안하다)」라는 후속 표현이 자연스러운 것이다.

4.1 사역적 「シテモラウ」문

　사역문으로 전환되는 「シテモラウ」문에 관해서 살펴보기로 하자. 다
음 예문은 수동문으로도 사역문으로 전환되지 않는 경우이다.

(43) a. 店員にまけてもらった。

　　　점원에게 깍아 받았다. → 점원이 깍아 주었다.[8]

　*b. 店員にまけさせた。

---

8 「シテモラウ」文은 한국어로 직역하면 어색한 문이 된다. 그러나 본고에서는 문법적
　사항 등을 분석해 볼 필요가 있으므로 자연스러운 한국어로 하지 않고 직역을 그대
　로 싣기로 하겠다.

(43a)의 「まけてもらう(깍아 받다)」는 '점원이 깍아 주어서 그 혜택을 받았다'와 같은 의미를 나타내는 문으로, 사역문으로 단순 전환하여 (43b)와 같은 문을 만들면 (43a)가 나타내는 의미를 그대로 전달하지 못하게 된다. 「店員にまけさせてしまった(점원에게 깍아주게 만들고 말았다)」와 같이 '의도하지 않았으나 결국 그러한 결과로 유도하고 말았다'는 유도사역의 의미용법을 나타내어 본래의 「シテモラウ」문의 의미와 차이를 보인다.

(44) a. 金子さんに待ってもらった。　　가네코씨에게 기다려 받았다.
　　　b.＊金子さんに待たせた。
　　　c. 金子さんを待たせた。　　　　가네코씨를 기다리게 했다.

(44a)는 사역문으로 전환할 경우 (44c)와 같이 격의 변화를 동반하지 않으면 사역문으로서 부적격문이 된다. (44b)의 한국어역의 경우는 적격문으로 보이지만 일본어로서는 부적합문으로 판단된다. 이러한 현상은 자동사에 「シテモラウ」가 붙는 경우에 보인다고 분석된다.

(45) a. 先生にほめてもらった。　　선생님에게 칭찬해 받았다.
　#b. 先生にほめさせた[9]。　　선생님에게 칭찬하게 했다.

「ほめてもらう(칭찬해 받다)」의 경우 화자이자 1인칭 주어에 있어서

---

9 예문 앞의 '#'은 문장 자체가 비문은 아니지만 (a)와 동일한 의미로는 부적합문이라는 의미로 사용된다.

상대방에게 이익을 받았다는 뉘앙스가 강하기 때문에 상대방으로 하여금 어떠한 일을 하게 하는 사역문으로 전환하면 이러한 뉘앙스가 소실되므로 전환되지 않는다고 분석된다. (45b)의 사역문은 (45a)의 의미와는 달리 「선생님으로 하여금 다른 누군가를 칭찬하게 하다」라는 의미로는 적격문이 되나, (45a)의 「シテモラウ」문과는 관련이 없어진다.

(46) a. 友達に顔を拭いてもらった。
　　　 친구에게 얼굴을 닦아 받았다.
　 #b. 友達に顔を拭かせた。
　　　 친구에게 얼굴을 닦게 했다.

(46)의 경우도 (45)와 마찬가지로 (46a)의 「シテモラウ」문에 있어서 「顔(얼굴)」는 주어에 오는 존재의 신체부분을 가리키지만, (46b)의 사역문의 「顔(얼굴)」의 우선적 해석은 친구의 얼굴이 되어 의미가 달라진다. 다음으로 사역문으로 전환되는 「シテモラウ」문을 살펴보자.

(47) a. 兄に出前を取ってもらった。
　　　 형에게 음식을 시켜 받았다.
　　b. 兄に出前を取らせた。
　　　 형에게 음식을 시키게 했다.

(47)의 경우는 (43)에서 (46)까지의 예와는 달리 「シテモラウ」문인 (47a)와 사역문인 (47b)의 의미가 상당히 근접되어 있다.

(48) a. 太郎は奥さんに会社を<u>やめてもらった</u>。

　　　타로는 부인에게 회사를 그만둬 받았다.

　　b. 太郎は奥さんに会社を<u>やめさせた</u>。

　　　타로는 부인에게 회사를 그만두게 했다.

(49) a. 花子に展示品を<u>並べてもらった</u>。

　　　하나꼬에게 전시품을 진열해 받았다.

　　b. 花子に展示品を<u>並べさせた</u>。

　　　하나꼬에게 전시품을 진열하게 했다.

　(48), (49)도 (a), (b)의 문이 의미적 유사성을 공유하고 있음을 알 수 있다. 이것은 「シテモラウ」문의 일부가 사역적 의미를 나타내고 있음을 증명하는 것이다.

　이상의 분석을 통하여 (43), (44), (45)와 같이 「シテモラウ」문과 사역문이 유사한 의미를 유지한다는 전제하에서 전환이 인정되지 않는 유형과, (47), (48), (49)와 같이 동일한 통어적 틀 안에서 사역문으로의 전환이 가능하고 사역문과 유사한 의미를 나타내어 사역적 「シテモラウ」문이 존재함을 알 수 있었다.

4.2 「サセル」문과의 차이점

　「シテモラウ」문이 사역문으로 전환 가능한 경우 두 문의 공통점과 상위점에 관하여 분석해 보자. 두 문이 상호 전환 가능한 관계에 있을 경우 공통의 의미 영역을 갖고 있기 때문일 것이다. 「シテモラウ」문이 사역문으로 전환되는 것은 사역문이 「이익의 부여/수수」라는 의미용

법을 나타낼 수 있기 때문이다.[10]

> (50) a. 客に美味しいコーヒーを<u>飲ませる</u>。
>
>   손님에게 맛있는 커피를 마시게 한다.
>
> b. 客に美味しいコーヒーを<u>飲んでもらう</u>。
>
>   손님에게 맛있는 커피를 마셔 받는다.

(50a)의 사역문은 (50b)와 같이 「シテモラウ」문으로 전환 가능하다. 바꾸어 말하자면, (b)와 같은 「シテモラウ」문이 사역문으로 전환 가능한 것은 사역문이 이익의 부여/수수의 의미를 나타내기 때문이라고 말할 수 있는 것이다. 즉, 두 문이 이익의 수여라는 공통적인 의미를 공유하기 때문에 서로 문의 전환이 가능하다고 볼 수 있는 것이다.

다음으로 사역문으로 전환되지 않는 「シテモラウ」문의 분석을 통하여 차이점을 살펴보기로 하자.

> (51) a. 花子に<u>座ってもらった</u>。   하나코에게 앉아 받았다.
>   #b. 花子に<u>座らせた</u>。   하나코에게 앉게 했다.

(51b)의 사역문은 (51a)와 동일한 의미로는 해석되지 않는다. 「花子に座らせてあげた(하나코에게 앉게 해 주었다)」의 의미로 해석될 수 있는데, 이 경우 사태의 수행으로 인한 이익이 하나코에게 남는 문이다. 그러나, (a)의 「シテモラウ」문이 나타내는 의미는 어디까지나 하나코에

---

10 이익부여의 사역의 의미용법에 관한 상세한 논의는 제6장에서 기술하고 있다.

게 그러한 행위를 하게 해서 주어에 오는 인물에게 그 이익이 돌아온 다는 의미를 나타내므로 의미의 변형이 일어났다고 볼 수 있다. 이러 한 차이는 자동사의 「シテモラウ」문에서 일어난다고 분석되어, 다음과 같은 규칙을 이끌어 낼 수 있다.

> (52) 「シテモラウ」문의 동사가 자동사인 경우, 유사 의미의 사역문으 로 이행되기 어렵다.

다음은 「ヲ」격보어의 의미적 성질 차이를 살펴보기로 하자.

> (53) a. 友達に顔を拭いてもらった。
>
> 친구에게 얼굴을 닦아 받았다.
>
> b. 友達に顔を拭かせた。
>
> 친구에게 얼굴을 닦게 했다.
>
> (54) a. 生徒に机を拭いてもらった。
>
> 학생에게 책상을 닦아 받았다.
>
> b. 生徒に机を拭かせた。
>
> 학생에게 책상을 닦게 했다.

(53)의 경우 (53a)의 「シテモラウ」문에 있어서 「顔(얼굴)」는 주어에 오는 존재의 신체부분을 가리키지만, (53b)의 사역문의「顔」(얼굴)의 우선적 해석은 친구의 얼굴이 되어 의미가 달라진다. 즉, 신체어를 「ヲ」 격보어로 취하는 경우, 「シテモラウ」문은 동작주체가 아닌 주어로 행위

의 방향이 돌아오는 사태를 나타내고, 사역문의 경우는 동작주체인 피사역자의 신체부분으로 행위가 도달하는 사태를 나타내어 동작주체의 행위의 도달점이 다르다는 것을 알 수 있다. 또한 (54)와 같이 신체어가 아닌 대상으로 바꾸면 (54a)의 책상은 문의 주어인 선생님의 책상일 가능성이 크고, (54b)의 책상은 선생님의 책상일 가능성과 학생들의 책상일 가능성이 모두 있어 중립적 의미를 띠게 된다. 이러한 의미의 해석은 「シテモラウ」문이 어떠한 혜택이 주어에게 주어진다는 의미가 강하기 때문에 일어나는 것으로 분석할 수 있다.

> (55) 신체부분의 「ヲ」격보어를 취하는 「シテモラウ」문은 유사 의미의
>   사역문으로 전환할 수 없다.

4.3 「シテモラウ」문의 하위 유형

위에서는 사역문으로 전환되는 「シテモラウ」문과 전환이 불가능한 경우에 관하여 분석하였다. 여기에서는 「シテモラウ」문을 [1] 전형적 「シテモラウ」문, [2] 중간적 「シテモラウ」문, [3] 사역적 「シテモラウ」문의 세 가지 유형으로 분류하고 각 유형의 특징을 분석하기로 하겠다.

4.3.1 전형적 「シテモラウ」문

전형적인 수수표현의 일종으로 문이 나타내는 사태가 주어에 오는 인물에게 어떠한 영향, 주로 이익을 미치는 것을 나타낸다. 사역문으로 전환되지 않는 전형적인 「シテモラウ」문이 한 하위 유형을 이룬다.

(56) 英語は<u>ほめてもらって</u>のびる。（*ほめさせる）

영어는 칭찬받아서 향상된다.

(57) お手伝いさんに肩を<u>揉んでもらって</u>楽になった。（*やらせる）

도우미에게 어깨를 주물러 받아서 편해졌다.

(58) どんなことを<u>かなえてもらう</u>の。（*かなえさせる）

어떤 것을 이루어 받을거야?

(59) はんこを<u>押してもらう</u>ことで、何月何日、どこどこに来たるいうことの
証明になる。（*押させる）

도장을 찍어 받음으로써, 몇 월 며칠, 어디어디에 오다, 라는 증
명이 된다.

이 유형의 「シテモラウ」문은 동작주체가 배경화되어 문에 형태적으
로 나타나지 않고, 의미적으로도 동작주체가 두드러지지 않아도 되는
경우가 많다. 예문 (56)의 경우를 보면, 「先生たちに(선생님들에게)」 또
는, 「人々に(사람들에게)」와 같은 동작주체의 상정이 가능하나 누구에
게 칭찬받는가가 아니라, 칭찬을 받는다는 사실에 초점이 맞추어져 있
는 문이라고 하겠다. (58)의 경우도 어떠한 꿈을 이루게 해 주는 동작
주체에는 초점이 없고 그 꿈을 이루는 당사자에 초점이 있는 문이다.

4.3.2 중간적 「シテモラウ」문

(60)의 「とってもらう(파 받다)」는 「とる(파다)」로 바꿔도 큰 의미의 차
이가 없는 경우이고, (61)도 「貼付けてもらう(붙여 받다)」를 수수표현이
아닌 「貼付ける(붙이다)」로 바꿔도 큰 의미의 차이가 없어서 상당히 형

식화된 표현이라고 할 수 있겠다. (62)도「連絡をとってもらう(연락해 받다)」를「連絡する(연락하다)」로 바꿔도 의미의 차이가 나지 않는다.

    (60) 耳鼻科で耳垢を<u>とってもらって</u>以来痛みます。

        이비인후과에서 귀지를 없애 받은 후 아픕니다.

    (61) シールはどのページに<u>貼付けてもらって</u>もかまわない。

        스탬프는 어느 페이지에 붙여도 상관없다.

    (62) 推薦者に連絡を<u>とってもらって</u>いいものかどうか。

        추천자에게 연락해도 괜찮은 건지.

    (63) 波が来たら、ボードに乗って、波に<u>押してもらう</u>感覚をつかむのがいい。

        파도가 오면, 보드를 타고, 파도에 밀어 받는(밀리는) 감각을 키우는 것이 좋다.

  (63)의「シテモラウ」는 거의 수동의 의미로 사용되고 있다고 하겠다. 즉, 중간적 유형의 경우, 사태로 인한 이익이 주어에 오는 인물에 주어진다는 의미도 희박하고 사역적 의미도 지니고 있지 않은 것이다.

4.3.3 사역적「シテモラウ」문

  다음의 예는 사역문으로 전환되어도 유사한 의미를 나타내는 경우이다. (64), (65), (66)은 유도사역의 의미·용법과 유사한 의미를 나타내는「シテモラウ」문이다.

(64) 彼女にタバコを<u>やめてもらう</u>ために、こんなことをやっているのだ。
(やめさせる)

그녀에게 담배를 끊어 받기 위해서, 이런 일을 하고 있는 것이다.

(65) 夜間の騒音を<u>やめてもらう</u>には、ルールが必要だ。（やめさせる）

야간 소음을 그만두어 받기 위해서는, 규칙이 필요하다.

(66) 私をおとした責任を<u>とってもらう</u>んだからね。（とらせる）

나를 파멸시킨 책임을 져 받을 거니까.

(67) 同じ問題を3日にわたって一回ずつ<u>といてもらう</u>。（とかせる）

같은 문제를 3일에 걸쳐서 한 번씩 풀어 받는다.

(67)은 지시사역「問題をとかせる(문제를 풀게 하다)」와 유사한 의미를 나타낸다.

이상, 사역문으로 전환 가능한「シテモラウ」문을 대상으로 전환 가능한 경우와 그렇지 않은 경우를 비교 분석함으로써, 사역적「シテモラウ」문이 성립하는 메카니즘을 살펴보았다.

「シテモラウ」문이 사역문으로 전환 가능한 것은 사역문의 다양한 의미 용법 중 이익의 부여/수수의 용법이 있기 때문이며, 이러한 공통적 의미 영역을 공유함으로써 상호 전환이 가능한 것이다. 또한,「シテモラウ」문을 이익의 수수를 나타내는 전형적인 유형과 사역문으로 전환되는 사역적 유형, 그리고 그 중간적 유형으로 분류 제시하였다.

보이스 현상 중 보조동사에 의한 수수표현「シテモラウ」문이 행위의 수수라는 기본적 의미 이외에, 수동적 의미와 사역적 의미를 나타내는 것은, 사역문과 마찬가지로 유정물의 두 참여자가 사태에 관여하고 있

기 때문이라고 할 수 있다. 비사역행위의 사역문이 간접수동문과 의미적 유사성을 보이는 경우가 있는데, 이러한 현상도 사태에 관여하는 두 참여자의 다이나믹한 관계에 의해서 가능한 것이라 하겠다. 사역이라는 개념 혹은 현상이 동사 레벨을 넘어서까지 나타내어지고 있으며, 문법 범주를 넘나들며 사역의 의미를 실현하고 있는 것이다. 사역성이라는 개념 및 표현이 보이스 전체에 걸쳐서 기능하고 있으며, 인접 개념인 타동성뿐만 아니라, 대립개념으로 인식되는 자발성과의 관련성, 그리고 수동성과의 역동적 관계도 보여주고 있는 것이다.

⑤ 사역화 경로

사역이라는 문법 카테고리는 보이스 현상의 집결체로 볼 수 있다. 사역과 관련되지 않는 보이스 현상 또한 없다. 따라서 사역의 체계가 보이면 보이스 체계가 보인다 해도 과언이 아닐 것이다. 동사의 유형에 따라 사역문의 양상을 달리하고, 타동성과 재귀성이 사역문의 유형을 가르며, 자동사와 자발동사의 차이가 사역에서 다른 형태로 나타난다.

자동화 경로는 재귀화에 의한 자동화 경로, 추상화에 의한 자동화 경로가 있다. 추상화에 의한 자동화는 인식·감정동사와 같이 가시적 행위에서 비가시적 행위로 전환됨으로써 타동성이 약해지는 경우로 볼 수 있다. 특히 한어동사의 경우, 대상을 동사가 내포하는 방식으로 타동성의 약화가 일어나게 된다. 한어동사와 관련된 문제를 포함하여 자동화 경로에 관한 기술은 후속 연구로 삼기로 하고, 여기에서는 사역화 경로를 중심으로 기술하기로 하겠다.

일본어 동사를 사역화하기 위해서는 동사를 「サセル」형으로 파생시키는 방법과, 우언적인 형태인 「ヨウニスル」형으로 만드는 방법이 있다. 또한, 형용사 술어문과 명사 술어문을 사역화하기 위해서는 「クスル/ニスル」형식이 마련되어 있다. 종래의 사역에 관한 연구에서는 오로지 동사문의 사역화에 초첨이 두어져 있었으며, 다른 술어문의 사역화에 관한 연구가 남겨져 온 경향이 있다. 그러나, 동사 술어문이라도 상태성을 띠는 경우가 있으며, 그 연속선상에 형용사 술어문과 명사술어문이 존재하는 것이므로, 상태성 술어의 사역화 연구가 기다려지는 것이다. 또한, 한국어의 경우, 동사를 사역화하는 마커와 상태성 술어를 사역화하는 마커가 동일 형식이라는 사실로부터도 그 관련성을 엿볼 수 있다.

본서에서는 대조언어학적 관점에 서서, 양 언어에 있어서의 상태성 술어의 사역화에 관하여 고찰하고, 동작성 술어의 사역문과의 유사점과 차이점에 관하여 기술하겠다.

5.1 사역화의 정의

동사 술어문에 있어서의 전통적인 사역의 의미는, 사역주인 사람이 피사역자(=동작주)인 사람으로 하여금 사역주가 의도하는 바의 사태를 수행하도록 유도하는 것이다. 이러한 사역의 의미로부터 생각해 보면, 다음 문도 사역의 의미를 나타내고 있다고 할 수 있을 것이다.

(1) 母が子供に英語で話させた。

엄마가 아이에게 영어로 말하도록 했다.

(2)*a. 母が子供に英語で話せさせた。

b. 母が子供を英語で話せるようにした。

엄마가 아이를 영어로 말할 수 있도록 했다.

(3) 子供が頬を赤くして遊んでいる。

아이가 볼을 빨갛게 해서 놀고 있다.

(4) 子供が部屋の中をキレイにする。

아이가 방 안을 깨끗하게 했다.

(5) 母が子供を医者にする。

엄마가 아이를 의사로 만든다.

(1)은 동작성 술어 「話す(말하다)」의 사역문인데, 그 가능동사의 「サセル」타입의 사역문인 (2a)는 비문이 된다. 그러나, 「ヨウニスル」타입 사역문인 (2b)는 적격한 문이다. 이것은 일본어의 경우, 동작성 동사가 가능동사가 되어 상태성을 띠면 「サセル」형식의 파생이 제한됨을 의미한다. 즉, 「サセル」형식은 동사 술어문 중에서 동작성 동사만을 사역동사로 만드는 특징을 갖고 있다는 것이다. 형용사 술어는 (3)과 같이 「クスル」형식으로 사역문을 만들 수 있다. ナ형용사 술어는 (4)와 같이 「ニスル」형식으로 사역문을 만들 수 있다. 또한, 명사 술어도 (5)와 같이 「ニスル」형식을 이용하여 사역문으로 만들 수가 있다.

동사 술어문의 사역화가 사람이 사람에게 사역행위를 하여 어떠한 사태를 수행시키는 것이라고 한다면, (2b)의 가능동사의 사역문도 (5)의 명사 술어문의 사역문도 사역의 범주에 넣을 수 있는 것이다. 또한,

ʎ형용사문인 (3)에서는 사역행위를 받는 존재가 사람이 아니라 자기 자신의 신체 일부가 되는데, 「頬(볼)」이 「ヲ」격 명사구로 표현되어 최소한의 피사역자로서 표현되어 있다. (4)의 ナ형용사문의 경우는, 피사역자의 위치에 「部屋(방)」이라는 사물명사가 위치하고 있는데, 「子供(아이)」가 어떠한 행위를 함으로써 '깨끗한 상태'가 되는 존재로 표현되어 있어, 사역의 의미범주에 머물 수 있는 사태를 나타내고 있다고 할 수 있다. 즉, (3)에서는 사역주인 아이가 볼이 빨간 상태가 되도록 만들다 라는 의미를 나타내고, (4)에서는 사역주인 아이가 사역주가 방을 깨끗한 상태가 되도록 만들다 라는 의미를 나타내어, 사역의 의미를 나타내고 있다고 하겠다. 이러한 사역화는 상태 술어문인 형용사 술어문과 명사술어문을 동사 술어문으로 변환시키고 있는 것이다.

5.2 술어 타입과 사역형식

앞 절의 예문 (2)에서 본 바와 같이, 일본어의 「サセル」형식은 상태동사인 가능동사를 사역화하지는 않는다. 한국어에도 이러한 술어타입에 따른 사역형식의 대응 관계가 있다.

술어 타입과 간접사역문과의 관계

술어 타입		한국어의 간접사역문				일본어의 간접사역문		
		게 하다	게 만들다	도록 하다	도록 만들다	サセル	コウニ スル	ニスル
동작성 술어	동사 술어문	O	O	O	O	O	O	-
상태성 술어	동사 술어문	O	O	O	O	O	O	-
	형용사 술어문	O	O	×	×	×	×	O
	명사 술어문	O	△	×	×	×	×	O

위 표에서는 일본어의 상태성 동사 술어문의 사역형식으로 「ヨウニ スル」형과 「サセル」형이 가능하다고 되어 있다. 그러나, 전 절에서의 검토에 의하면 가능동사를 사역화하는 형식으로 「サセル」가 용인되지 않음을 알 수 있었다. 또한, 일본어의 사역형식으로 イ형용사를 사역화 하는 형식도 넣어 새롭게 대응표를 제시하면 다음과 같다.

술어 타입과 사역화 형식과의 관계

술어 타입		한국어의 간접사역문				일본어의 간접사역문			
		게 하다	게 만들다	도록 하다	도록 만들다	サセル	ヨウニ スル	ニスル	クスル
동작성 술어	동사술어문	O	O	O	O	O	O	×	×
상태성 술어	동사술어문	O	O	O	O	×	O	×	×
	형용사술어문	O	O	×	×	×	×	O(ナ)	O(イ)
	명사술어문	O	△	×	×	×	×	O	×

일본어의 경우는, 술어 타입 별로 사역형식이 별도로 대응하고 있다고 할 수 있으나, 한국어의 경우 「게 하다」형은 모든 술어 타입에 대응하며, 「게 만들다」형도 거의 모든 술어 타입에 대응하는 반면, 「도록 하다」형과 「도록 만들다」형은 동사술어의 사역형식으로만 사용됨을 알 수 있다.

5.3 일본어 상태술어의 사역화

보이스에 대하여 동사술어의 문법카테고리로 보는 일반적 견해로부터 사역을 분석해 온 종래의 연구는 동사문에 한정되어 왔다. 그러나,

상태동사의 사역화에 관해서 살펴봄으로써, 그 연속선상에 있다고 볼 수 있는 상태술어 즉, 형용사술어와 명사술어의 사역화까지 범위를 넓혀서 생각할 필요가 있다. 특히, 한국어의 대표적 사역화 마커인「게하다」형식은 형용사술어와 명사술어도 사역화하는 마커로 사용되고 있어, 그 관련성을 엿볼 수 있다. 상태성 술어에는 상태성 동사도 있으며, 형용사술어문과 명사술어문도 포함된다. 형용사문과 명사문을 사역화하면 동사문으로 변환되게 된다. 그렇다면, 형용사문과 명사문을 동사문화하기 위해서 사역화 마커가 사용된다는 것은 어떤 의미를 갖는 것인가. 다음 예문을 보자.

> (6) a. 僕の言葉が彼女を悲しませた。
>
> 　　내 말이 그녀를 슬프게 했다.
>
> 　b. 彼女が悲しむ。그녀가 슬퍼하다.
>
> 　c. 僕の言葉が彼女を悲しくした。
>
> 　　내 말이 그녀를 슬프게 했다.
>
> (7) a. その曲が私に留学時のことを思い出させた。
>
> 　　그 곡이 나에게 유학시절 때 일을 생각나게 했다.
>
> 　b. 私が留学時のことを思い出す。
>
> 　　내가 유학시절 때 일을 생각했다.

(6a)의 기본동사「悲しむ(슬퍼하다)」는 감정동사이고, (7a)의 기본동사「思い出す(생각하다)」는 인식동사이다. 특히, (6a)는 (6c)와 같은 형용사의 사역화문인「クスル」형 문과 의미가 거의 같다. 인식·감정동사

를 기본동사로 하는 사역문이 원인사역의 의미·용법을 나타낸다는 것은 선행연구에서 분석한 바 있다. 인식·감정동사는 동작동사와 마찬가지로 운동동사인데, 동작동사문의 주어가 동작주인데 반하여, 인식·감정동사문의 주어는 경험자이다. 경험자란, 가능동사문의 주어가 갖는 의미특징이라고 할 수 있는 항상적 혹은 일시적으로 어떠한 능력이 가능한 상태의 소유자와 의미적으로 연속되어 있다고 할 수 있다. 즉, 인식·감정의 주체에 대한 행위가 타동적 동작일 수 없는 것과 마찬가지로, 어떤 상태의 소유자에 대한 행위도 타동적 동작일 수 없는 것이다. 이것은 어떤 인식을 일어나게 하거나, 감정을 유발시키는 것이 타동적 동작에 의해서 일어날 수 없는 사태인 것처럼, 어떤 상태로의 변화를 일으키는 일은, 사역적 행위가 요구되기 때문일 것이다. 따라서, 상태술어를 동사문화하기 위해서는 사역화 마커를 취할 수밖에 없는 것이다.

5.3.1 상태동사문의 사역화

일본어의 동사는 운동동사와 상태동사로 나뉜다. 이 분류는 아스펙트(aspect)적 의미를 생각할 때 유효하며, 텐스(tense)의 범주에서도 양 타입의 동사는 다른 특징을 보인다. 상태동사에는 기본동사 형태로는 존재를 나타내는 동사와 소유, 관계 등을 나타내는 동사가 있는데, 운동동사도 가능형이라는 파생동사가 되면 상태성을 나타내게 된다. 이 가능동사를 사역화할 때 「サセル」형이 용인되지 않는다는 사실에 관해서는 앞에서 고찰하였는데, 추가 분석을 해보자.

(8) a. 少ない費用で気軽に外国に<u>行ける</u>ようにする。

적은 비용으로 가볍게 외국에 갈수 있게 한다.

*b. 少ない費用で気軽に外国に<u>行けさせる</u>。

(9) a. 自転車でも安全に遠くまで<u>行ける</u>ようにする。

자전거로라도 안전하게 멀리까지 갈 수 있게 한다.

*b. 自転車でも安全に遠くまで<u>行けさせる</u>。

(10) a. 画像をクリックしたらそのリンク先へ<u>行ける</u>ようにした。

화상을 클릭하면 그 링크로 갈 수 있게 했다.

*b. 画像をクリックしたらそのリンク先へ<u>行けさせた</u>。

(11) a. 子どもと教師とが対面型で授業を<u>続けられる</u>ようにする。

아이들과 교사가 대면형으로 수업을 계속할 수 있게 한다.

*b. 子どもと教師とが対面型で授業を<u>続けられさせる</u>。

(12) a. 我々の子孫に健康な暮らしが<u>続けられるようにしたい</u>。

우리 자손에게 건강한 삶을 계속해 나갈 수 있게 하고 싶다.

*b. 我々の子孫に健康な暮らしが<u>続けられさせたい</u>。

(13) a. 日本語を自由自在に駆使し読んだり<u>話すことができるようにする</u>。

일본어를 자유자재로 구사하거나 읽거나 말할 수 있게 한다.

*b. 日本語を自由自在に駆使し読んだり<u>話すことができさせる</u>。

(8a), (9a), (10a)는 가능동사「行ける(갈 수 있다)」의 사역문으로 유도사역의 의미를 나타내고 있다. 이것은 문말의「行けるようにする(갈수 있게 하다)」를「行けるように工夫する(갈 수 있게 궁리하다)」로 바꿔도 의미가 변하지 않는다는 사실로부터도 알 수 있다. 또한, 이들을「サセル」형으로 만든 (8b), (9b), (10b)가 비문이 되는 사실로부터 일본

어의 사역화 마커 「サセル」형은 동작성 술어를 사역화하는 형식임이 밝혀졌다. 「ラレル」형 가능동사의 사역문 (11), (12)에서도 「サセル」형의 사역문은 성립되지 않음을 알 수 있다. 우언적 타입 (13)에서도 동일한 현상이 일어나고 있다고 할 수 있다. 후자의 두 타입도 유도사역의 의미·용법을 나타내고 있음을 알수 있다.

동작성 동사문을 상태화하는 것은 가능문 이외에 부정형과 「シテイル」형이 있는데, 이 경우에도 같은 현상이 일어나는지 다음 예문으로 검토해 보자.

(14) a. 兄が会社に<u>行かない</u>。

　　　형이 회사에 가지 않는다.

　　b. 父が兄を会社に<u>行かないようにする</u>。

　　　아버지가 형을 회사에 가지 않게 만들다.

　　c. 父が兄を会社に<u>行かなくさせる</u>。

　　　아버지가 형을 회사에 가지 않게 만들다.

　??d. 父が兄を会社に<u>行かなくする</u>。

(14a)의 부정문을 사역화하면 (b)의 「ヨウニスル」형과 「行かない(가지 않는다)」의 부정 부분인 「ナイ」를 「ナク」로 하여 「サセル」형을 붙인 (c)가 만들어진다. (d)의 「クスル」형은 일본어로 용인되지 않는 표현이다. 그러나, 다음의 (15)와 같이, 피사역자에 사람이 아닌 「血液(혈액)」과 같은 신체부분을 나타내는 명사가 오면, 「クスル」형도 문제없이 용인된다.

(15) 動脈瘤内に血液が<u>行かなくする</u>ことが難しい。

동맥류 내에 혈액이 가지 않도록 하는 것이 어렵다.

(16) ばかばかしくて選挙に<u>行かなくさせる</u>作戦ですね。

어이가 없어서 선거에 가지 않도록 하는 작전이네요.

(17) 医療改革では、とにかく病院に<u>行かなくさせる</u>。

의료개혁으로는 어찌 됐던 병원에 가지 않게 만든다.

(18) 赤ちゃんが危険な場所に<u>行かないようにする</u>扉です。

애기가 위험한 장소에 가지 않도록 하는 문입니다.

사람인 피사역자를 취하는 타입인 (16)과 (17)은 모두 「구사세루」형이 사용되어, (15)와 대비를 보인다. 물론, 사람인 피사역자를 취하는 문일 경우, (18)과 같은 「요우니스루」형도 가능하다.

다음은 아스펙트 형식 「시테이루」형 문에 관해서 살펴보자. 동사문이 「시테이루」형식을 취하면, 운동의 국면이 두드러지는 상태성을 띠게 된다고 할 수 있다. 따라서, 「시테이루」문을 사역화할 때에도 「사세루」형식을 만들 수 없을 것이라는 예측이 가능하다.

(19) a. 子供が本を<u>読んでいる</u>。　　아이가 책을 읽고 있다.

　　*b. 母が子供に本を<u>読んでいさせた</u>。

　　c. 母が子供に本を<u>読んでいるようにした</u>。

　　엄마가 아이에게 책을 읽고 있도록 했다.

(20) a. 子供が<u>座っている</u>。　　아이가 앉아 있다.

　　*b. 母が子供を<u>座っていさせた</u>。

c. 母が子供を<u>座っているようにした。</u>

　　엄마가 아이를 앉아 있도록 했다.

　동작지속을 나타내는 (19a)와 결과지속을 나타내는 (20a)와 같이, 아스펙트적 의미는 다르지만 사역문이 될 때 각각의 (b)와 같은 「サセル」형으로 할 수 없고, (c)와 같은 「ヨウニスル」형이 사용된다는 점에서 공통적이다. 이와 같은 현상은 가능문이나 부정문과 마찬가지로, 「シテイル」형이 되면 문이 나타내는 동작성이 상태성으로 변화되기 때문에 일어나는 것이라고 할 수 있다.

　일본어의 상태성 동사문을 사역화하기 위해서는 「ヨウニスル」가 쓰이고, 동작성 동사문의 사역화 마커인 「サセル」형식은 쓰이지 않는다는 것이 밝혀졌다. 더구나, 사역문의 의미·용법으로는 유도사역을 나타내고, 사역문의 전형적 의미 타입으로 분류됨을 알았다.

5.3.2 형용사문의 사역화

　상태성 술어를 사역화하는 마커로 「サセル」형식이 용인되지 않는다는 사실로부터, 형용사문의 사역화 마커로서 「サセル」형식이 용인되지 않을 것이라는 예상이 가능하다.

(21) a. 塩が料理を<u>美味しくする。</u>

　　　　소금이 요리를 맛있게 한다.

　*b. 塩が料理を<u>美味しいようにする。</u>

(22) a. 子供がお母さんを<u>悲しくする</u>。

아이가 어머니를 슬프게 한다.

b. 子供がお母さんを<u>悲しくさせる</u>。

아이가 어머니를 슬프게 한다.

*c. 子供がお母さんを<u>悲しいようにする</u>。

d. 子供がお母さんを<u>悲しませる</u>。

아이가 어머니를 슬프게 한다.

(21a)은 「美味しい(아름답다)」의 사역문으로, 「ヨウニスル」형 (21b)은 용인되지 않는다. 문의 의미는 「料理が美味しくなる(요리가 맛있어지다)」라는 결과를 만드는 것이 「塩(소금)」라는 의미를 나타내고 있어, 원인사역문에 가까운 의미를 나타낸다. 원인사역문의 의미는 사람인 피사역자를 취하는 (22)에 있어서 그 의미가 보다 명확해 진다. 「悲しい(슬프다)」의 사역화문 (22a)와 그 동사형 「悲しむ(슬퍼하다)」의 사역문 (22d)가 거의 같은 의미를 나타내고 있다. 감정동사의 사역문이 원인사역의 의미를 나타내는 것은 일반적인 사항이므로, (22a)도 원인사역의 의미를 나타내고 있다고 할 수 있겠다. 단지, (21)과는 달리 사람인 피사역자를 취하는 (22)의 경우, (22b)와 같은 사역문이 가능하다. (22a)와 (22b)와는 그 의미에 있어서 큰 차이는 없으나, 미묘하게 「サセル」가 함의하는 간접성이라는 점에서 (22b)가 보다 간접적 사역행위를 나타내고 있을 것으로 분석할 수 있다.

이상은 イ형용사의 경우인데, 다음과 같이, ナ형용사의 경우도 사정은 다르지 않다.

(23) a. ミルクが骨を<u>丈夫にする</u>。

　　　　우유가 뼈를 튼튼하게 한다.

　　*b. ミルクが骨を<u>丈夫なようにする</u>。

(24)*a. 先生が生徒を<u>しずかにする</u>。

　　 b. 先生が生徒を<u>しずかにさせる</u>。

　　　　선생님이 학생을 조용히 시킨다.

　　*c. 先生が生徒を<u>しずかなようにする</u>。

(25) 僕だって授業中は<u>しずかにする</u>よ。

　　　　나도 수업 중에는 조용히 해.

(26) 夜になると、この辺も<u>しずかになる</u>。

　　　　밤이 되면, 이 주변도 조용해 진다.

　　(23b), (24c)와 같이, ナ형용사의 사역화 마커로「ヨウニスル」형은 용인되지 않음을 알 수 있다. (23a)는 (21a)와 같이,「骨が丈夫になる(뼈가 튼튼해 지다)」라는 상태를 일으키는 원인이「ミルク(우유)」라는 의미를 나타내어, 원인사역의 의미·용법이 된다. 대조적으로, 사람인 피사역자를 취하는 (24a)는 비문이 되고, (24b)와 같은「しずかにさせる(조용히 시키다)」문만이 용인된다.「生徒がしずかにする(학생이 조용히 하다)」의 사역문이 (24b)인 것일 것이다. 이것은 (25)와 같이「しずかにする(조용히 하다)」가 소위 말하는 유생주어 자동사에 상당하다고 볼 수 있으므로, 그 사역문은「しずかにさせる(조용히 시키다)」가 되는 것이다. 또한, 무생주어의 경우는 (26)과 같이「しずかになる(조용해 지다)」라는 자동사 상당의 어구가 담당하는 것이다.

다음 경우는 사물인 사역주와 사람인 피사역자 체제의 문인데, 두 문 모두 사역문으로 용인 가능하다.

> (27) a. 休憩が選手を<u>元気にする</u>。　　휴식이 선수를 기운 나게 한다.
> b. 休憩が選手を<u>元気にさせる</u>。　　휴식이 선수를 기운 나게 한다.

(27a)와 (27b)의 의미 차이는 (22a)와 (22b)와 마찬가지로, 「元気にさせる(기운 나게 하다)」문에 있어서의 사역행위가 보다 간접적이라고 할 수 있을 것이다.

5.3.3 명사문의 사역화

명사 술어문의 경우도 동사화의 동기가 존재하는데, 그것은 담화에 있어서 자동사와 타동사가 달리 쓰여지는 것과 같은 이치일 것이다. 즉, 주어에 오는 사람에 의한 의지적 동작을 나타낼 필요가 담화 상 요구될 경우, 명사 술어문의 사역화 절차가 필요하게 될 것이다.

> (28) a. 母が息子を<u>医者にする</u>。　　엄마가 아들을 의사로 만든다.
> b. 息子が医者である。　　아들이 의사이다.
> c. 息子が医者になる。　　아들이 의사가 된다.
> d. 어머니가 아들을 의사로(를) 만들다.
> (29) a. 父が家を<u>五階建てにする</u>。　아버지가 집을 5층 건물로 만든다.
> b. 家が五階建てである。　　집이 5층 건물이다.
> c. 家が五階建てになる。　　집이 5층 건물이 된다.

d. 아버지가 집을 5층 건물로 만들다.

(30) a. 母が部屋の壁紙を<u>黄色</u>にする。

　　　어머니가 방 벽지를 노란색으로 한다.

　　b. 部屋の壁紙が黄色である。　　방 벽지가 노란색이다.

　　c. 部屋の壁紙が黄色になる。　　방 벽지가 노란색이 된다.

　　d. 어머니가 방벽지를 노란색으로 하다.

(31) a. 校長が韓国語の使用を<u>禁止</u>にする。

　　　교장이 한국어 사용을 금지한다.

　　b. 韓国語の使用が禁止である。　　한국어 사용이 금지다.

　　c. 韓国語の使用が禁止になる。　　한국어 사용이 금지가 된다.

　　d. 교장이 한국어사용을 금지(로) 하다.

　　(28a)에서 (31b)까지의 사역화 문은 각각의 명사 술어문 (b)가 사역
화된 것이다. 물론, (28c)에서 (31c)와 같은 자동사문의 타동사문에 상
당하는 것이라는 견해도 가능하다. 그러나, 명사 술어문 (b)를 동사문
화하면 (a)와 같은 문으로 밖에 만들 수 없다는 것도 사실일 것이다.
(a)를 한국어로 하면, (28d), (29d)와 같이 「으로 만들다」형이 되는 것
과, (30d), (31d)와 같이 「으로 하다」형이 되는 것으로 나뉜다. 이들
문이 나타내는 의미는 사역주의 강한 의지에 의한 어떠한 결정을 나타
내고 있다.

제13장

사역문의 아스펙트적 의미

1 사역문과 아스펙트

아스펙트(相, aspect)는 동사술어와 관련되는 문법카테고리로, 상태동사는 아스펙트의 대립이 없으며, 운동동사에 한정되어 아스펙트의 대립이 인정된다. 동사의 아스펙트적 의미의 기본은 동작의 지속과 결과상태의 지속이다.

(1) 太郎が本を<u>読んでいる。</u>　　타로가 책을 읽고 있다.

(2) 太郎が太鼓を<u>叩いている。</u>　타로가 북을 치고 있다.

(3) 本が<u>落ちている。</u>　　　　책이 떨어져 있다.

(4) 太鼓が<u>壊れている。</u>　　　북이 망가져 있다.

(1), (2)의 「シテイル」형의 의미는 동작지속이고, (3), (4)이 「シテイル」

형의 의미는 결과상태의 지속이다. 다음 (5), (6)의 「シテイル」형의 의미는 완료이다.

> (5) 太郎はその本をすでに<u>読んでいる</u>。
>
>   타로는 그 책을 이미 읽었다.
>
> (6) 太郎は太鼓を2年も<u>叩いている</u>。
>
>   타로는 북을 2년이나 쳤다.
>
> (7) 太郎は毎朝本を<u>読んでいる</u>。
>
>   타로는 매일 아침 책을 읽고 있다.

(7)의 「シテイル」형의 의미는 반복으로, 완료와 반복 등은 기본 아스펙트적 의미와는 다르다.

일반적으로 동사의 「サセル」형으로 나타내어지는 사역문은 간접적인 사역행위를 사역주가 나타낸다. 사역주의 간접적 사역행위와 피사역자(동작주)의 동작에 의해서 사역사태가 성립되는 사역문의 「シテイル」형의 경우, 운동동사의 「シテイル」형과는 아스펙트적 의미에 차이가 있을 것이라고 예상된다. 즉, 운동동사의 「シテイル」형도 구체적 동작의 측면이 흐려져 추상화되면 아스펙트적 의미에 변화가 일어나듯이, 사역화에 의한 운동의 측면의 변화도 아스펙트적 의미에 반영될 것이라는 가설이다.

2 사역문의 의미특징과 아스펙트

2.1 사역문의 의미·용법과 아스펙트

사역문의 의미·용법에는 전형적인 유형으로 지시사역, 유도사역, 허가사역, 방임·방치사역이 있고, 비전형적인 유형으로 직접사역, 조작사역, 자발사역, 원인사역, 비사역행위의 사역이 있다. 여기에서는 전형적 사역과 비전형적 사역 중에서는 직접사역과 조작사역을 검토 대상으로 한다. 이는 사역주의 사역행위의 간접성과 직접성의 차이로부터 아스펙트적 의미의 차이가 있을 것으로 예상되기 때문이다.

2.1.1 전형적 사역문의 아스펙트
다음 예문을 살펴보기로 하자.

(8)   学生の頃、教師が殴ると問題になるからと他の生徒に殴らせていた。
      학생 때, 교사가 때리면 문제가 된다며 다른 학생에게 때리게
      했었다.

(9)   川西教授は、その作品を開戦前年に開通したばかりのシベリア鉄
      道で二週間以上かけてパリの本社に運ばせていたのではないか、
      と推測している。
      가와니시교수는 그 작품을 개전 전년에 막 개통된 시베리아 철
      도로 2주간 이상 시간을 들여서 파리 본사로 운반시켰었던 것이
      아닐까 라고 추측하고 있다.

(10) 量が少ないので、おちょこを使って<u>飲ませています</u>。

양이 적으니까 작은 술잔을 사용해서 마시게 하고 있습니다.

(11) 世界的に多い、上を向いた花を持つカタクリは、ハエ、アブなど
に花粉を<u>運ばせていますが</u>、……。

세계적으로 많은 위를 향한 꽃을 갖는 가타구리는 파리, 벌과
같은 벌레에게 꽃가루를 옮기게 만들고 있습니다만…….

(8), (9)는 지시사역문으로 「シテイル」형의 의미는 과거완료의 의미
가 된다. (10), (11)은 유도사역문으로 현재완료의 의미를 나타낸다.
(8)에서 (11)까지의 사역문의 기저동사 「殴る(때리다), 運ぶ(옮기다), 飲
む(마시다)」의 「シテイル」형은 모두 동작의 지속을 나타낸다. 「殴らせ
ている(때렸다), 運ばせている(운반하게 했다), 飲ませている(먹였다)」와
같이 사역형 동사의 「シテイル」형은 동작주의 동작의 측면이 부각되지
않고 사역주의 사역행위의 측면으로 초점이 움직이게 되어, 구체적 동
작의 측면이 아닌 사역주의 사역행위의 측면이 부각되는 것이다. 기저
동사의 아스펙트적 의미는 옅어지고 사역행위의 간접적이고 추상적
측면이 반영되어 사역동사의 「シテイル」형은 완료의 의미를 나타내게
되는 것일 것이다.

다음 예문은 허가사역과 방임·방치사역문이다.

(12) 撮影監督はカメラマンにプロテクターを着せてリングにあげ、思うさ
まラッセル・クロウに<u>殴らせています</u>。

촬영감독은 카메라맨에게 프로텍터를 입혀서 링에 올리고, 맘껏

러셀 크로우에게 때리게 했습니다.

(13) 助手席にシートベルもかけさせず座らせていた。

조수석에 시트벨트도 하게 하지 않고 앉혔었다.

(14) それなら何故、恐喝に発展するまでおとなしく殴らせていたのか?

그렇다면 왜 공갈로 발전할 때까지 얌전히 때리게 했었는가?

(12)는 허가사역으로 현재완료를 나타내고, (13), (14)는 방치사역으로 과거완료의 의미를 나타낸다. 기저동사 「殴る(때리다)」의 「シテイル」형의 의미는 동작지속을 나타내고, 「座る(앉다)」의 경우는 결과상태 지속을 나타낸다. 이들이 사역형이 되면, 「シテイル」형의 의미는 구체적 동작에 관한 의미인 동작지속이나 결과상태 지속을 나타내지 못하고 완료의 의미로 아스펙트적 의미에 변화가 발생한다.

2.1.2 비전형적 사역문의 아스펙트

비전형적 사역문 중에서, 사역주의 직접적 사역행위를 나타내는 직접사역과 조작사역을 전형적 사역과 비교하면서, 「シテイル」형의 의미에 관해서 살펴보자.

(15) 離乳食初期、何に座らせていますか?

이유식 초기 어디에 앉혔나요?

(16) お茶は一ヶ月ごろから哺乳瓶で飲ませていました。

차는 1개월 무렵부터 젖병으로 먹였었습니다.

(17) 風呂から出るとパジャマを<u>着せています</u>。

목욕이 끝나면 잠옷을 입히고 있습니다.

(18) 一才の子供が車好きで、しょっちゅうミニカーを<u>走らせています</u>。

한 살의 아이가 차를 좋아해서, 맨날 미니카를 운전하고 있어요.

직접사역은 간접사역과 달리 사역주가 직접 동작을 행한다. 사역주가 직접적 동작을 행한다는 점에서 타동사문의 주어인 동작주와 공통적 의미특징을 갖는다. 따라서, 직접사역문의 「シテイル」형은 개별 운동의 측면이 살아 있게 되어 동작지속을 나타내게 되는 것이다. 이 점으로부터 사역행위의 간접성과 사역형 동사의 「シテイル」형의 의미와의 사이에 관련성이 있음을 알 수 있다.

조작사역은 형식상으로는 사역문의 형식을 취하고 있으나, 직접사역보다 더 타동사문에 가까운 의미를 나타낸다.

(19) 僕は音楽を聞きながら車を<u>走らせている</u>。

나는 음악을 들으면서 차를 운전하고 있다.

(20) 彼は空になったビール缶を<u>へこませている</u>。

그 사람은 빈 맥주 캔을 찌그러뜨리고 있다.

(21) 彼はハンドルを<u>回している</u>。

그 사람은 핸들을 돌리고 있다.

조작사역의 「シテイル」형의 의미는 동작지속을 나타내어 타동사문인 (21)과 같은 아스펙트적 의미를 나타낸다.

2.2 사역성과 아스펙트

위 절의 기술로부터 사역주의 사역행위의 성질과 사역형의 「シテイル」형의 의미 사이에 상관관계가 있음을 알았다. 전형적 사역문의 사역행위의 특징은 간접성인데, 이 간접성과 아스펙트적 의미와의 사이에 어떠한 관련성이 있는지 살펴보기로 하자.

(22) a. 拓也が弟に現金を<u>持ち出させた</u>。

　　　　다쿠야가 동생에게 현금을 갖고 나오게 했다.

　　 b. 拓也が弟に現金を<u>持ち出させている</u>。

　　　　다쿠야가 동생에게 현금을 갖고 나오게 했다.

(23) a. 署長が原田刑事にここを<u>調べさせた</u>。

　　　　서장이 하라다형사에게 이곳을 조사하게 했다.

　　 b. 署長が原田刑事にここを<u>調べさせている</u>。

　　　　서장이 하라다형사에게 이곳을 조사하게 했다.

(24) (京子の手にナイフがあった。「これ使わせないでちょうだい。」)

　　 (교코 손에 칼이 있었다. '이걸 안 쓰게 해줘.')

　　 a. 犯人が京子にナイフを<u>使わせた</u>。

　　　　범인이 교코에게 칼을 사용하게 했다.

　　 b. 犯人が京子にナイフを<u>使わせている</u>。

　　　　범인이 교코에게 칼을 사용하게 했다.

(25) a. この店は美味しいコーヒーを<u>飲ませる</u>。

　　　　이 가게는 맛있는 커피를 마시게 해 준다.

　　 b. この店は美味しいコーヒーを<u>飲ませている</u>。

　　　　이 가게는 맛있는 커피를 마시게 해 주고 있다.

(26) a. この会社は従業員に週に二日休ませる。

이 회사는 종업원에게 일주일에 이틀 쉬게 한다.

b. この会社は従業員に週に二日休ませている。

이 회사는 종업원에게 일주일에 이틀 쉬게 하고 있다.

(27) a. ナツ子は客を1時間も待たせておいた。

나츠코는 손님을 1시간이나 기다리게 해 뒀다.

b. ナツ子は客を1時間も待たせている。

나츠코는 손님을 1시간이나 기다리게 해 두고 있다.

(22), (23)은 지시사역, (24), (25)는 유도사역, (26)은 허가사역, (27)은 방치사역이다. (22a), (23a)의 사역행위는 명령이나 지시 행위이다. (22b)의 「持ち出させている(갖고 나오게 했다)」의 아스펙트적 의미는 완료인데, (23b)의 「調べさせている(조사하게 했다)」의 의미는 두 가지 있다. 우선, 「調べさせている最中である(조사시키고 있는 참이다)」라는 의미에 있어서의 사역행위의 지속의 의미가 있다. 두 번째로, 「すでに調べさせる行為が行われている(이미 조사시키는 행위가 일어났다)」라는 의미의 완료의 의미가 있다. 지시사역과 비교해서 사역행위의 구체성을 특정하기 어려운 유도사역인 (24), (25)의 경우는, 「シテイル」형의 의미가 더욱 추상화되어 사역행위의 지속의 의미는 나타내기 어려워져, (24b), (25b)는 완료의 의미밖에 나타낼 수 없는 것이다. 허가사역 (26)의 「シテイル」형은 반복의 의미가 강하고, 방치사역 (27)의 「シテイル」형은 완료의 의미를 나타낸다. 전형적 사역문에서는 사역행위의 구체적 모습을 특정하기 쉬우면 행위의 지속을 나타내지만, 유도사역과

방치사역과 같이 사역행위의 구체적 모습을 특정하기 어려워지면 완료의 의미를 나타내게 된다. 한마디로 사역성이라 해도, 사역성에는 지금까지 언급되어 온 사역행위의 간접성이라는 특징 외에, 사역행위를 특정하기 어렵다는 의미에 있어서의 추상성을 인정하지 않으면 안 된다.

직접적 사역행위를 나타내어 비전형적 사역문이 되는 직접사역과 조작사역의 경우는, 사역행위가 직접적 행위이므로, 사역성이라는 관점에서는 전형적 타입에서 이행하여 타동사의 동작행위에 가까운 사역행위를 나타낸다고 할 수 있다. 따라서 「シテイル」형의 의미는 타동사문의 경우와 유사하다.

(28) a. 私は倒れそうな裕子を立たせて部屋を出た。

　　　나는 넘어지려는 유코를 일으켜 방을 나왔다.

　　 b. 私が裕子を立たせている。

　　　내가 유코를 일으키고 있다.

(29) a. 私は炊飯器にご飯を炊かせ、おかずを用意した。

　　　나는 전자밥통에게 밥을 짓게 하고, 반찬을 준비했다.

　　 b. 私が炊飯器にご飯を炊かせている。

　　　내가 전자밥통에게 밥을 짓게 하고 있다.

(28b), (29b)에 알 수 있듯이, 사역행위의 직접성을 함의하는 사역문의 「シテイル」형의 의미는 동작지속을 나타낸다.

③ 사역문의 아스펙트적 의미

3.1 사역성을 결정하는 요인

여기에서는 사역형 동사의 「シテイル」형의 의미 즉, 아스펙트적 관점에서 사역성을 살펴보기로 하겠다. 사역주가 직접적 동작을 행하지 않는다는 의미에서 사역문은 사역행위의 간접성이 인정된다. 지시사역, 유도사역, 방임·방치사역과 같은 전형적 사역문의 사역행위는 간접적이어서 「シテイル」형의 의미가 동작의 지속보다 완료라는 파생적 의미가 우세해진다.

전형적인 간접사역문의 사역행위는, 타동사의 동작주의 동작과는 달리, 구체적으로 특정되지 않는 경우가 많다. 이러한 특징을 사역행위의 불특정성이라 부르기로 하자. 지시사역의 사역행위는 언어행동일 확률이 높은데, 실제로 어떠한 형태의 언어행동인지 특정하기 어렵다. 지시사역보다 사역행위가 특정하기 어려운 유형이 유도사역이다.

(30) まさか夫が、七年も前から自分を憎み、佐石の子供を<u>育てさせている</u>とは、思いもよらぬことであった。(氷点(上), p.236)

설마 남편이 7년이나 전부터 자신을 미워해서, 사이시 아이를 키우게 했을거라고는 생각지도 못할 일이었다.

(31) あのプライドが高く、容易に胸のうち明かそうとしない坂崎、そんなことを<u>言わせる</u>まで追い詰めてしまったのは、ほかの誰でもない美代子に責任があった。(赤(上), 126)

그 프라이드 높고 쉽게 속마음을 드러내지 않는 사카자키, 그런

말까지 하도록 궁지에 몬 것은, 다른 누구도 아닌 미요코에게 책임이 있었다.

(30)의 사역주 「夫(남편)」의 사역행위는 언어행동에 의한 것이 아니다. (31)의 사역주 「美代子(미요코)」의 사역행위는 (38)의 그것보다 특정하기 어렵다. 따라서 사역형 동사의 「シテイル」형이 구체적 행위의 지속의 측면을 파악하기는 쉽지 않다. 유도사역의 「シテイル」형은 행위의 완결 후의 영향을 나타내는 완료의 의미가 되는 것이다. 구체적 행위의 모습을 알수 없으므로 구체적 행위의 지속의 측면을 파악하기 어려운 것이다.

운동동사에는 내적한계를 갖는 동사와, 내적한계를 갖지 않는 동사가 있다. 동작동사는 내적한계성이 없고 운동의 어느 부분에서 동작이 종료되어도 동작이 성립된다. 이와는 대조적으로, 운동의 종료한계 (terminal point)를 갖는 변화동사는 내적한계성을 갖는 동사이다.[1] 동사가 사역화되면 내적한계성이 생긴다고 할 수 있다. 기본동사로서 내적한계를 갖지 않는 비내적한계동사(atelic verb)인 「動かす(움직이다), 殴る(때리다), 運ぶ(옮기다)」의 사역문을 살펴보자.

(32) 近くに呼び寄せて敵を<u>なぐらせています</u>。
　　　 근처로 끌어들여서 적을 때리게 합니다.

---

1 이러한 동사분류에 관해서는 구도(工藤, 1995)에 상세히 기술되어 있다.

(33) 定期的に領地を移動していた領主たちは、ベッドも従者に運ばせ
    ていました。

    정기적으로 영지를 이동해온 영주들은 침대도 하인에게 옮기게
    했습니다.

(32)의 밑줄 친 부분의 해석은 「때리게 합니다」이고, (33)의 해석은
「옮기게 했다」이다. 기본동사의 「シテイル」형의 의미는 「なぐっている
(때리고 있다)」, 「運んでいる(옮기고 있다)」로, 운동동사의 주체동작동
사에 속한다.[2] 이 타입의 동사는 내적한계를 갖지 않는 비내적한계동
사이므로, 「シテイル」형의 의미는 동작의 지속을 나타내는데, 사역문이
되면 이 비내적한계동사의 특징이 감춰지는 것이다. 이와 같은 기본동
사의 의미의 변질은 사역화에 의해 초래되는 것이라고 볼 수 있다. 즉,
기본동사에는 갖춰져 있지 않은 내적한계성이 사역화에 의해서 생기
는 것이라고 하겠다.

3.2 「ショル」・「シトル」 체계와 사역형의 의미

일본어의 아스펙트 형식은 공통어에서는 「シテイル」형만이 인정되
지만, 이와는 다른 체계를 보이는 우와지마(宇和島) 방언에는 「ショル」
형식과 「シトル」형식 두가지가 있어, 각각 다른 의미영역을 담당하고
있다.[3]

---

2 구도(工藤, 1995)에서는, 아스펙트적 특징에 따라 운동동사를 주체동작동사, 주체
  동작·객체변화동사, 주체변화동사, 객체변화동사로 분류하고 있다.
3 구도(工藤, 1995, pp.335-336)에서는 다음 예문과 같이, 「破りよる(찢고 있다)」는 동

(34) 三年生に太鼓運ばせとる。

3학년에게 북을 옮기게 했다.

(35) 飲み会の時いつも彼女を自分の近くに座らせとる。

회식 때 항상 그녀를 가까이 앉게 했다.

(36) 家でもオマルに座らせよるんです。

집에서도 요강에 앉히고 있거든요.

지시사역 「運ばせる(옮기게 하다)」의 「シトル」형은 있으나, 「シヨル」형은 찾아볼 수 없다. 반면, 비전형적 사역 「座らせる(앉히다)」의 경우는, 「座らせとる」 외에 「座らせよる」형도 성립된다. (35)는 「앉혔다」라는 의미로 결과지속을 나타내고, (36)은 「앉히고 있다」라는 의미로 동작지속을 나타내는 것이다. (36)의 피사역자(동작주)는 어린 아이라는 문맥이므로, 사역주의 사역행위가 직접적임을 알 수 있다. 이러한 이유에서 「座らせよる」형이 성립되는 것이다. 대조적으로, 「運ばせる(옮기게 하다)」는 전형적 지시사역이므로, 사역주의 사역행위의 지속 측면을 파악하기 어렵기 때문에 「シヨル」형이 성립되지 않는 것이다.

재귀동사 「着る(입다)」는 사역형이 「着させる(입게 하다)」, 「着せる(입히다)」의 두 형식이 파생되는 동사이다.

작지속을 나타내고, 「破っとる(찢었다)」는 결과지속을 나타낸다고 기술하고 있다.
- 猫が障子、破りよる。おっぱらいさい。(고양이가 창호지 찢고 있네. 쫓아라.)
- 猫が障子、破っとる。張り替えないけん。(고양이가 창호지 찢어놨네. 다시 발라야겠어.)

(37) とくさんが来るまでの間、娘に服を<u>着させよった</u>んじゃけど、雨でイマイチはからどらんでね。

도쿠씨가 오는 동안 딸에게 옷을 입히고 있었는데, 비로 잘 안 돼.

(38) 小さい頃から琴美ちゃんにメイド服<u>着させとった</u>。

어릴 때부터 고토미에게 하녀 옷을 입혔었다.

(39) いっしょに行ったお友だちが、お祭りが好きで、「毎年子供に、お祭りの服を<u>着せよる</u>んよ」と言うので、〜。

같이 간 친구가 마츠리를 좋아해서 '매년 아이에게 축제 옷을 입히고 있거든'이라고 해서〜.

(40) タートルはいいよな。先週くらいから<u>着せとる</u>よ。

터틀은 좋아. 지난 주 정도부터 입혔어.

(37)의 「着させる」도 문맥상 사역주가 직접 동작을 행하고 있으므로, 「シヨル」형이 용인된다고 판단된다. (38)의 「着させる」는 결과를 나타내므로 「シトル」형이 되어 과거완료의 의미를 나타낸다. (39)는 계속의 의미가 강하므로 「シヨル」형이 되고, (40)은 현재완료를 나타내어 「シトル」형으로 나타난다.

우와지마방언이나 관서방언(関西弁) 등에서 사용되는 「シヨル」형과 「シトル」형은 사역문의 의미와 연동되어 그 형식의 성립이 용인되고 있음이 확인되었다. 즉, 간접사역문은 사역행위를 특정하기 어려우므로 동작지속의 아스펙트형식으로 사용되는 「シヨル」형의 성립이 어려운 것이다.

▨ 사역문의 아스펙트적 의미 분류

　기본동사의 「シテイル」형과는 달리, 사역문의 「シテイル」형의 의미는, 구체적 동작의 측면을 보지 않기 때문에 동작지속이나 결과지속의 국면을 눈 앞에서 확인하기 어렵다. 아스펙트 형식은 주체의 동작이나 변화의 측면, 객체의 변화의 측면을 파악하는 문법형식이다. 사역문에서의 주체는 사역주이므로, 동작의 측면이란 사역행위의 측면을 가리킨다. 즉, 동작지속은 사역행위의 지속이라는 것이다. 따라서, 「サセテイル」가 사역행위의 지속을 나타낼 때, 기본동사의 「シテイル」와는 달리, 지속이 구체적 동작이 아닌 추상적인 것으로 변화된다. 사역행위의 지속이라 해도, 발화시에 일어나고 있는 행위를 파악하기는 어렵고, 행위의 종료에 의해 발화시에 미치는 영향의 측면을 파악하는 퍼펙트(perfect, 완료)의 의미를 나타내게 된다. 이와 같은 현상은 전형적 사역인 간접사역문에서 두두러지게 드러난다. 직접적 사역행위의 「シテイル」형은 사역행위의 지속과 완료의 의미를 나타낼 수 있는 것이다.

　사역문의 객체는 피사역자(동작주)이므로, 기본동사문의 객체의 변화의 국면은 피사역자의 변화의 국면이 되는데, 피사역자는 사역행위에 의해서 변화하지는 않으므로, 이러한 국면은 파악되기 어렵다. 따라서, 사역문의 「シテイル」형의 의미로는 결과상태의 지속은 나타나지 않는 것이다.

　사역문의 「シテイル」형의 의미는 [A] 완료와 [B] 행위의 지속으로 나뉘고, [B] 는 [b-1] 사역행위의 지속과 [b-2] 사역동작의 지속으로 분류된다. 사역문의 유형과 아스펙트적 의미를 대응시키면 다음 표와 같다.

사역문의 아스펙트적 의미와 의미 · 용법과의 관계

아스펙트적 의미		사역문의 타입	
[A] 완료		전형적 사역	지시, 허가, 방임·방치
[B] 행위의 지속	사역행위의 지속		
	사역동작의 지속	비전형적 사역	직접적 사역

위 대응표의 내용은 어디까지나 우선적 관계를 나타낸 것으로, 직접적 사역문의 「シテイル」형이 완료의 의미를 나타낼 수도 있다.

결론부

이 책은 일본어의 사역문을 연구대상으로 삼고 있으나, 사역이라는 문법 현상의 기저에 있는 현상 특히 보이스 전체에 있어서의 각 현상들과의 유기적 관계 속에서 사역을 둘러 싼 현상을 분석하고 기술한 것이다. 사역과 관련되는 의미 개념 즉, 타동성, 사역성, 재귀성, 자발성에 관해서 제 1부에서 기술하였다. 제 2부에서는 사역문에 관해서 본격적으로 분석하고 기술하였다. 제 3부에서는 사역과 보이스 체계라는 시야에서 각 보이스 현상들과 사역문의 관계에 관해서 기술하였다. 또한, 사역을 둘러 싼 보이스 체계 전체를 조망하며, 각 동사 카테고리의 개별성과 근접 동사 카테고리 간의 유사성 및 연속성에 관하여 기술하였다. 이를 근거로 사역화 경로의 구체적인 모습을 제시함으로써, 보이스 체계 전체에 있어서의 사역의 위상을 자리매김하였다.

[제 1부] 사역성에 관여하는 의미개념

제 1장 타동성에서는 사역성과 형태적으로, 의미적으로 근접하는 카테고리인 타동성의 개념을 분석하였다. 타동사의 일부는 타동성 보다

는 사역성에 가까운 의미를 나타내는 부류가 존재한다. 타동성과 사역성은 개념적으로 연속되어 있는 카테고리로, 타동사이면서 사역성을 띠는 동사가 있는가 하면, 사역형식을 취하면서 타동사의 대행을 하는 등 두 카테고리 사이에는 의미적·형태적 유사성과 왕래가 빈번하게 일어나고 있다.

이 장에서는 형태적·의미적 관점에서 타동성의 문제를 검토하였다. 특히, 타동성의 카테고리에 속하면서 전형적인 타동사로 인정되어 온 일부 동사가 사역의 의미를 내포하고 있음을 지적하고, 타동과 사역의 경계 부분에 초점을 맞추어 타동성에 관하여 생각해 살펴보았다.

선행연구의 미비를 보완하여 타동성에 대한 정의를 새롭게 정립하고, 「花子がボールを転がした。(하나코가 공을 굴렸다.)」와 같이 대상의 속성에 의존하여 사태가 성립되는 경우는 사역성을 띠는 타동성으로 보고 있다. 또한 「花子が木を倒した。(하나코가 나무를 쓰러뜨렸다.)」 또는, 「花子がうっかりして置物を倒してしまった。(하나코가 실수로 장식품을 쓰러뜨려버렸다.)」와 같이 통상적 힘 이상의 힘이 요구되거나, 혹은 제어에 실패하는 경우는 「花子が窓を開けた。(하나코가 창을 열었다.)」와 같이 동작주가 쉽게 통상적 상태에서 수행 가능한 사태보다 비전형적인 타동사태로 본다. 즉, 동작주가 대상을 통상적인 상태에서 충분히 제어 가능한 경우가 타동성이 높은 것으로 보는 것이다.

제 2장 사역성에서는 사역성 또한 타동성과의 연속적 의미개념으로 보고, 타동성과의 연속성의 모습을 정확히 분석하여 사역성의 본연의 모습을 제시하였다. 사역성의 프로토타입을 추출하여 제시하고 타동

성과의 차이점을 분석하였다. 또한 의미적 연속성을 분석하여 사역성의 전형을 규명하였다.

제 3장 재귀성에서는 타동성과 대립적인 의미개념이면서 사역문의 파생과 밀접한 관련성을 갖는 재귀성에 관하여 살펴보았다. 타동성(transitivity)과 재귀성(reflexivity)에 관하여 분석하고, 타동성과 재귀성은 상호 대조적인 개념임을 제시하였다. 타동성과 재귀성은 각각 다음과 같은 의미소성을 함의한다.

	타동성	재귀성
동작주의 성질	제어자로서의 동작주	제어자로서의 동작주
힘의 이동의 특징	1단계: 동작주→대상 원심적 이동	2단계: 동작주→대상→동작주 구심적 이동
수영성의 소재	대상	동작주

제 4장 자발성에서는 자동성과 자발성의 차이를 분석하여 제시하였다. 자동사에는 자동성(intransitivity)을 나타내는 동사와 자발성(spontaneity)을 나타내는 동사가 있다. 자동사의 하위분류에 관해서는 여러 관점에서 선행되는 연구가 있는데, 본서에서는 의미개념으로써의 자발성에 주목한다. 자발동사는 그 의미가 자동성을 나타내는 자동사와 다를 뿐만 아니라, 통어현상에 있어서도 특징적인 모습을 보인다. 특히 사역문이 될 경우, 대응하는 타동사와는 다른 의미영역을 나타내면서 타동사와 대립한다. 예를 들면, 자발동사「倒れる(쓰러지다)」에 대응하는 타동사「倒す(쓰러뜨리다)」와「倒れさせる(쓰러지게 만들다)」는 다른 사

태를 나타낸다.

종래에 원인사역에 포함되었던 사역문의 일부는 자발동사에서 파생되는 사역문으로, 인식·감정동사로부터 파생되는 원인사역문과는 다른 특징적인 구문의 의미를 나타내는 것으로 밝혀졌다. 이를 자발사역문이라 하고 사역문의 고유한 카테고리로 분류한다.

[제 2부] 사역문

제 5장 일본어 사역문의 특징에서는 일본어의 사역문을 대상으로, 사역사태에 있어서의 관여자인 사역주와 피사역자의 의미소성(意味素性), 사역사태에 대한 의도성의 소재, 기본 동사의 성질 등, 의미적인 요소를 기준으로 사역문의 의미·용법을 분류하였다. 사역문이 다양한 의미를 나타낼 수 있는 것은, 동작주성(動作主性, agentivity)을 지니는 사역주와 피사역자가 한 문장 속에 포함되어 있다는 사실과 깊은 관련을 갖는다. 이와 같은 의미·용법을 분류함으로써 일본어의 문법 카테고리로서의 사역문의 모습을 정확히 분석할 수 있음과 동시에, 구문적·의미적 측면에서 타동사문에 연속되어가는 모습도 파악할 수 있었다.

제 6장 사역문의 의미·용법에서는 선행연구에서는 제시되지 않은 새로운 의미·용법에 관하여 간단히 살펴 보았으며, 직접사역과 자발사역, 유도사역은 본서에서 새롭게 제시하는 의미·용법이다. 의미·용법 분류에 관여하는 요소를 다음과 같이 추출하고 이 분류 기준에 의거하여 사역문의 분류를 진행하였다.

① 사역주의 의미소성

② 피사역자의 의미소성

③ 사역사태에 대한 의도성의 소재

④ 사역주의 사역행위의 성질

⑤ 사태 간의 계기관계

⑥ 기본동사의 성질

먼저 전형적 사역문과 비전형적 사역문으로 나누고, 전형적 사역문은 지시사역, 유도사역, 허가사역, 방임·방치사역으로 분류하였다. 비전형적 사역문은 직접사역, 조작사역, 자발사역, 원인사역 그리고 의사사역—비사역행위로 분류하였다.

제 7장에서는 기본동사의 의미특징과 사역문과의 관계에 관하여 간단히 기술하였다.

[제 3부] 사역과 보이스 체계

제 3부에서는 사역이라는 문법카테고리가 일본어의 보이스 시스템에 있어서 어떠한 기능을 갖고 있으며, 어떠한 역할을 수행하고 있는지에 초점을 두고, 보이스 체계 안에서의 사역이라는 넓은 시야에서 조망하는 한 편, 각 장에서는 구체적인 주제에 입각하여 상세한 분석과 기술을 진행하였다.

보이스는 좁게는 수동문과 능동문의 대립이라고 정의된다. 그러나 넓게는 사역문과 자·타동사, 수수동사와 수수표현까지를 보이스의 범주로 볼 수 있다. 자동사와 타동사의 대립을 보이스 현상의 하나로 보는 견해도 있다. 자동사와 타동사가 대응관계를 갖는다는 것은 인정하지만, 자동사의 연장선상에 자발동사가 있고, 타동사의 연장선상에 사역동사가 있다고 보아야 한다. 즉, 보이스의 기본은 「자발-자동-타동-사역」과 같은 의미적 연결고리 상에서 연속적 관계와 대응 관계를 가지면서 유기적으로 존재하고 있다고 할 수 있다. 이 연속선상에서, 자발동사와 자동사 또는 자발성과 자동성의 연속성과 차이점을 분석해 낼 수 있고, 자동과 타동의 연속적 모습과 대응하는 모습, 그리고 타동과 사역의 연속성과 차이점 등을 분석해 낼 수 있다. 물론 타동사에서 파생되는 직접수동문과 자·타동사에서 파생되는 간접수동문의 경우, 자동성과의 연속선상에서 파악해야할 것이다. 자동화의 한 축을 이루는 것이 수동문의 파생이고, 이와는 다른 축이 재귀성을 포함하는 자동성일 것이다. 즉, 보이스 안에는 다음과 같은 복합적 축이 존재한다고 볼 수 있다.

① 사역과 자발의 축
② 타동과 자동의 축
③ 능동과 수동의 축

여기에서 ①②의 두 축이 기본 근간이라 볼 수 있다. 수동은 기본적으로는 타동사로부터 파생되지만, 이미 파생이 이루어진 사역으로부터도 수동화가 가능한 점 등을 고려하고 자동사로부터 파생되는 간접수동까지 포함하여 생각하면, 수동은 자동과 타동, 사역을 포함하는 능동에 대립되는 개념이며 카테고리라고 볼 수 있다. 즉, ③의 능동과 수동의 축은 ①②와는 다른 차원의 축이라고 보아야 할 것이다.

제 3부에서는 이상과 같은 밑그림을 염두에 두면서, 사역과 보이스의 각 카테고리와의 관계를 중심으로 기술하였다.

제 8장에서는 기저문의 동사의 통어적·의미적 특징과 파생된 사역문과의 관련성을 중심으로 기술하였다. 자동사와 타동사의 사역문을 먼저 살펴보고, 대격보어를 취하는 경우에도 타동성을 나타내지 않는 재귀동사의 사역문에 관하여 살펴보았다. 자·타동사와 재귀동사 사역문의 비교분석하고, 타동성이 낮아지는 경로 중 재귀성과는 다른 경로로 생각되어지는 인식·감정동사의 사역문과 비교분석하였다.

제 9장에서는 재귀동사로부터 만들어지는 사역문을 다루고 있다. 재귀성(再歸性, reflexivity)과 재귀동사에 관해서는 제 1부 3장에서 상세히 알아 보았다. 재귀성은 타동에 대립되는 개념이면서 타동성이 낮아지는 한 경로에 있는 의미개념으로, 재귀동사도 그러한 의미를 나타내는 특징적인 고유한 동사류로 자리매김할 수 있음에 관하여 기술하였다. 재귀성이 타동성에 대립되는 의미개념인 만큼 보이스의 여러 현상에 관여하고 있음을 짐작할 수 있다.

제 10장에서는 동사의 하나의 고유한 의미적 카테고리를 형성하는 인식·감정동사의 사역문에 관하여 살펴보았다. 자·타동사의 구분이라든가 수동문, 사역문 등 태에 관한 연구에 있어서 형태적, 의미적, 통어적 분석을 통하여 각 범주을 정의하고 분석하여 분류하는 과정을 통하여 문법의 체계를 규명해 간다. 이 때에 자동사이면 자동사, 타동사이면 타동사와 같이 전형적인 유형에 관해서는 많은 논의가 이루어지고

있다. 예를 들면 사역문에 관한 논의에 있어서 기저문의 동사와 관련해서는 그것이 타동사인지 자동사인지에 따라 사역문의 특징을 규정하기도 한다.

우선 인식·감정동사의 사역문을 대상으로 다른 유형의 사역문 즉, 전형적 사역문 및 비전형적인 사역문–조작사역, 비사역행위 등과의 비교·분석을 진행하였다.

제 11장에서는 자발동사와 사역문에 관하여 기술하였다. 사역문에는 사역 사태(Causative Event)에 관여하는 참여자의 다양성이라는 점에서 다양한 의미 타입의 사역문이 포함되어 있다. 본서의 자발사역문은 그러한 다양한 타입의 사역문 중에서 구문적·의미적으로 고유한 특징을 지니는 사역문의 한 타입으로, 기저문의 동사가 자발동사인 문을 가리킨다.

자발동사의 사역화가 불가능한 요인의 분석에서 자발사역문의 성립 조건이 추출되는데, 자발사역문의 성립에는 다음과 같은 의미소성(意味素性)이 관여하고 있다고 생각할 수 있다.

■ 자발사역문의 성립에 관한 의미소성
[1] 자발사태에 대한 동작주의 관여 가능 여부
[2] 대상의 성질 : 변화로의 에너지 유무
[3] 동작주의 대상에 대한 작용 성질 : 직접적/간접적

이 장에서는 자발동사로부터 파생되는 자발사역문을 고유한 사역문의 카테고리로 인정하고, 종래의 원인사역으로 분리하였다. 또한 자발

성의 제시와 검증을 통하여 자발성을 띠는 동사에서 파생된 자발사역문의 고유성을 주장하였으며, 타동사 사역문과의 의미유형의 비교분석을 통하여 그 고유성을 입증하였다.

제 12장에서는 본 연구서의 총체적 내용을 정리하면서 보이스 체계와 사역의 유기적 관계를 다시 한 번 조망해 보는 내용으로 기술하였다. 보이스의 기본은 「자발-자동-타동-사역」과 같은 의미적 연결고리 상에서 연속적 관계와 대응 관계를 가지면서 유기적으로 존재하고 있다고 할 수 있다. 이 연속선상에서, 자발동사와 자동사 또는 자발성과 자동성의 연속성과 차이점을 분석해 낼 수 있고, 자동과 타동의 연속적 모습과 대응하는 모습, 그리고 타동과 사역의 연속성과 차이점 등을 분석해 낼 수 있다.

사역과 타동이 근접 카테고리이고, 자발과 자동이 근접 카테고리라는 기본적 축 위에, 타동성으로부터 재귀성, 자동성으로의 자동화의 경로가 있고, 자동과 자발의 연관성과 그 연속선상에 가능이 자리하고 있는 것이다. 사역화의 경로 또한 존재하여, 자동의 사역화와 자발의 사역화의 경로가 있다. 또한 상태술어인 형용사술어문과 명사술어문을 동사술어문으로 바꾸는 경로도 사역화의 경로라고 할 수 있다. 이러한 관점에서 보이스 전체를 조망해 보면, 사역은 보이스 체계 안에서 강력한 역할을 수행하고 있음을 알 수 있다. 타동성(transitivity)이 동작주와 사물의 관계에 한정되는 관한 의미개념이라고 한다면, 사역성(causativity)은 보다 넓고 보다 상위 차원의 관계에 관한 의미개념이라고 할 수 있다.

또한 사역이라는 문법 카테고리는 보이스 현상의 집결체로 볼 수 있다. 사역과 관련되지 않는 보이스 현상 또한 없다. 따라서 사역의 체계가 보이면 보이스 체계가 보인다 해도 과언이 아닐 것이다. 동사의 유형에 따라 사역문의 양상을 달리하고, 타동성과 재귀성이 사역문의 유형을 가르며, 자동사와 자발동사의 차이가 사역에서 다른 형태로 나타난다.

자동화 경로는 재귀화에 의한 자동화 경로, 추상화에 의한 자동화 경로가 있다. 추상화에 의한 자동화는 인식·감정동사와 같이 가시적 행위에서 비가시적 행위로 전환됨으로써 타동성이 약해지는 경우로 볼 수 있다. 특히 한어동사의 경우, 대상(accusative)을 동사가 내포하는 방식으로 타동성의 약화가 일어나게 된다. 한어동사와 관련된 문제를 포함하여 자동화 경로에 관한 기술은 차후의 후속 연구로 삼기로 하고, 여기에서는 사역화 경로를 중심으로 기술하였다.

마지막으로, 제 13장에서는 보이스 현상의 하나의 테스트 프레임이 될 수 있는 아스펙트 형식을 도입하여, 사역문의 아스펙트적 의미에 관해서 고찰하였다. 아스펙트는 동사문에만 한정되는 문법 카테고리로, 운동의 국면의 의미에 관한 문법범주이다. 사역문의 사태를 제어하는 사역주의 사역행위가 다양하다는 것은 이미 기술한 바 있다. 타동사문의 주어인 동작주의 동작의 구체성과는 다른 양상을 보인다. 다양한 사역문의 의미·용법에 따라 아스펙트적 의미도 다양하게 나타날 것이다. 전형적 사역문과 비전형적 사역문, 그리고 비교 대상으로 타동사문의 아스펙트적 의미를 살펴보고, 사역문의 아스펙트적 의미를 비교 분석하여 기술하였다.

권재일(1994), 『한국어 문법의 연구』, 도서출판 박이정.

박양규(1978), 「使動과 被動」 『国語学』 7, 국어학회.

송석중(1978), 「使動文의 두 形式」 『언어』 3-2, 한국언어학회.

김형배(1997), 『국어의 사동사연구』, 도서출판 박이정.

우인혜(1992), 「용언 '지다'의 의미와 기본 기능-'어/아지다'의 구문을 중심으로-」 『말』 17, p.39.

우형식(1996), 『국어 타동구문 연구』, 도서출판 박이정.

이광수(2000), 「일본어 자발태의 구조」 『일어일문학연구』 vol.36, 한국일어일문학회, pp.95-113.

이익섭·임홍빈(1983), 『국어문법론』, 学研社.

최현배(1978), 『우리말본』, 정음사.

한송화(2000), 『현대국어 자동사 연구』, 한국문화사.

青木令子(1977), 「使役-自動詞·他動詞との関わりにおいて-」 『成蹊国文』 vol.10, 成蹊大学.

池上嘉彦(1975), 『意味論』, 大修館書店.

_____(1981), 『「する」と「なる」の言語学』, 大修館書店.

石綿敏雄·高田誠(1990), 『対照言語学』, 桜楓社.

ウェスリー·M. ヤコブセン(1989), 「他動性とプロトタイプ論」 『日本語学の新展開』, くろしお出版.

生越直樹(1979), 「他動詞の再帰性と使役の関係」 『待兼山論叢』 vol.13, 日本学編, 大阪大学文学部.

　　　　　(1997),「朝鮮語と日本語の過去形の使い方についてー結果状態形との関係を
　　　中心にー」『日本語と朝鮮語(下巻)』, 国立国語研究所.

奥田靖雄(1983),「を格の名詞と動詞とのくみあわせ」『日本語文法·連語論(資料編)』,
　　　言語学研究会編, むぎ書房.

　　　　　(1985),「アスペクトの研究をめぐってー金田一的段階ー」『ことばの研究·
　　　序説』, むぎ書房.

　　　　　(1985),「アスペクトの研究をめぐって」『ことばの研究·序説』, むぎ書房,
　　　pp.105-143.

奥津敬一郎(1967),「自動詞·他動詞および両極転形」『国語学』70, 武蔵野書院.

景山太郎(1996),『動詞意味論ー言語と認知の接点ー』, くろしお出版.

景山太郎編(2001),『動詞の意味と構文』, 大修館書店.

加藤紀子(2001),「日本語の可能自発と難易文」『意味と形のインターフェイス』(中右
　　　実教授還暦記念論文集)(上巻), くろしお出版.

川上誓作(1996),『認知言語学の基礎』, 研究社出版.

工藤真由美(1990),『現代日本語の受動文』『ことばの科学 4巻』, むぎ書房.

　　　　　　(1995),『アスペクト·テンス体系とテクスト』, ひつじ書房, p.61

　　　　　　(2014),『現代日本語ムード·テンス·アスペクト論』, ひつじ書房.

黒田成幸(1985)「受身についての久野説を解釈するー一つの反批判ー」『日本語学』4-10,
　　　明治書院, pp.93-104.

　　　　　(1990),「使役の助動詞の自立性について」『文法と意味の間』, 国広鉄弥教
　　　授還暦退官記念論文集, くろしお出版.

權勝林[1](1994),「使役文の意味·用法の分類」『日語日文学研究』vol.24, 韓国日語日
　　　文学会.

---

1 필자의 선행되는 연구는 국내 발표논문이나, 대부분이 일본어로 기술되어 있어 일
　본 논문 부분에 넣었다.

_____(1995),「使役動詞文の日・韓対照研究－再帰性の観点から－」『言語文化学』
　　vol.4, 大阪大学言語文か学会.

_____(1997),「日本語의 直接使役과 間接使役」『日本学報』vol.38, 韓国日本学会.

_____(1998),「재귀동사의 통어적 특징」『日語日文学研究』vol.33, 韓国日語日
　　文学会.

_____(1999),「他動詞と使役性」『日本学報』vol.42, 韓国日本学会.

_____(2001),「日本語の自発文の研究－意味的アプローチ－」『日本学報』vol.42,
　　韓国日本学会.

_____(2003), 「日本語動詞の自動性と他動性－自発動詞の形態的類型と使役化－」
　　『日語日文学研究』vol.47, 韓国日語日文学会.

_____(2006),「일본어 재귀용법 연구－「신체부분」의 대격보어와 동사와의 관
　　계를 중심으로－」『日本研究』vol.27, 韓国外国語大学日本研究所.

_____(2007),「認識・感情動詞の使役文」『日本語文学』vol.35, 韓国日本語文学会.

_____(2010),「状態性述語の使役化について－日・韓対照研究－」『日本研究』vol.43,
　　韓国外国語大学日本研究所.

_____(2015),「日本語の可能文と自発文の連続性について－条件可能文と実現可能文
　　の分析から－」『日本研究』vol.66, 韓国外国語大学日本研究所.

定延利之(1991),「SASEと間接性」『日本語のヴォイスと他動性』, 仁田義雄編, くろ
　　しお出版, pp.123-147.

佐藤里美(1986), 「使役構造の文－人間の人間に対するはたらきかけを表現する場
　　合－」『ことばの科学』vol.1, 言語学研究会編, くろしお出版

_____(1990),「使役構造の文－因果関係を表現する場合－」『ことばの科学』vol.4,
　　言語学研究会編, くろしお出版.

柴谷方良(1978),『日本語の分析』, 大修館書店.

須賀一好(1981),「併存する自動詞・他動詞の意味」『国語学』120, 国語学会.

砂川有里子(1984),「〈に受身文〉と〈によって受身文〉」『日本語学』3-7, 明治書院.

高橋太郎(2003),『動詞九章』, ひつじ書房.

角田太作(1991),『世界の言語と日本語』, くろしお出版, 仁田義雄編, くろしお出版, pp.123-147.

寺村秀夫(1982),『日本語のシンタクスと意味』, くろしお出版.

時枝誠記(1950),『日本語文法 口語論』, 岩波書店.

戸星善宏(1984),「再帰動詞について(3)」『文理論集』, 西南学院大学.

中右実(1986),「意味論の原理(22)-動作主と行為者-」『英語青年』, 1986-1.

_____(1994),『認知意味論の原理』, 大修館書店.

中右実・西村義樹(1998),『構文と事象構造』, 中右実編, 研究社出版.

長崎浩(2004),『動作の意味論』, 雲母書房, p.71.

仁田義雄(1982),「再帰動詞、再帰用法-Lexico-syntaxの姿勢から-」『日本語教育』 vol.47, 日本語教育学会.

_____(1991),「ヴォイス的表現と自己制御性」『日本語のヴォイスと他動性』, くろしお出版.

_____(1992),『日本語学を学ぶためにー玉村文郎編ー』, 世界思想社.

仁田義雄外編(2000),『文の骨格』, 岩波書店.

西光義弘・プラシャント・パルデシ編(2010),『自動詞・他動詞の対照』, くろしお出版.

野田尚史(1991),「文法的なヴォイスと語彙的なヴォイス」『日本語のヴォイスと他動性』, 仁田義雄編, くろしお出版.

_____(1991),「日本語の受動化と使役化の対称性」『文芸言語研究』19, 筑波大学 文芸・言語学系.

早津恵美子(1989),「有対他動詞と無対他動詞の違いについて」『言語研究』, 日本言語学会.

_____(1991),「所有者主語の使役について」『日本語学科年報』, 東京外国語大 学外国語学部日本語学科研究室.

藤井正(1971),「日本語の使役態」『研究論叢』vol.20, 山口大学教育学部.

益岡隆志(1987),『命題の文法』, くろしお出版.

松下大三郎(1930),『改選標準日本文法』, 訂正再番 1979, 勉誠社.

丸田忠雄(1998),『使役動詞のアナトミー』, 松柏社.

丸田忠雄・須賀一好(2000),『日英語の自他の交替』, ひつじ書房.

三上章(1972),『現代語法序説』, くろしお出版.

宮島達夫(1972),『動詞の意味・用法の記述的研究』, 秀英出版.

_____(1985),「ドアをあけたが、あかなかった」『計量国語学』vol.14-8, 計量国
　　　語学会編.

宮本正美(1984),「スペイン語における身体再帰代名詞の有無」『研究論叢』40, 関西
　　　外国語大学.

村木新次郎(1991),『日本語動詞の諸相』, ひつじ書房.

森山卓郎・三宅知宏編(2017),『語彙論的統語論の新展開』, くろしお出版.

山田孝雄(1908),『日本文法論』, 復刻限定版 1970, 宝文館.

楊凱栄(1989),『日本語と中国語の使役表現に関する対照研究』, くろしお出版.

鷲尾竜一・三原健一(1997),『ヴォイスとアスペクト』, 研究社出版.

Bybee, J., R. Perkins and W. Pagliuca(1994), *The Evolution of Grammar.*
　　　The University of Chicago Press.

Dixon, R.M.W. & Alexandra Y. Aikhenvald.(2000), *Changing Valency—Case
　　　sstudies in transitivity—*, Cambridge: Cambridge University Press.

Haiman, John.(1985), *Natural Syntax—Iconicity and erosion—*, Cambridge
　　　University Press

P.J.Hopper and S.A. Thompson(1980), Transitivity in grammar and discourse,
　　　Language, 56-2, Journal of The Linguistic Society of America

Jacobsen, Wesley M.(1992), *The Transitive Structure of Event in Japanese*,
　　　Stydies in Japanese Linguistics, vol.1, Kuroshio

Kemmer, S.(1993), *The Middle Voice*, John Benjamins.

Klaiman, M.H.(1991), *Grammatical Voice*, Cambridge University Press

Levin, B., and M. Rappaport Hovav(1995), *Unaccusativity—At the Syntax-Lexical Semantics Interface—*, Cambridge: MIT Press.

Payne, Doris L.(1999), *External possession.* John Benjamins.

Perlmutter, D. M., and C. Rosen, (eds.)(1984), *Studies in Relational Grammar 2*, Chicago, III,: University of Chicago Press.

Searle, John(1983), *Intentionality*, Cambridge University Press.

Shibatani, Masayoshi(1973), Lexical versus periphrastic causatives in Korean, *Journal of Linguistics*, Linguistics Association of Great Britain.

_____(2002), *The Grammar of Causation and Interpersonal Manipulation*, John Benjamins.

赤川次郎, 『セーラー服と機関銃』, 角川文庫

_____, 『青春』, 徳間文庫.

石川洋次郎, 『寒い朝』, 角川文庫.

五木寛行, 『晴れた日は鏡をわすれて』, 角川文庫.

_____, 『燃える秋』, 角川文庫.

岩井俊二, 『ラブレター』, 角川文庫.

_____, 『101番目のプロポーズ』, 角川文庫.

北川悦吏子, 『愛していると言ってくれ』, 角川文庫.

高橋揆一郎, 『伸子』, 文芸春秋.

太宰治, 『斜陽』, 角川文庫.

野島信司, 『高校教師』, 青春出版社.

三浦綾子, 『氷点』(上, 下), 角川文庫.

村上春樹, 『ノルウェイの森』(上, 下), 講談社文庫.

_____, 『ダンス・ダンス・ダンス』, 講談社文庫.

_____, 『羊をめぐる冒険』(上, 下), 講談社文庫.

山田正紀, 『赤い矢の女』(上, 下), 徳間書店.

吉本バナナ, 『哀しい予感』, 角川文庫.

_____, 『N・P』, 角川文庫.

_____, 『TUGUMI』, 中公文庫.

김승옥, 『무진기행』, 범우문고.

박완서, 『살아있는 날의 시작』, 도서출판 전예원.

저자 **권승림**

한국외국어대학교 일본어과 졸업
일본국립오사카대학대학원 언어문화연구과 수료
언어문화학 박사(언어학 전공)
숭실대학교 일어일문학과 교수

일본어 사역문 연구

초 판 인 쇄	2019년 6월 11일
초 판 발 행	2019년 6월 20일

지 은 이	권승림
발 행 인	윤석현
발 행 처	도서출판 박문사
책 임 편 집	안지윤
등 록 번 호	제2009-11호

우 편 주 소	서울시 도봉구 우이천로 353 성주빌딩 3층
대 표 전 화	02) 992-3253
전 송	02) 991-1285
전 자 우 편	bakmunsa@hanmail.net

ⓒ 권승림 2019 Printed in KOREA.

ISBN   979-11-89292-36-2   93730   정가 36,000원